Grundlagen und Inhalte der vier Varianten von Information

T0192762

Horst Völz

Grundlagen und Inhalte der vier Varianten von Information

Wie die Information entstand und welche Arten es gibt

 Springer Vieweg

Prof. Dr. Horst Völz
Berlin, Deutschland

ISBN 978-3-658-06406-8   ISBN 978-3-658-06407-5 (eBook)
DOI 10.1007/978-3-658-06407-5

Die Deutsche Nationalbibliothek verzeichnet diese Publikation in der Deutschen Natio-
nalbibliografie; detaillierte bibliografische Daten sind im Internet über http://dnb.d-nb.de
abrufbar.

Springer Vieweg
© Springer Fachmedien Wiesbaden 2014

Springer Vieweg ist eine Marke von Springer DE. Springer DE ist Teil der Fachverlagsgruppe
Springer Science+Business Media.
www.springer-vieweg.de

Vorwort

Der Kirchenvater AURELIUS AUGUSTINUS schrieb 399 in seinem 11. Buch der Confessioness: „*Was also ist Zeit? Solang mich niemand fragt, ist mir's, als wüßte ich's, doch fragt man mich und soll ich es erklären, so weiß ich's nicht.*" Ähnlich dürfte es heute vielen von uns gehen, wenn Zeit gegen Information ausgetauscht wird. Denn Information wird heute fast inflationär und überall benutzt. Genannt seien nur Informatik, Informationstechnik, Informationsverarbeitung, Informationszeitalter, Informationsflut, Informationspolitik und Macht der Information; ferner Anwendungen in Wissenschaft, Technik, Kunst, Dokumentation, Medien, Archiven und Speichern sowie bei Gedächtnis, Genetik, Lehren und Lernen. Teilweise wird heute Information unerklärt, intuitiv oder gar recht individuell benutzt. Auf jeden Fall fehlt eine einheitliche Definition. Ist Information beim heutigen breiten Bezug vielleicht ein *Homonym*, also ein Begriff, ein Wort mit mehreren Bedeutungen? Etwa so wie Bauer einen Landarbeiter oder Vogelkäfig bedeuten kann? Dann müssten die verschiedenen Bedeutungen geklärt und durch eigenständige Definitionen abgegrenzt werden. Hier wird stattdessen eine *einheitliche Definition* vorgestellt, die durch *vier Unterklassen* vertieft wird. Die Hauptkennzeichen sind dabei die ausgelöste Wirkung (W-), die Abbildung mittels Zeichen (Z-), die Simulation mittels Rechentechnik (V-) und die klassische, betont technische SHANNON-Information (S-Information). Es wird diskutiert, ob es möglicherweise auch eine quantenphysikalische Q-Information geben wird oder bereits gibt (QuBit und Quantenrechner). Ungeklärt bleibt aber, ob es künftig möglicherweise noch weitere Unterklassen geben kann.

Die *Entropie* wurde ursprünglich 1865 als Maß der thermischen Energie-Umwandelbarkeit von R. CLAUSIUS eingeführt und dann 1868 und 1872 von L. BOLTZMANN statistisch begründet (BOLTZMANN-Entropie). Unabhängig wurde dann um 1945 die Entropie von C. SHANNON als grundlegende statistisch gemittelte Messgröße eines Symbolvorrates eingeführt (SHANNON-Entopie der S-Information). Da es noch weitere Entropien gibt, wurde Entropie zu einem Homonym mit mehreren Bedeutungen. Bezüglich des Verhältnisses von BOLTZMANN- und SHANNON-Entropie gibt es jedoch in der Literatur teilweise verworrene bis falsche Darstellungen. Der schillernde Begriff *Neg-Entropie* schafft nicht selten noch zusätzliche Unklarheiten. Deshalb wird am Ende dieses Buches – obwohl eigentlich nicht zur Information gehörend – die BOLTZMANN-Entropie gemäß der

Thermodynamik etwas ausführlicher erklärt und abschließend der SHANNON-Entropie gegenübergestellt.

Für einen schnellen Überblick des Buchinhaltes befindet sich am Ende eine ausführliche Zusammenfassung (Kapitel 9). Dort ist auch auf eine umfangreiche, herunterladbare Vorstudie zu diesem Buch mit über zweihundert farbigen Bildern und einigen Vertiefungen verwiesen [20].

Wegen der beachtlichen Komplexität der Inhalte und ihrer Verflechtungen habe ich versucht, eine lehrbuchartig didaktisch fortschreitende Darstellung unter häufiger Berücksichtigung der historischen Entwicklung zu erreichen. Dadurch können dann Schwierigkeiten auftreten, wenn einzelne Abschnitte nur für sich gelesen werden. Bei der Verflechtung der verschiedenen Informationsarten sind mehrere Gebiete anderer Wissenschaftszweige wichtig. Um das Buch nicht zu umfangreich werden zu lassen, sind sie nur stark verkürzt in ihren wichtigsten Grundzügen behandelt. Zu den Inhalten des Buches gehört eigentlich sehr viel Literatur. Damit das Literaturverzeichnis nicht zu umfangreich wurde, sind nur zitierte Quellen aufgenommen, die eine Vertiefung der Aussagen und Argumente ermöglichen.

Für umfangreich gewährte Hilfe und Unterstützung möchte ich hier meinen Dank aussprechen. Da ist zunächst die Humboldt-Universität zu nennen. Er geht vor allem an Professor Wolfgang Ernst (siehe auch Fußnote 12) und Dr. Stefan Höltgen. Dann hatte ich mehrere fleißige Partner zum Korrekturlesen. Besonders hervorzuheben ist Dr. Hans-Jürgen Gerdelbracht. Er hat den vollständigen Text sehr gründlich kritisch gelesen. Äußerst intensiv – wie schon bei meinen früheren Büchern – setzte sich wieder Stefan Pohle mit allen Texten und Bildern auseinander. Auch meine Frau Ruth Roma-Völz stand der umfangreichen Arbeit immer interessiert gegenüber und las fleißig Korrektur. So ist das Manuskript mehrfach überarbeitet und von Mängeln und Fehlern befreit worden. Natürlich schlichen sich dabei auch wieder neue Fehler ein. Deshalb gehen alle Mängel und vor allem inhaltliche Fehler und Schwächen letztlich auf mich zurück. Dafür bitte ich die Leser um Nachsicht. Für jeden, vor allem kritischen Hinweis bin ich sehr dankbar. Schließlich geht mein Dank auch an den Springer-Verlag. Es war mir eine besondere Freude, dass sich wieder Herr Dr. Klockenbusch für das Buch einsetzte. Er war ja auch schon Pate meines Buches zur Information [68]. Das Layout und die umfangreichen technischen Korrekturen führte Frau Dr. Angelika Schulz mit viel Fleiß und Engagement sowie Rücksicht auf meine Wünsche durch.

Prof. Dr. Horst Völz

Inhaltsverzeichnis

1 Einführung

Ursprünglich geht Information auf das Griechische *typos, morphe, eidos* und *idea* zurück. Damals entsprach es inhaltlich etwa Bildung und Bilden im Sinne von unterrichten, belehren, erläutern und erklären, aber auch etwas gestalten. Genauer leitet sich das Wort vom Lateinischen *informatio* (Substantiv) und *informare* (Verb) mit zwei Hauptbedeutungen ab: Bestimmung der Handlung oder Negation. Daraus folgt dann auch informatio als einformen, etwas eine Gestalt geben. In die deutsche Sprache kam das Wort erst im 15. bis 16. Jh. Der Informator war lange der Hauslehrer. Jedoch in den Lexika ab dem 19. Jh. fehlt der Begriff vollständig.

Der heute übliche Begriff wurde erst nach 1940 geprägt. Wahrscheinlich führten ihn N. WIENER, J. NEUMAN und C. SHANNON in gemeinsamer Diskussion ein. WIENER schreibt in seinem Vorwort zur „Kybernetik ..." vom November 1947 [1] bezüglich einer Theorie des Informationsgehaltes, dass die Herren R. FISCHER, C. SHANNON und er ungefähr zur gleichen Zeit auf die Idee der statistischen Beschreibung der Information gekommen seien (betrifft hauptsächlich die Entropie). An anderer Stelle verweist WIENER auch auf J. V. NEUMANN. Genaueres dürfte kaum noch zu finden sein, denn alle waren im Krieg mit der Kryptographie befasst und daher zur strengsten Geheimhaltung verpflichtet. Zentral ist eine schon damals genial in die Zukunft weisende Aussage WIENERs [1] S. 192 (übersetzt):

„Das mechanische Gehirn scheidet nicht Gedanken aus »wie die Leber ausscheidet«, wie frühere Materialisten annahmen, noch liefert sie diese in Form von Energie aus, wie die Muskeln ihre Aktivität hervorbringen. Information ist Information, weder Materie[1] noch Energie. Kein Materialismus, der dieses nicht berücksichtigt, kann den heutigen Tag überleben."

Ins öffentliche Bewusstsein gelangte Information erst wieder über die fundamentale Arbeit von C. SHANNON [2]. Sie begründete neue Teilgebiete (vor allem Codierung, Fehlerkorrektur, Komprimierung und Verschlüsselung) sowie Grundlagen und Berechnungsmöglichkeiten zur Nachrichten-, Mess- und Informations-

---

[1] *Materie* ist hier eine mangelhafte Übersetzung. Es sollte, wie später erklärt wird, besser *Stoff* gewählt werden.

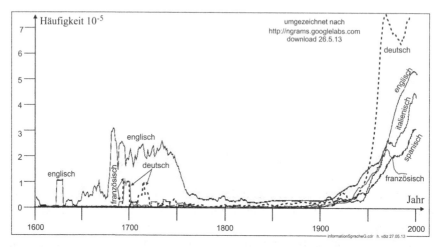

Abbildung 1:   Zeitlicher Verlauf der Benutzung des Wortes Information in verschiedenen Sprachen

technik. Doch in ihr kommt Information überhaupt nicht vor, sondern nur Kommunikation. Daher ist zurückblickend ihre Breitenwirkung für die Information recht erstaunlich.

Erst die bald folgende Anwendung auf nichttechnische Gebilde und Systeme im Sinne der WIENER-schen Kybernetik bewirkte die inflationäre und bis ins Populäre reichende Verbreitung von Information. So entstanden viele Gattungen, wie astronomische, geologische, physikalische, biologische, medizinische, genetische, neuronale und ästhetische Information, und heute gibt es wohl kein Gebiet, in dem Information nicht benutzt wird.

Die entsprechende zeitliche Häufigkeit des Wortes Information im digitalisierten Bestand bei Google weist für die Sprachen englisch, deutsch, französisch, italienisch und spanisch gemäß Abbildung 1 einen nahezu gleichen und steilen Anstieg ab 1950 aus.

1.1 Das grundlegende Modell

Für eine erste Erklärung der Information sei vom zentralen Satz WIENERs ausgegangen [2]:

> "Information is information nor matter or energy".

Ins Deutsche wurde *matter* leider fälschlicherweise als Materie übersetzt. Denn Materie ist ja Stoff plus Energie! Richtig wäre Material, Stoff, Substanz, Sache, Thema oder Angelegenheit gewesen. Ich habe erstmalig, doch leider erst um 1990 *Stoff* ausgewählt [3]:

> Information ist Information weder *Stoff* noch Energie.

Das war damals im Kalten Krieg unbedingt notwendig, denn im Hass gegen das sozialistische Lager hatten einige westdeutsche Philosophen sogar gefolgert: Da die Kybernetik mit der Information etwas Drittes neben Materie und (man staune!) Bewusstsein erzwingt, ist somit der dialektische Materialismus endgültig widerlegt. Dieser rhetorische Trick wurde von keinem Philosophen, auch nicht von G. KLAUS entdeckt, und das hatte im gesamten sozialistischen Lager sehr negative Konsequenzen für die Kybernetik. Dies zeigt auch die vorübergehende Absenkung im deutschen Sprachgebrauch um 1980 in Abbildung 1. Als Gründungsdirektor des Zentralinstituts für Kybernetik und Informationsprozesse (ZKI) der Akademie der Wissenschaften der DDR musste auch ich die Folgen ertragen. Zusätzlich folgerte ich dann aus dem englischen Kontext:

> Stoff, Energie und Information sind drei Modelle für die Welt.

Neben den drei Modellen zu Stoff, Energie und Information gibt es noch viele andere Modelle, wie die der Biologie und des Menschen. Die hier ausgewählten drei Modelle beschreiben sehr große, aber zum Teil unterschiedliche Ausschnitte der Welt. Sie erklären auch einiges gemeinsam, dann aber meist mit verschiedener Ausführlichkeit, Kompliziertheit und Qualität. Ferner können mit jedem Modell auch Fakten ausgesagt werden, die es in der Wirklichkeit gar nicht gibt. So etwas ist grundsätzlich bei allen Modellen möglich, da sie immer aus ihrer speziellen Sicht Unwesentliches weglassen müssen. Deshalb bezeichnete schon 1972 K. STEINBUCH unser Wissen über die Welt als einen Flickenteppich, der teilweise lückenhaft ist und nicht überall zusammenpasst [6]. So schuf ich um 1994 die Abbildung 2.

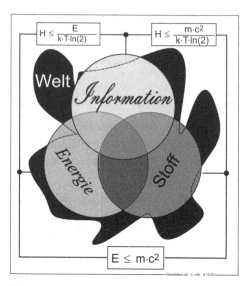

Abbildung 2: Stoff, Energie und Information sind drei, sich teilweise überlappende Modelle zur Beschreibung der Welt. Sie gelten jeweils für einen Teil der Welt. Sie können auch etwas beschreiben, das es in der Welt nicht gibt. Die „schwarze Gestalt" der Welt ist hier absichtlich so gewählt, dass keine bildliche Assoziation auftritt.

1.2 Erklärung der Begriffe

Da die Definition von Information Ziel dieses Buches ist, werden hier nur die Begriffe Welt, Stoff und Energie von Abbildung 2 erklärt. Leider kann dabei nicht die einfache, schon ARISTOTELES bekannte Realdefinition benutzt werden. Gemäß „eine *Birke* ist ein Baum (Oberbegriff) mit weißer Rinde und Blättern (Eigenschaften)" wird zunächst ein Oberbegriff gefordert. Da er aber für die drei Begriffe nicht existiert, muss die kombinatorische Definition benutzt werden, wie etwa: „Ein *Haus* besitzt Dach, Fenster, Türen, Räume, Treppen, ..." Bei ihr ist aber die benutzte Aufzählung oft ungenügend.

Im Buch werden zwei Varianten von **Welt** benutzt:

■ Die *allgemeine* Welt ist alles, was physikalisch, chemisch, biologisch, gedanklich (ideell) usw. jetzt, in der Vergangenheit und der Zukunft existiert. Dabei berücksichtigt sie unter anderem auch abstrakte Begriffe sowie unbegründete Vorstellungen und Ideen.

■ Die *physikalische* (reale) *Welt* betrifft alles, was stofflich-energetisch nach-
zuweisen oder daraus zu folgern ist. Sie erfasst auch Theorien und deren
Folgerungen, wie Dunkle Materie und Dunkle Energie.

Wenn es nicht besonders hervorgehoben wird, ist meist die umfassendere allgemeine Welt gemeint.

Stoff ist das grundlegende Modell der Chemie. Er besitzt Eigenschaften mit
messbaren Ausprägungen wie Masse (als Stoff gemessen in kg), Massedichte,
Temperatur (Energie), Leitfähigkeit, Farbe, Form, Gestalt, Gewicht, Härte und
Abmessungen. Er kommt in den Aggregatzuständen fest, flüssig und gasförmig
vor. In einem abgeschlossenen System ohne Wechselwirkung mit der Umgebung
ist er im Wesentlichen beständig. Dann gilt das Gesetz der Masse-Erhaltung. Ein
stabiler Zustand eines Stoffes kann als Speicherzustand für Information genutzt
werden. Bei hinreichender Menge sind Stoffe für uns unmittelbar erfahrbar, etwa
als Gegenstand oder Material wahrnehmbar. Alle chemischen Prozesse der Stoffe gehen auf energetische Wechselwirkungen zurück. Dadurch entstehen meist
andere Stoffe. Diese Stoffänderungen können reversibel oder irreversibel erfolgen.

Energie[2] (gemessen in J = Ws) besitzt die Kraft und Fähigkeit durch Wirkung etwas in der (stofflichen) Welt zu bewegen, zu verändern. Sie ist daher das
wesentliche Modell der Physik. Leider ist sie unanschaulich und oft – besonders
wenn sie nicht (teilweise) auf uns einwirkt – nicht unmittelbar wahrzunehmen.
Das veranlasste bereits H. HERTZ ein komplettes Physiklehrbuch ohne den Begriff der Kraft zu schreiben [4]. Dieser Ansatz bewährte sich nicht. Dennoch
wurde Energie im SI (System International) nicht als Basis-Einheit eingeführt!
Energie gibt es in drei Varianten:

■ *Gespeicherte* Energie, zum Beispiel in einer Batterie, gespannten Feder
oder einem Speichersee. Sie ist durch ein passendes System nutzbar zu entnehmen.

■ *Aktive* Energie realisiert aktuell eine Wirkung, etwa als ein niederfallendes,
abgebremstes Objekt oder als thermische Energie.

■ *Potentielle* Energie besitzt die Fähigkeit wirksam zu werden. Sie existiert
vor allem in Feldern: elektromagnetisch, als Gravitation oder Schall. Nachweisbar ist sie nur mittelbar über eintretende Wirkungen, wie durch Messungen.

---

[2]   Von *Griechisch* enérgeia Tatkraft, Wirkung, Wirksamkeit von érgon Werk, Arbeit, Tat.

Energie wirkt sich meist an stofflichen Gebilden aus. Ohne sie ist Energie nicht nachweisbar. Fast immer ist sie an einen stofflichen Energieträger (System) gebunden, dort gespeichert und verändert ihn dabei. Wenn Energie aktiv wird (wirkt), dann bewegt, verformt oder verändert sie den Stoff (oft chemisch). Sie bewirkt auch die Übergänge zwischen den Aggregatzuständen fest, flüssig und gasförmig.

1.3 Zusammenhang von Stoff und Energie

Zwischen *Energie und Stoff* besteht ein enger Zusammenhang. Das sei am Beispiel des Benzinmotors gezeigt. Der stoffliche Energiespeicher ist hier das Benzin. Es wird im angepassten System, dem Motor, unter Stoffumwandlung verbrannt. Dabei entsteht die Energie in Form heißer, sich ausdehnender Gase. Sie bewirken letztlich, dass sich das Auto fortbewegt. Zu jeder Energieerzeugung ist immer ein dem Stoff angepasstes System notwendig. Meist verbraucht es jedoch den Stoff nicht vollständig, sondern wandelt nur einen Teil des Stoffes, den Energieträger in aktive Energie um. Beim Verbrennungsmotor bleiben so die Abgase übrig. Bei der Informationsspeicherung erfolgen auf dieser Grundlage die Aufzeichnungs- und Wiedergabevorgänge.

Für die Umwandlung von Stoff nach Energie gibt es gemäß der Abbildung 3 im Gesamtsystem einen gemeinsamen Anteil. Das ist der Energieträger. Im Grenzfall völliger Umwandlung vom Stoff mit der Masse m zur Energie E – und umgekehrt – gilt die EINSTEIN-Relation $E = m \cdot c^2$. Darin ist c die Lichtgeschwindigkeit.

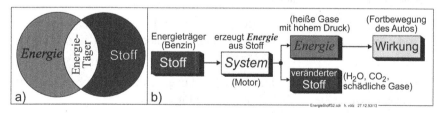

Abbildung 3:   Bei der Wechselwirkung von Stoff und Energie gibt es als gemeinsame Menge den Energieträger. Vergleiche hierzu Abbildung 2. Das ist jener Anteil, der bei der Energie-Erzeugung Stoff in Energie umwandelt (a). Hierzu ist ein dem Stoff angepasstes System (Motor) notwendig (b).

1.4 Vom Urknall über die heutige Welt zu ihrem Ende

Heute wird allgemein angenommen, dass unsere physikalische Welt am Anfang nur aus Energie bestand. Intuitiv widerspricht das unserer Anschauung, denn wir erfahren zuerst den Stoff und erst danach die Energie. Er ist uns daher auch vertrauter. Als experimenteller Nachweis für den Energiebeginn mit dem Urknall gilt die Reststrahlung. Sie kommt mit extrem geringen Abweichungen gleichmäßig aus allen Richtungen des Weltalls. Aus seiner Energie entstand dann nacheinander Stoff in Form von Photonen, Elementarteilchen, Elektronen, Atome, Moleküle und Sterne. Aus einer ursprünglich einheitlichen Kraft gingen die vier Grundkräfte – starke und schwache Wechselwirkung, elektromagnetische Kraft und Gravitation – hervor. Bei dieser Entwicklung nahm die Temperatur der Welt (ihre Energiedichte) stetig ab und ihre Stoff-Dichte zu. Erst vor etwa 10^5 Jahren begann der Stoff die Energie zu überwiegen[3]. Danach entstanden das Leben und später der Mensch.

Bezüglich der Stoff-Energie-Überlappung (Wechselwirkung, Energieträger) gilt schematisch die Abbildung 4a. An einem eventuell auftretenden Weltende könnte der Wärmetod eintreten[4]. Dann wird es nur noch eine Gleichverteilung von einfachem Stoff bei extrem geringer Energie und Temperatur geben. Das System hat dann vollständig seine Vergangenheit vergessen.

Ab einer gewissen Entwicklungsstufe der Welt entstehen kybernetische Systeme und mit ihnen auch Information. Sie sind für dieses Buch grundlegend und werden daher im Folgenden genauer behandelt. Schematisiert zeigt diese Entwicklung Abbildung 4b. Als mehr qualitativer Maßstab ist dafür die Komplexität der Welt und der in ihr enthaltenen Systeme gewählt. Da im Laufe der Entwicklung die noch verfügbare Energie abnimmt, verlieren schließlich immer mehr komplexe Systeme ihre Existenzgrundlagen. Es bleiben immer weniger komplexe Systeme bestehen. Schließlich können auch Informations- und dann kybernetische Systeme nicht mehr erhalten bleiben. So könnte vielleicht der Wärmetod als Ende der Welt eingeleitet werden.

---

[3] Einige wichtige Voraussetzungen und Fakten sind in [20] ab Seite 19 dargestellt. Aus der Sicht der Informationsspeicherung befindet sich der physikalische Zusammenhang in [5].

[4] Am Ende des Buches wird hierauf im Zusammenhang mit der BOLTZMANN-Entropie kurz eingegangen. Die heute in der Physik diskutierten Varianten des Weltendes werden hier absichtlich nicht betrachtet.

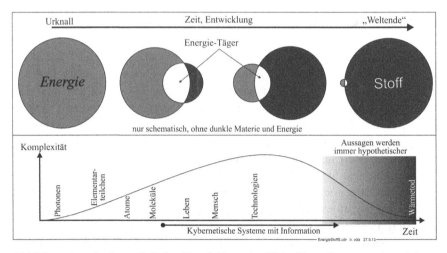

Abbildung 4:   Stark vereinfachte Entwicklung der Welt. Oben: Etappenweise wird aus der ausschließlich beim Urknall vorhandenen Energie Stoff gebildet. Rein hypothetisch könnte am „Weltende" fast nur noch Stoff mit einer Gleichverteilung seiner Teilchen existieren. Unten: Die Komplexität der Welt und der in ihr vorhandenen Stoffe nehmen zunächst zu. Sobald nur noch wenig Energie verfügbar ist, nehmen sie wieder ab. In einen bestimmten Bereich können kybernetische Systeme und damit Information existieren.

1.5 Der Zeitpfeil

Für den einseitig gerichteten Zeitpfeil, der zwangsläufig zum Wärmetod führen muss[5], gibt es in der Physik keine hinreichend einsichtige Erklärung. Denn alle ihre Gesetze bleiben auch dann voll gültig, wenn t durch $-t$ ersetzt wird. Außerdem sagt auch die bisherige Entwicklung der Welt gemäß Abbildung 4 etwas anderes aus. Mittels der thermodynamischen Statistik schufen T. und P. EHRENFEST 1907 ein interessantes Gedankenexperiment. Es wurde von vielen Physikern als Spiel durchgeführt und ist heute leicht auf Rechner auszuführen. Es wird auch scherzhaft Hund-Flöhe-Modell genannt und benötigt

2 Urnen (Hunde), n nummerierte Steine (Flöhe) und
einen „Würfel" für die n Zahlen.

---

[5]   Am Ende des Buches und in [20] ab S. 23 sind hierzu Ergänzungen enthalten.

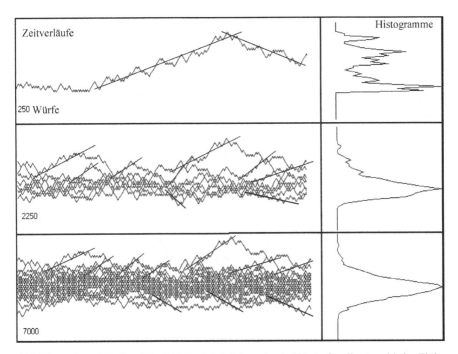

Abbildung 5:   Mit dem Hund-Flöhe-Modell berechnete Werte für die Anzahl der Flöhe auf dem ersten Hund. Bis zu 250mal Würfeln ist das Summenergebnis von links nach rechts gemäß der Zeit aufgetragen. Die folgenden Würfe wurden dann von vorne beginnend darüber geschrieben. Insgesamt gibt es Zeitabschnitte, wo die Tendenz zum Mittelwert hinzeigt (im oberen Teilbild die zweite Gerade) und andere, wo sie weg weist (alle anderen eingefügten Geraden). Nur während der vom Gleichgewicht fortweisenden Zeitabschnitte (Geraden, raumzeitliche Oasen) ist eine Evolution als Entwicklung zum Komplexeren möglich.

Wird die Zahl x gewürfelt, so hat der Stein (Floh) x die Urne (den Hund) zu wechseln. Gemäß der Abbildung 5 sind beim Spiel zwei unterschiedliche Ergebnisse zu beobachten:

- ■ Nach einer hinreichend langen Zeit befindet sich in jeder Urne etwa die Hälfte der Steine. Je größer die Zugzahl ist, desto geringer wird die mögliche Abweichung von diesem Mittelwert der Gleichverteilung. Diese Entwicklung entspricht dem Zeitpfeil in Richtung zum Wärmetod.

- ■ Zwischendurch gibt es aber immer wieder Zeitabschnitte, die von der Gleichverteilung, also dem Wärmetod wegstreben. Sie stellen raumzeitliche

Oasen dar, in denen eine Entwicklung zum Komplexeren, also Evolution erfolgen kann.

Für das reale Verhalten eines Systems gilt die eindeutige Richtung des Zeitpfeils hiernach nur im langfristigen statistischen Mittel. Zwischendurch – in den raumzeitlichen Oasen – gibt es immer mal wieder gegenläufige Entwicklungen. So lassen sich im betont kybernetischen Sinn vier zeitliche Abläufe unterscheiden:

■ Unveränderliches, Ständigkeit wie Naturkonstanten, Gesetze und Elementarteilchen. Hierdurch besteht die Möglichkeit, Information zu speichern.

■ Entstehendes, Geburt von etwas Neuem. So etwas kann nur in den raumzeitlichen Oasen erfolgen und ist für das Entstehen von Information eine nahezu notwendige Voraussetzung[6].

■ Sich Wiederholendes oder gar Periodisches. Hierzu zählen zum Beispiel Unwetter, Erdbeben und Katastrophen oder Jahres-, Mond- und Tagesrhythmen.

■ Vergehendes, Sterbendes und Tod.

1.6 Kybernetische Systeme

Mit der Kybernetik wurde der spezielle Begriff „black box" für ein System eingeführt. Dabei wird absichtlich von Details seiner inneren Struktur abgesehen. In der weiteren Beschreibung wird das System durch ein oder mehrere Inputs beeinflusst. Dadurch gibt es Outputs an die Umwelt ab und kann sich auch selbst verändern. Die Zusammenfassung von den Outputs und inneren Veränderungen ist gemäß Abbildung 6a die von den Inputs – der Ursache – ausgelöste Wirkung. Der Zusammenhang Ursache → Wirkung muss dabei nicht immer streng deterministisch erfolgen. Er kann auch – wie wir es oft beobachten – unvorhersehbar bis zufällig sein. Ferner ist zu beachten, dass Input, System und Wirkung stets zusammengehören, quasi als Einheit zu betrachten sind. Ein und dieselben Inputs können nämlich je nach System eine andere Wirkung hervorrufen. Zum Beispiel löst als Input ein Druck auf einen Knopf an der Tür ein Klingeln, beim Rechner vielfältige Funktionen und im Krieg eventuell sogar eine Atomexplosion aus.

---

[6] Zur Entstehung von Leben befindet sich ein guter aktueller Übersichtsbeitrag in [10].

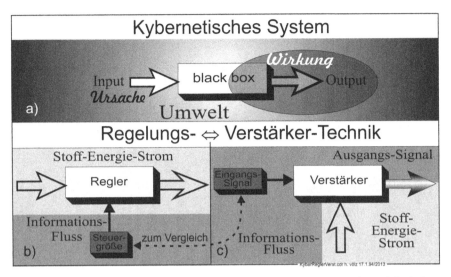

Abbildung 6:   a) Zusammenhänge beim kybernetischen System. Zwei spezielle kybernetische Systeme dienen dem Vergleich: b) der Regler bei der Regelungs- und Steuerungstechnik und c) der Verstärker der Informationstechnik. In beiden Fällen ist hier zunächst Information intuitiv verwendet. Denn sie wird ja erst später präzisiert. Beim elektronischen Verstärker wird der Input meist Signal genannt. Der Output kann Stoff, Energie oder Information betreffen. Beim Regler ergeben sich dagegen die Bezeichnungen aus der Anwendung. Input und Output sind hier Stoff-Energie-Ströme. Doch aus Sicht der Information ist die Steuergröße der Input.

Als weitere Spezialisierungen sind folgende Systeme hier noch wichtig:

- **Input-Systeme** ohne bedeutsamen Output. Beispiele sind Speicher, Absorber sowie teilweise Empfänger und Messgeräte. Sie empfangen dabei Stoff oder Energie, können sich weiter entwickeln und eventuell dem Wärmetod entgehen.

- **Output-Systeme** ohne Input, vor allem Sender und Quellen. Bei ihnen sinkt dadurch der interne Bestand an Stoff und Energie.

- **Abgeschlossene** Systeme. Sie erhalten keinen Input und geben keinen Output ab. Im Innern können stoffliche und/oder energetische Veränderungen ablaufen. Langfristig streben sie für $t \rightarrow \infty$ zu einem Gleichgewichtszustand, oft den Wärmetod. Wahrscheinlich ist die gesamte physikalische Welt so ein System. Zuweilen wird aber angenommen, dass es auch noch weitere Welten gibt, mit denen unsere in Verbindung steht.

2 Information aus kybernetischer Sicht

Gemäß N. WIENER (Abschnitt 1.1 und Abbildung 2) ist auch Information erforderlich. Das ist immer dann vorteilhaft, wenn für ein Geschehen die Modelle Stoff und Energie nicht greifen oder zu komplex werden. Insbesondere aber dann, wenn eine kleine Ursache eine deutlich größere Wirkung auslöst. Es wird dann oft gemäß der Definition durch N. WIENER von einem (kybernetischen) *Auslöseeffekt* gesprochen. Diese Erscheinungen widersprechen zumindest teilweise dem klassischen Rationalismus und der klassischen Physik. Sie fordern nämlich, dass zu einer kleinen Ursache auch immer eine kleine Wirkung gehört. Die vielleicht erste, dem widersprechende Aussage geht auf eine Ausschreibung von 1887 des Königs OSKAR II. von Schweden zurück. Sie war mit 2 500 Goldkronen dotiert und sollte die Stabilität unseres Planetensystems beweisen. Trotz einer Negativaussage gewann sie 1903 H. POINCARÉ mit einem Ergebnis, das er bereits am Dreikörperproblem fand:

> „Die kanonischen Gleichungen der Himmelsmechanik besitzen kein (außer bei speziellen Anfangsbedingungen) geschlossenes analytisches Lösungsintegral außer dem Energieintegral." ... „Eine sehr kleine Ursache, die wir nicht bemerken, bewirkt einen beachtlichen Effekt, den wir nicht übersehen können, und dann sagen wir, der Effekt sei zufällig. Wenn die Naturgesetze und der Zustand des Universums zum Anfangszeitpunkt exakt bekannt wären, könnten wir den Zustand dieses Universums zu einem späteren Moment exakt bestimmen. Aber selbst wenn es kein Geheimnis in den Naturgesetzen mehr gäbe, so könnten wir die Anfangsbedingungen doch nur annähernd bestimmen. Wenn uns dies ermöglichen würde, die spätere Situation in der gleichen Näherung vorherzusagen – dies ist alles, was wir verlangen –, so würden wir sagen, daß das Phänomen vorhergesagt worden ist und daß es Gesetzmäßigkeiten folgt. Aber es ist nicht immer so; es kann vorkommen, daß kleine Abweichungen in den Anfangsbedingungen schließlich große Unterschiede in den Phänomenen erzeugen. Ein kleiner Fehler zu Anfang wird später einen großen Fehler zur Folge haben. Vorhersagen werden unmöglich, und wir haben ein zufälliges Ereignis."

Sie besagt, dass bereits kleinste Änderungen der Parameter zu völlig unvorhersehbaren Bahnen führen können. Leider ging dieses Wissen durch den 1. Weltkriegs weitgehend verloren.

2.1 Vom Auslöseffekt zur Information

Ein noch einigermaßen übersichtlicher Auslöseeffekt betrifft das Gewehr. Mit ihm wird der Name Auslöseeffekt besonders anschaulich. Eine sehr geringe Bewegung am Abzughebel löst den Schuss mit großer Bewegungsenergie aus. Die stofflich-energetische Beschreibung benötigt Erklärungen zur Spannkraft einer Feder, zum Zündplättchen, Schießpulver, Herausschleudern der Kugel und zur Erzeugung von Drall und Richtwirkung im Gewehrlauf. Viel einfacher lässt sich das im Sinne der kybernetischen black box sagen: Als Input erzeugt die sehr kleine Ursache am Abzugshebel die weitaus größere Wirkung des Schusses als Output.

Ein zweiter Auslöseeffekt betrifft eine im Gleichschritt über eine Brücke marschierende Truppe. Sie kann ihre Zerstörung bewirken. Ist schon eine Resonanz recht schwierig zu erklären, so gilt das noch viel mehr für das Aufschaukeln bei der Brückenresonanz durch die vielen Beinstöße. Weitaus komplexer sind jedoch die Ergebnisse des Meteorologen E. N. LORENZ mit den üblichen Wettergleichungen. Bei seinen Berechnungen von 1961 entstanden immer wieder erhebliche Instabilitäten. Daraufhin führte er den Schmetterlings-Effekt ein:

„Der heutige Flügelschlag eines Schmetterlings in China kann morgen einen Orkan in den USA bewirken".

Solche Auslöse-Effekte lassen sich vielfach durch drei Eigenschaften charakterisieren:

- ■ Das dazugehörende Gebilde kann Stoff oder Energie speichern.

- ■ Sie werden durch eine „Sperre" relativ fest an das Gebilde gebunden.

- ■ Durch Zufuhr einer geringen (passenden) Menge Stoff oder Energie kann die Sperre gelöst werden. Daraufhin werden beachtliche Mengen Stoff oder Energie schlagartig freigesetzt.

Ursache sind dabei oft Instabilität und Multivariabilität, die insbesondere in der Kybernetik untersucht wurden. Beschrieben werden sie oft mittels Rückkopplung und rechentechnischer Rekursivität. Auch Verzweigungen im Zeitverlauf gehören dazu.

Zuweilen bewirken Auslöseeffekte Katastrophen, für die es seit jeher viele Beispiele gibt. Als Verallgemeinerung entwickelte 1972 hierzu R. THOM die Katastrophentheorie. Neuere Beispiele sind: 1986 bewirkt ein Notfallknopf, der den Reaktor des Atomkraftwerkes Tschernobyl eigentlich abschalten soll, das Gegenteil. Der Reaktor überhitzt sich und es kommt zur Explosion. 2008 drückt ein Mechaniker zu früh auf die Startampel beim Boxenstopp. Der Fahrer FELIPE MASSA zieht beim Losfahren einen Tankschlauch hinter sich her. Das kostet ihm den Formel-1-Sieg. Bei der Testfahrt des Atom-U-Boots „Nerpa" im Jahre 2008 spielt ein Matrose an den Temperaturreglern. Durch Knopfdruck aktiviert er die Feuerlöschanlage. Das austretende Gas erstickt 20 Menschen. 2011 löst ein Erdbeben einen Tsunami[1] aus und zerstört ein Kernkraftwerk in Japan.

Doch es gibt auch positive Folgen. So findet 1978 M. FEIGENBAUM in praktisch allen chaotischen Systemen (unter anderem bei Fraktalen) die Periodenverdopplung und erhält dafür die universelle FEIGENBAUM-Konstante $F = 4,6692016090...$ Auch die aus der Kybernetik abgeleiteten Gebiete wie Emergenz[2] und Synergetik[3] sind zu nennen. Sie untersuchen das Entstehen von Neuem, teilweise im Sinne von Evolution[4].

Eigentlich erleben wir, doch meist im deutlich kleineren Maßstab, ständig solche „undurchsichtigen" Zusammenhänge. Ohne darüber nachzudenken, nehmen wir sie meist als Gegebenheit hin. Es ist ein großer Verdienst von N. WIENER, sie alle inhaltlich unter dem Begriff Information zusammengefasst zu haben. Sein Modell Information ist besonders dafür geeignet, komplexe Stoff-Energie-Zusammenhänge einfacher zu beschreiben. Dabei bleiben aber immer einige Wechselwirkungen mit Stoff und Energie bestehen. Das Gemeinsame dafür ist der stofflich-energetische Input, genauer der noch zu besprechende Informationsträger. Er ruft am passenden Empfangssystem und in dessen Umgebung die Wirkung hervor. Aber dort, wo Stoff- und Energie-Beschreibungen relativ übersichtlich sind, ist Information (zunächst) weitgehend überflüssig. Dass jedoch mittels Information auch etwas wirklich Neues mit konkreten Inhalten vorliegt, wird sich erst im Folgenden zeigen.

---

[1] Tsunami japanisch: Hohe Wellen im Hafen.

[2] Emergenz von lateinisch emergentia das Hervorkommende.

[3] Synergetik von griechisch synergetikós zusammen, mitwirkend.

[4] Evolution von lateinisch evolvere entwickeln, hinauswälzen.

2.2 Vielfalt der Verstärker-Varianten

Einen recht speziellen Auslöse-Effekt realisiert der in Abbildung 6c skizzierte elektronische Verstärker. Es gibt ihn in sehr vielen Varianten, zum Beispiel mittels Relais, Elektronen-Röhren oder Transistoren[5]. Ein meist recht kleines elektrisches Eingangssignal bewirkt durch ihn ein deutlich größeres Ausgangssignal. Intern wird dabei aber eigentlich nur ein vergleichsweise großer Gleichstrom (kybernetisch) gesteuert. Doch allgemein wird der Begriff Verstärker auch in vielen anderen Gebieten benutzt[6]. Die Anwendungen betreffen vor allem messbare Ausprägungen von physikalischen, technischen, chemischen, biologischen, psychologischen und geistigen Eigenschaften.

Eine schon im Altertum benutzte Verstärkungsart sind Hebel, Rollen, Schrauben und Getriebe. Allgemein beruhen sie auf Einrichtungen, die den Austausch von physikalischen Größen ausnutzen, wie Weg x gegen Kraft p bei konstantem Produkt $x \cdot p$. Ein weiteres Beispiel hierfür ist der Transformator. Gemäß den primären und sekundären Windungszahlen $w_p : w_s$ gilt für die Spannungen $u_p : u_s = i_s : i_p$. Dabei ist die Leistung (abgesehen von einigen Verlusten) auf beiden Seiten gleich $u_p \cdot i_p = i_p \cdot i_s$. Bei derartigen „Erhaltungssätzen" besteht auch die Möglichkeit die Zeitdauer Δt als zweite Größe einzubeziehen. Das gilt unter anderem für eine Ramme. Ein schweres Gewicht wird relativ langsam hoch angehoben und fällt dann ungebremst beschleunigt mit hoher Geschwindigkeit (großem Impuls) auf einzurammende Balken herab. Auch der Hammer und das Beil zählen hierzu. Ihre Masse wird beschleunigt. Beim Auftreffen auf einen Gegenstand wird der vorhandene Impuls unvermittelt auf $v \rightarrow 0$ mit großer Wirkung abgebremst.

Weitere Möglichkeiten sind Katalysatoren und Enzyme, die chemische Reaktionen beschleunigen oder die stimulierte Emission, welche den Maser und Laser ermöglicht. Ferner wird der Begriff auch dann verwendet, wenn eigentlich

---

[5] Der Vergleich von Relais und Röhre macht deutlich, dass zusätzlich auch kontinuierliche (analoge) und diskrete (digitale) Verstärkung zu unterscheiden sind. Details auch in [20] ab Seite 41 sowie horstvoelz.de/pdf HU/ dort Verstaerker.pdf, Wirkungen.pdf und infVerstaerk.pdf.

[6] Die Anregung zu den folgenden Betrachtungen verdanke ich mittelbar einer Bitte von Prof. Dr. WOLFGANG ERNST, Humboldt-Universität zu Berlin, Bereich Medienwissenschaften: Als Physiker und Elektroniker können sie mir doch sicher den elektronischen Verstärker erklären. Spontan sagte ich: Erklären kann ich ihn nicht. Meines Wissens gibt es kein allgemeines Prinzip woraus er abzuleiten wäre. Aber die Vorgänge, die bei seiner Verstärkung ablaufen, lassen sich beschreiben. Das spätere Nachdenken hierüber folgt hier sehr stark gekürzt und ist ausführlicher in [20] ab Seite 40 dargestellt. Es bewirkte auch mehrere Vorträge, deren Folien mit download-URL dort ebenfalls angegeben sind.

nur die Anzahl von Dingen, Fakten oder Vorgängen vermehrt wird. Damit ist sogar das Kopieren von Dokumenten oder Dateien der Verstärkung zuzuordnen. Es ist schnell einzusehen, dass die Zusammenfassung dieser großen Vielfalt eigentlich nicht besonders gut durch den Begriff „Verstärker" beschrieben ist. Dennoch ist sie notwenig, um den Begriff „Information" umfassend zu beschreiben. Weil außerdem nicht elektronische Varianten einzubeziehen sind, habe ich mich entschlossen, hierfür den zusammenfassenden Begriff *„Potentiator"* statt allgemeiner Verstärker einzuführen. Seine Definition lautet etwa wie folgt (vergleiche [20] ab Seite 41):

Ein *Potentiator*[7] ist ein System, dessen Input, genauer seine Eigenschafts-Ausprägung vergrößert als Output zur Verfügung stellt. Die Zusammenfassung von Output mit den dabei auftretenden Veränderungen im Potentiator ist dann die vom Input ausgelöste Wirkung. Der Input ist dabei stets stofflich-energetischer Natur. Unwesentlich ist, ob das Geschehen auf Kosten anderer Größen geschieht oder ob dazu andere in- oder externe Ressourcen (Stoff oder Energie) genutzt werden. Der Begriff Potentiator ist umfassender als Verstärker. Zudem ist er grundlegend für die Information, vielleicht sogar dessen einziges stoffliches Substrat. Leider gibt es für ihn aber – genauso wie für den Verstärker – (noch) kein gemeinsames Fundament oder Gesetz, aus dem seine Eigenschaften abgeleitet werden können.

Der Potentiator muss recht früh bei der Evolution entstanden sein. Jedoch bestand unsere Welt anfangs beim Urknall nur aus Energie, von der dann fortlaufend immer mehr in Stoff umgewandelt wurde. Die hierzu gehörenden Gesetze beschreiben aus heutiger Sicht nur das entsprechende Geschehen, erklären es aber kaum. Mit fortschreitender Zeit wurden die Strukturen der stofflichen Gebilde immer komplexer. Dabei können sowohl stabile (unter anderem Teilchen) als auch wachsende und sterbende Strukturen entstanden sein. Ursache dafür könnten sein: thermodynamische raumzeitliche Oasen, (quantenphysikalischer) Zufall, Versuch und Irrtum sowie Erfolg des „Fittesten" (verallgemeinert nach CH. DARWIN). Insbesondere dürften dabei auch stabile Gebilde im Sinne von Potentiatoren große Erfolgsquoten besessen haben und auch noch heute besitzen. So ist er neben seiner Bedeutung für die Information auch eine wichtige Voraussetzung für die weitere Evolution.

Seit langem können wir technische Potentiatoren antizipieren, aufbauen und nutzen. Grundlegende Bausteine dafür waren einst Relais, dann Röhren und

---

[7] Damit der Begriff in allen Sprachen gleichermaßen nutzbar ist, erfolgte die Ableitung aus dem Lateinischen potentia Vermögen, etwas auszurichten.

schließlich Transistoren. Infolge des Fehlens einer grundlegenden Theorie sind jedoch solche Strukturen offensichtlich so schwer zu (er-)finden, dass sie sogar mit einem NOBEL-Preis dotiert werden.

2.3 Information und ihr Träger

In älterer, oft noch gebräuchlicher Literatur gibt es zwei unterschiedliche Aussagen zum Informationsträger. Sie folgen sogar häufig unmittelbar aufeinander und lauten etwa so:

- ◼ Information$_1$ besitzt einen Träger und

- ◼ Information$_2$ wechselt leicht und oft den Träger.

Ganz gegen den Willen der Autoren bedeutet in beiden Aussagen Information etwas anderes. Deshalb habe ich die Indizes angehängt. Bei Information$_1$ ist der Informationsträger ein Teil der Information; er ist in ihr enthalten. Information$_2$ enthält ihn dagegen nicht; er kann auf sie einwirken. Um 1980 habe ich mich daher entschieden, Information$_1$ als (eigentliche) Information aufzufassen [7]. Daher musste Information$_2$ (ohne Träger) einen neuen eigenen Namen erhalten. Zunächst wählte ich unglücklicher Weise Getragenes. Das löste bei mehreren Philosophen Diskussionen aus, denn der Informationsträger trägt nicht das Getragene, sondern bewirkt es erst mittels des Informationssystems. Seit etwa 2000 benutze ich Informat [8]. Diese Zusammenhänge demonstriert die Abbildung 7. Werden diese Zusammenhänge auf Abbildung 2 bezogen, so ist ein schematischer Mengen-Vergleich von Stoff, Energie, Energieträger, Information, Informationsträger und Informat gemäß der Abbildung 8 möglich. Dadurch ergibt sich eine einfache Beschreibung vom neu eingeführten Informat.

Informat ist das, was ein Informationsträger in und mit einem System bewirkt. Dabei ist der Informationsträger stets stofflich-energetischer Natur. Er entspricht dem Input oder einer Ursache. Das Informat entspricht der Wirkung, beziehungsweise dem Output plus Veränderungen im System. Zur Information gehören folglich immer drei Komponenten:

Informationsträger, Informationssystem und Informat.

Wird auch der Informationsträger verändert oder trifft er auf ein anderes System, so ergibt sich ein anderes Informat.

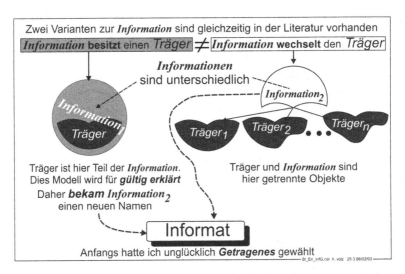

Abbildung 7: Zur Unterscheidung von Information, Informationsträger und Informat.

Die vorangehende Beschreibung von Information und Informat wird bei allen weiteren Betrachtungen wichtig bleiben. Es kommen nur noch weitere Aspekte hinzu. Daher ist eine Abgrenzung durch Namens-Ergänzung nützlich. Inhaltlich wären Wirk- oder kybernetische Information möglich. Da beides zu lang und umständlich ist, wählte ich einfach *W-Information*.

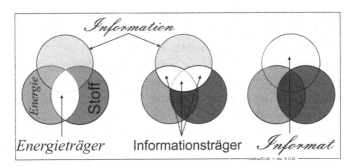

Abbildung 8: Mengenmäßiger Vergleich der grundlegenden Informations-Begriffe im Vergleich zu Stoff, Energie und Energieträger

2.4 Informat einer Schallplatte

Es gibt eine besonders wertvolle Schallplatte von L. BEETHOVENs V. Sinfonie op. 67, c-moll. Sie ist der Mitschnitt von 1946 aus dem Admiralspalast in Berlin (Friedrichstraße) und wurde von W. FURTWÄNGLER dirigiert. Unter Kennern gilt sie als *die* authentische Aufnahme der V. Sinfonie. Neben dem rein musikalischen Wert gibt es dafür auch wichtige Hintergründe. BEETHOVEN hat in ihr das „Klopfen" des Schicksals verewigt. Während des 2. Weltkrieges wurde dieses Klopfen zum Pausenzeichen des Londoner Rundfunks, insbesondere für die Sendungen an die Deutschen, auf deren Abhören damals in Deutschland die Todesstrafe stand. Ferner steht das V für Vergeltung und Victory (Sieg). Mit diesem Konzert wollte FURTWÄNGLER das Wiedererwachen des demokratischen Lebens in Deutschland unterstützen.

FURTWÄNGLER gilt allgemein als der Jahrhundertdirigent. Er war nie Mitglied der NSDAP und rettete durch persönlichen Einsatz unter anderem reichlich zweihundert Juden das Leben. Er hatte nie zu HITLERs Geburtstag oder an Parteitagen dirigiert. 1944 emigrierte er in die Schweiz. Bei den Nazis wurde er nicht besonders geliebt, sondern diente nur als Aushängeschild. Bereits am 21.10.1938 erschien daher die gelenkte Kritik zum „Wunderdirigenten" H. KARAJAN, der zugleich in Deutschland und Österreich Mitglied der NSDAP war und FURTWÄNGLER 1942 ablöste. Dennoch erhielt KARAJAN, ganz im Gegensatz zu FURTWÄNGLER, nach Kriegsende kein Dirigierverbot. Erst unmittelbar nach seiner Entnazifizierung konnte daher FURTWÄNGLERs oben genanntes erstes Dirigat erfolgen. Ausführliche Fakten hierzu beschreibt K. LANG in [9]. Dabei weist er auf deutliche Fehler in dem bekannten Theaterstück (2001) von R. HARWOOD „Taking Sides" und dem danach gedrehten Film hin.

Die oben genannte Schallplatte mit ihren Rillenverbiegungen ist der eigentliche Informationsträger der historischen Musikaufnahme. Das so gespeicherte große Erlebnis ist das „angestrebte" Informat. Doch es tritt nur bei Menschen – als Empfangssystem – auf, die hinreichende Kenntnisse zur europäischen Musikkultur erworben haben und welche die physiologisch-psychologischen Fähigkeiten für das Erlebnis besitzen. Zumindest benötigen sie beachtliche Musik-Erfahrung und Vergleichsmöglichkeiten mit anderen Aufnahmen der V. Sinfonie. Deshalb haben viele Europäer auch Schwierigkeiten mit der Rezeption einer Raga oder traditioneller chinesischer Musik. Ferner zeigt das Beispiel, dass die Rille nicht unmittelbar in diesem Sinne nutzbar ist. Ihre Verbiegungen müssen erst in elektrische Schwingungen und dann in Schall umgewandelt werden (mehrfacher Trägerwechsel).

Abbildung 9: Eine Idee (internes Informat) muss auf einen stofflich-energetischen Informationsträger verengt werden (Flaschenhals Informationsträger), damit sie in einem Empfänger möglichst gut die gewünschte Wirkung (Informat) auslöst. Dazu müssen Sender und Empfänger möglich gleichartige sozial-kulturelle Milieus besitzen.

Weiter ist an dem obigen Beispiel eine Erweiterung des Informationsprozesses zu beachten. FURTWÄNGLER hatte sich bei dem oben genannten Konzert das Ziel gestellt, den demokratischen Wandel in Deutschland voranzutreiben. Das war sein Gedanke, doch jeder Gedanke ist nur sehr indirekt zu verwirklichen. Er musste erst zu einem stofflich-energetischen Informationsträger „verengt" werden, damit er dann auf andere Menschen einwirken kann. Der Energieträger ist folglich der Flaschenhals über den eine Idee zu anderen Menschen gelangt. Die damit zusammenhängenden Fakten demonstriert die Abbildung 9.

Menschen sind in einem Kulturkreis aufgewachsen und erwerben dort ihre Sozialisierung gemäß dem herrschenden sozial-kulturellen Milieu (dunkle Dreiecke). Dabei entsteht teilweise vergleichbares Verhalten und Rezeption, natürlich mit individuellen Ausprägungen. So kann ein stofflich-energetischer Informationsträger (wie Kunstwerk und Zeichen) bei vielen Menschen fast gleiches Verhalten (Erlebnisse) auslösen. Das erschwert zugleich das Verständnis und ein „richtiges" Verhalten in fremden Kulturkreisen. Die menschliche Kommunikation erfolgt daher überwiegend mittels festgelegter Informationsträger des gemeinsamen kulturellen Milieus. Bezüglich des Informats sind dabei zu unterscheiden:

Zu Bewirkendes (1. Informat) $\Rightarrow$
Bewirkendes (Informationsträger) $\Rightarrow$
Bewirktes (2. Informat).

Deshalb stimmt das erzielte Ergebnis oft nur annähernd mit der Ausgangs-Idee überein.

2.5 Das Informationsfeld

Mehrfach wurde versucht, und immer wenig erfolgreich, ein Informationsfeld einzuführen. Einen neueren Überblick mit vielen Beispielen und Literaturangaben gibt [8] ab Seite 397. Wegen der bisher geringen Bedeutung werden hier nur wenige Grundzüge dargestellt. Das Informationsfeld ähnelt einem elektromagnetischen, Schwere- oder Schallfeld. Daher tritt es auch nur durch seine Wirkung auf Objekte (als Informat) in Erscheinung. Da es (großflächig) im Raum lokalisiert ist, kann es selbst kaum als Informationsträger interpretiert werden. Doch in Wechselwirkung mit dem Objekt entsteht in Bezug zum System so etwas wie ein (realer) Informationsträger. Informationsträger, System und Informat verlangen hier also das Informationsfeld als Vermittler. Die wohl älteste Arbeit stammt 1963 vom Soziologen K. LEWIN. Er beschreibt darin wie bei notwendigen Umwegen im Raum, ein Mensch oder ein höheres Lebewesen auf dem kürzesten Wege sein Ziel erreicht. Das bewirkt der vorhandene Feldgradient. Bei Spielen wurde mehrfach nachgewiesen, dass der noch nötige Aufwand intuitiv als Zielabstand empfunden wird. Auch die Intensität unserer Emotionen kann als Maß für den Zielabstand interpretiert werden. Zuweilen wird auch die 1974 von J. LOVELOCK und L. MARGULIS aufgestellte Gaia-Hypothese herangezogen. Recht einleuchtend ist das Verhalten von Personen bezüglich des körperlichen Abstandes. Einerseits sind der Mensch und viele Lebewesen daran interessiert, Kontakt aufzunehmen. Andererseits möchte der Abstand aber nicht zu eng werden. Er wird dann nämlich als Einengung oder Bedrohung empfunden. So entsteht ein Optimal-Abstand, der beim Menschen infolge der Sozialisierung erheblich länder- und kulturkreis-typisch ist. Bei internationalen Treffen ist daher oft zu beobachten, wie zwei Menschen im Gespräch ständig umeinander „herumtanzen". Der eine will den Abstand verkleinern, der andere vergrößern: In England heißt das: keep your distance! Genau in diesem Sinne bewegen wir uns auch im Gedränge.

2.6 Erste Zusammenfassung

Die behandelte W-Information ist wesentlich durch drei Aussagen gekennzeichnet:

- Diese Information setzt immer ein begrenztes (Empfangs-) System voraus.

- Auf das System wirkt der stofflich-energetische Informationsträger (als Input oder Ursache) ein.

- Dabei kann sich das System verändern und ruft in seiner Umwelt eine Wirkung hervor (Output). Beides zusammen ergibt das Informat.

Bei der W-Information wird das Substrat des Systems vernachlässigt. Es kann
unter anderem physikalisch, chemisch, biologisch oder geistig sein. Bei einigen
Betrachtungen erscheinen nur die Zusammenhänge, Funktionen zwischen dem
Informationsträger und Informat als wesentlich. Dennoch sind sie grundsätzlich
durch das jeweilige, dazugehörende Informationssystem bestimmt. Bezüglich
ähnlicher Systeme folgt so eine gewisse Unbestimmtheit gegenüber der Realität.

Ein wichtiger Spezialfall der Systeme ist der Potentiator. Er wird als über-
geordneter Begriff zum allgemeinen Verstärker eingeführt. Bei ihm wird nur die
Ausprägung einer Größe verstärkt an seinem Ausgang ausgegeben. Er ist zugleich grundlegend für die Erhöhung der Komplexität im Sinne einer Evolution.
Unter anderem kann durch ihn dem Wärmetod gemäß des zweiten Hauptsatzes
der Thermodynamik entgegengewirkt werden.

W-Information betrifft und beschreibt objektive Sachverhalte, die einfach
geschehen. Dabei müssen nicht Ursache und Wirkung deterministisch verknüpft
sein. Ein externer Beobachter, zum Beispiel ein Mensch, eine Kamera oder ein
Messgerät, ist hierfür nicht erforderlich.

Die W-Information kann leicht auf die Kommunikation zwischen zwei Systemen erweitert werden. Dazu müssen Sende- und Empfangssystem aufeinander
„abgestimmt" sein. Für Menschen erfolgt das häufig mittels ähnlicher Sozialisie-
rungen. Nur dann kann eine „beabsichtigte" Wirkung weitgehend erreicht werden. Das leitet zu den nächsten Kapiteln mit weiteren Informations-Arten über.

Im leicht abgewandelten Sinn gehört auch das Informationsfeld zur W-Information.

3 Z-Information

Die betont kybernetische W-Information beschreibt nur das Geschehen vom Input (Informationsträger) über das System (black box) bis zur ausgelösten Wirkung (Informat). Doch Menschen – und auch die meisten Lebewesen – wollen und müssen sich in der Welt zurechtfinden und dabei erfolgreich überleben. Das ist eine deutlich andere Sicht. Es wird nicht nur das Geschehen beschrieben, sondern auch seine Auswirkungen für das erfolgreiche Überleben möglichst genau beobachtet. Dazu nehmen die Sinnesorgane auf sie einwirkende stofflich-energetische „Informationsträger" als Reize wahr und wählen sie teilweise sogar aktiv zielgerichtet aus. Zusätzlich wird versucht, den Ablauf durch Handlungen in eine günstigere Richtung zu zwingen. In der materiellen Welt kann das nur stofflich-energetisch erfolgen. Bei Lebewesen und insbesondere bei anderen Menschen ist dazu ein passender Informationsträger gemäß der Abbildung 9 zu erzeugen. Einiges darüber wurde für den recht speziellen Fall der Musikrezeption bereits im Zusammenhang mit der Abbildung 9 behandelt.

Für die Auswahl der günstigen Informationsträger (als Input) und für ein optimales Handeln als Output wird ein inneres Modell der Welt benötigt. Am Beispiel der Emotionen habe ich es 1976 etwas detaillierter eingeführt [8], Seite 80 ff. Ein später etwas erweitertes Modell zeigt die Abbildung 10 [12]. Es unterscheidet drei Ebenen: Die real existierende Welt können wir über unsere Sinnesorgane beobachten und durch unser Handeln verändern. Was sich dabei in uns abspielt, ist in der zweiten Ebene nur mittelbar über unser Handeln und teilweise über unsere Emotionen zu erschließen. Die dritte Ebene ist nur für uns selbst und niemals völlig zu erschließen: Bezüglich der Welt streben wir Ziele an, die sich aus unseren Bedürfnissen ableiten. Dabei benutzen wir unser inneres Weltmodell, das mehr oder weniger gut der realen Welt entspricht. Statt der Welt-Objekte und ihrer Verknüpfungen muss es dafür allgemeine, zum Teil sprachliche und abstrakte Zeichen verwenden. Nur so können sie stofflich-energetisch in unserem Gedächtnis gespeichert werden. Durch internen Vergleich und „Berechnungen" wird der Aufwand für das Erreichen unseres Zieles bestimmt. Diesen erleben wir als mehr oder weniger intensive, positive oder negative Emotionen. Sie entsprechen weitgehend dem Informat der betont kybernetischen W-Information. Die Z-Information berücksichtigt dagegen mehr die Abbildung durch Zeichen im inneren Weltmodell.

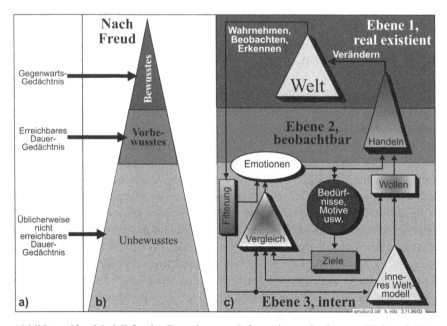

Abbildung 10: Modell für das Entstehen von Informationen. Im inneren Weltmodell befinden sich stofflich-energetische Ersatzobjekte (Zeichen) für die Objekte der Welt. Sie müssen auch ähnlich wie die Objekte der realen Welt verknüpft sein. Weitere Erklärungen zur Wirkungsweise sind im Text vorhanden.

Die drei Modell-Ebenen entsprechen einmal den drei Ebenen von S. FREUD: Bewusstes, Vorbewusstes und Unbewusstes. Zum anderen gehören zu ihnen auch unterschiedliche Gedächtnisabschnitte.

Für die Objekte der Welt werden also Ersatzobjekte benötigt. Infolge der sehr großen Anzahl der Objekte und ihrer vielfältigen Verknüpfungen ist unser Gedächtnis oft zu klein. Wir benötigen zusätzlich externe stofflich-energetische (häufig in der Gestalt ähnliche) Zeichen. Sie müssen dann aber durch uns entsprechend interpretiert werden. Das entspricht einer von uns vorgenommenen Abbildung zwischen diesen Zeichen und den Objekten der realen Welt. Für die komplexen Zusammenhänge der Zeichen und ihrer Verknüpfungen bezüglich jener der Welt wurde der Begriff Z-Information gewählt. Leicht abgewandelt und in einem anderen Zusammenhang wird sie auch *Wissen* über die Welt genannt. Es zu gewinnen entspricht dem Erkenntnisprozess. Auf den Unterschied von Wissen und Information wird im Abschnitt 3.8 eingegangen.

3.1 Erkennen der Zeichen

Wie unvollständig und teilweise auch falsch wir die Welt erkennen, hat wohl als erster PLATON gezeigt. Es ist im siebenten Buches „Der Staat" dargelegt. Insgesamt betrifft es viele Aspekte des Politischen, die heute noch in vielen Kontexten gültig und daher sehr lohnenswert zu lesen sind. Doch für die weiteren Betrachtungen ist hier nur das einleitende Höhlengleichnis wichtig: Mehrere Menschen sitzen streng gefesselt mit unbeweglichem Kopf in einer dunklen Höhle. Ein, für sie nicht sichtbares Feuer hinter ihnen wirft Schatten auf die Felsenwand vor ihnen. Ihre Weltinterpretation kann daher nur von den sich dort bewegenden Schatten erfolgen. Erst einer, der sich irgendwie befreien kann, erkennt die wirklichen Zusammenhänge und auch was außerhalb der Höhle existiert. Kehrt er dann zu den Seinen zurück und berichtet über das Gesehene, so wird ihm keiner Glauben schenken.

Dieses Gleichnis zeigt, wie sehr wir von den möglichen Wahrnehmungen unserer Sinnesorgane abhängen. Für andersartige intelligente Lebewesen könnte die Welt daher vielleicht erheblich anders aussehen. Wir erleben Alles weitgehend in der für uns typischen menschlichen Sicht. Das zeigt sich auch darin, dass alle Wettbewerbe zum Zeichnen von außerirdischen Welten und Lebewesen bisher kaum etwas wirklich „Anderes" hervorgebracht haben. Auch die Suche nach Botschaften von „Außerirdischen" oder umgekehrt die Versuche Botschaften an sie zu senden, war nicht erfolgreich[1]. Das oft zitierte Beispiel von DRAKE zeigt die Abbildung 11. Aus den **1/0**-Signalen dürfte kaum einer die rechts hinzugefügte Interpretation gewinnen.

---

[1] Unter anderem in [8], Seite 80 ff, sowie [12]

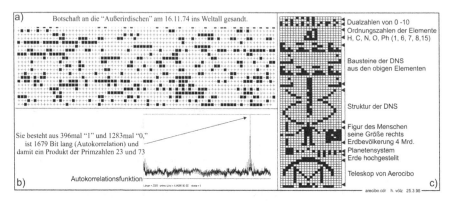

Abbildung 11: Die vom Teleskop Arecibo an der Nordküste von Puerto Rico ins Weltall gesandte Botschaft. Die 1/0-Signale wurden periodisch abgestrahlt (a). Durch Autokorrelation kann das Primzahlprodukt 23×73 gefunden werden (b). Das lässt ein flächiges Bild vermuten. Von den zwei Möglichkeiten ergibt nur die Variante in c) einen Sinn. Dann lassen sich vielleicht noch in der ersten Zeile des Bildes die Dualzahlen erahnen. Wie die weiteren Inhalte gefunden werden könnten, ist kaum anzugeben.

3.2 Erfahrung als unmittelbarer Weg zur Welterkenntnis

Auch ohne Wissenschaft können wir – wie die anderen Lebewesen – zumindest teilweise erfolgreich in der Welt handeln. Anfangs muss so jedes Kind Erfahrungen erwerben. Doch auch Erwachsene benutzen diesen Erkenntnisweg. Beispiele hierfür zeigt die Abbildung 12. So wird keine Kellnerin beim Servieren den Schwerpunktsatz der Physik nutzen. Beim fröhlichen Schaukeln wird (und kann) sich kein Kind Gedanken über Resonanz, Verlagerungen des Schwerpunkts oder gar parametrische Verstärkung (Potentiatoren) machen[2]. Auch die Kreiselgesetze sind für einen Radfahrer auf holprigen Waldwegen völlig unbrauchbar. Statt wissenschaftlicher Gesetze benutzen wir ganz ähnlich Anleitungen, Ge- und Verbote, Rezepte sowie Faust- und Bauernregeln. Diese auf Erfahrung begrenzten Möglichkeiten entsprechen etwa einem auf unsere Sinne und Handlungen erweiterten Höhlengleichnis. Im Sinne von In- zu Output gehört das alles zur W-Information. H. DREYFUS schuf hierfür den Begriff des nicht formalisierbaren

---

[2] Parametrische Verstärker beruhen darauf, dass Resonanzeigenschaften eines Systems periodisch geändert werden. In diesem Fall erfolgt es durch Schwerpunktverlagerungen [20], dort Literatur {2}.

Abbildung 12: Beispiele für eine Nutzung unmittelbarer Erfahrung. Für ein erfolgreiches Handeln ist hierbei kaum eine Theorie hilfreich oder gar erforderlich.

„grauen" Wissens. Nach ihm gilt: Es ist relativ leicht Experten-Wissen auf Rechner zu übertragen, aber kaum jemals dürfte es für das (Erfahrungs-) Wissen eines zweijährigen Kindes möglich sein [13].

3.3 Der wissenschaftliche Weg

Neben der direkten Erfahrung gibt es den schwierigen aber dafür sehr leistungsfähigen wissenschaftlichen Weg. In der Abbildung 13 sind beide Varianten schematisch gegenübergestellt. Links oben sind die Welt und ihr Geschehen durch die schwarze Fläche gemäß der Abbildung 1 gezeigt. In der Mitte rechts sind darüber die verschiedenen Ersatzmodelle mit den dazugehörenden Informationsmengen gelegt.

Der obere Weg ergibt sich durch die unmittelbaren Erfahrungen. Sie werden bevorzugt individuell erworben und sind dann auch unmittelbar zu nutzen. Sie gelten aber nur für eng begrenzte Bereiche, die durch die drei schwarzen Flächen dargestellt sind.

Der wissenschaftliche Weg (unten) ergänzt und korrigiert die unmittelbare Erfahrung durch systematische Methoden. Dazu gehören Verallgemeinerungen, schlussfolgerndes Denken, Abstraktion, Urteilsbildungen, neue Begriffe, systematische Experimente, (mathematische) Gesetze und vieles mehr. Um sie zu gewinnen, ist meist eine Zusammenarbeit vieler Wissenschaftler erforderlich. Um danach die Erkenntnisse zu nutzen, müssen die Gesetze zunächst erlernt und ver-

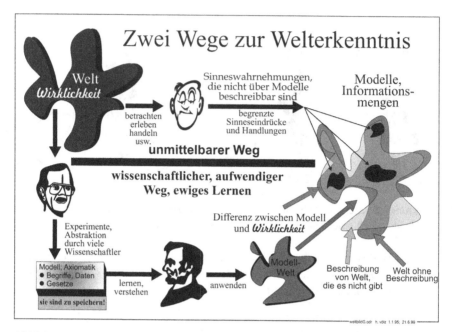

Abbildung 13: Die zwei Hauptwege zum Erwerb von Weltwissen. Oben: Der ummittelbare Weg durch Erfahrung. Unten: Der wissenschaftliche Weg. Er benutzt vor allem mathematische Methoden, die mittels Axiomatik aus Begriffen, Daten und Gesetzen umfangreiche Gebiete der Welt modellieren.

standen werden. Außerdem sind sie meist so „komprimiert" formuliert, dass für den jeweiligen Fall erst eine angepasste Umwandlung erforderlich ist. Da die so gewonnenen Informationen über die Welt ständig zunehmen und sich dabei teilweise verändern, ist ständiges Lernen erforderlich.

Mit den wissenschaftlichen Ergebnissen lassen sich recht komplexe Weltmodelle konstruieren. Sie gelten für einen deutlich größeren Bereich der Welt, können dennoch nicht alles in der Welt richtig beschreiben oder gar erklären. Infolge der hohen Abstraktion und Verdichtung zeigen sie zuweilen auch Fakten auf, die es in der Welt gar nicht gibt. So wird hier erneut der schon oben genannte Flickenteppich von STEINBUCH besonders gut sichtbar [6]. Trotz der einzelnen Nachteile haben sich die Modelle umfangreich bewährt und fast immer als erfolgreich erwiesen. Nahezu unsere gesamte technische Entwicklung geht auf sie zurück. Daher sind wir von ihrer Richtigkeit sehr überzeugt.

3.4 Zeichen als notwendige Hilfsmittel

Bei allen Erkenntnisprozessen ist ein subjektiver Vergleich zwischen der realen Welt und der Modellwelt notwendig. In einfachen Fällen genügt hierfür unser Denken unter Zuhilfenahme unseres Gedächtnisses. Das ist weitgehend beim unmittelbaren Erkenntnisweg möglich. Doch häufig, insbesondere beim wissenschaftlichen Weg, sind die Zusammenhänge so komplex, dass unser Gedächtnis nicht ausreicht. Dann müssen wir zusätzlich externe Speicher verwenden. Dafür sind stofflich-energetische Zeichen als Ersatz für und als Hinweis auf die realen Objekte erforderlich. Wie die Abbildung 14 zeigt, bilden dabei die realen Objekte, die Zeichen und wir – als verknüpfender Interpretant – eine festgelegte Dreier-Relation. Dabei ist aber zu beachten, dass auch wir und die Zeichen zur realen Welt gehören. Durch diese „Doppelverwendung" der realen Objekte können sich Fehler und Widersprüche ergeben. Sie können auch dann auftreten, wenn die Zeichen unscharf definiert sind, was meist bei Klassenbildungen und abstrakten Begriffen auftritt.

Die Dreier-Relation kann auch so beschrieben werden: Zeichen sind stofflich- energetische Informationsträger für ein Empfangssystem, welches ein Mensch, Tier, technisches Gerät und vielleicht sogar eine Pflanze sein kann. Das Zeichen muss hierzu eine ausreichende Eigenschafts-Ausprägung besitzen. Nur dann kann es das Empfangssystem eindeutig erkennen und anschließend im „vorgesehenen" Sinn interpretieren. So wird das Empfangssystem zum Interpretanten, der die richtige Zuordnung zwischen dem Zeichen und dem dazugehörenden realen Objekt „kennt". Dabei entsteht das beabsichtigte Informat. Das Zeichen kann so auch ein Ersatz für das Objekt sein.

Es gibt *natürliche,* zuweilen auch Anzeichen genannte, in der Natur vorhandene und *künstliche,* vom Menschen geschaffene Zeichen. Natürliche Zeichen sind eine Blüte, ihr Duft oder ihre Frucht, eine Wolke als Anzeichen für Regen sowie Licht und Schwerkraft für optimales Wachstum bei Pflanzen. Künstliche Zeichen sind Buchstaben, Namen, Laute, Symbole, Piktogramme, Bilder, Licht- und Schallzeichen. Mehrere zusammengefasste Zeichen ergeben Daten, Wörter, Texte, Dateien, Nachrichten, Sprache, Musik und Bilder. Zeichen können auch für Unanschauliches, Abstraktes, Geglaubtes oder Gedachtes stehen und werden dann oft Symbole genannt. Zeichen mit betont zeitlichem Ablauf heißen teilweise Signale.

Objekte können neben stofflich-energetisch auch dynamisch, informationell, formell und abstrakt sein. Daher gibt es immer mehr Objekte als Zeichen. Andererseits ist unser Wissen über die Welt aber nur über stofflich-energetische Zeichen weitgehend dauerhaft gespeichert.

3.5 Zur Geschichte der Zeichen-Theorien

Die Benutzung der Zeichen und ihre Beschreibung sind sehr alt. Bereits PLATON unterscheidet drei Inhalte:

- *Dinge*, die erkennbar sind und objektiv existieren. Heute werden sie meist Objekte genannt.

- *Wörter* als Namen und *Zeichen* zur Kennzeichnung der Dinge. Sie sind für ihn die Werkzeuge zur Erkenntnis.

- *Ideen* als menschenunabhängige Urbilder, zeitlose Begriffe. Die hat der Mensch schon vor seiner Geburt gekannt. Sie werden heute in dieser Weise nicht mehr benutzt.

ARISTOTELES vereinfachte das Schema etwas. Der heutige Interpretant, der Beobachter, wird von beiden noch nicht hervorgehoben. Ihn hat wahrscheinlich erst 1689 JOHN LOCKE in seiner Semiotik, der „Lehre von den Zeichen", betont. Er tritt dabei an die dritte Stelle statt der Ideen. Als eigentlicher Begründer der Semiotik gilt heute C. S. PEIRCE und das, obwohl er den Begriff Semiotik kaum benutzt hat. Für die sprachlichen Zeichen ist die Linguistik wesentlich. Sie wurde von M. F. DE SAUSSURE begründet. Schließlich schuf C. W. MORRIS die heutige meist gültige (hierarchische) Dreiteilung (vergleiche die Abbildung 15):

- *Syntax* als Beziehung zwischen Zeichen,

- *Semantik* für die Bedeutung der Zeichen,

- *Pragmatik* für bewirkte Handlungen.

Er benutzt auch weitere hierarchische Dreiteilungen. Die Weiterentwicklung der Semiotik erfolgte vor allem durch M. BENSE und U. ECO. 1963 fügte G. KLAUS als vierten Aspekt die nur selten benutzte *Sigmatik* hinzu[3]. Sie entspricht etwa der hier benutzen Verbindung realer Objekte und Zeichen im Sinne der Z-Information.

---

[3]   Weitere Details enthalten unter anderem [8], Seite 343 - 347 und [14] ab Seite 216.

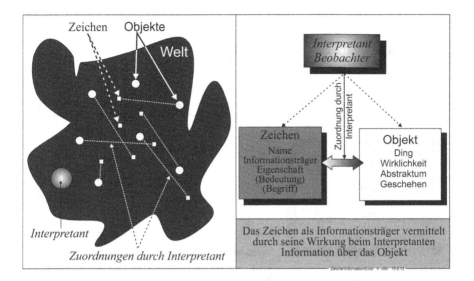

Abbildung 14:   Die Zuordnung von Objekten und Zeichen erfolgt durch den Interpretanten. Auch die Zeichen als Ersatzobjekte für jene der realen Welt, sowie der Interpretant gehören zur realen Welt.

Im Folgenden werden die Zeichen und die zu ihnen gehörende Semiotik betont und leicht verändert aus *Sicht der Information* berücksichtigt. In der Semiotik erfolgt alles mittels der Umgangssprache. Hier geschieht es mittels der Z-Information. Dabei wirken die stofflich-energetischen Zeichen statt der realen Objekte als Informationsträger auf das jeweilige Informationssystem, den Interpretanten ein. Sie sollen dabei ein möglichst ähnliches Informat erzeugen, wie es sonst die Objekte bewirken.

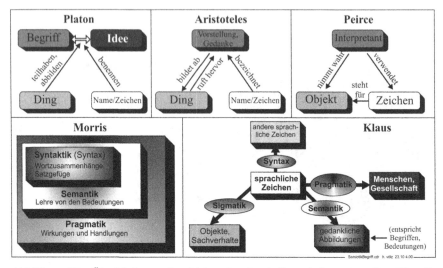

Abbildung 15: Überblick zur Geschichte der Semiotik und ihrer Grundbegriffe, die überwiegend aus dem Griechischen abgeleitet sind [4].

3.6 Komplexität der Welt

Zuweilen wird für die Welt eine Überabzählbarkeit angenommen. Für die folgenden Abschätzungen genügt es aber, entsprechend den überwiegenden Auffassungen vollauf, dass unsere Welt aus abzählbar vielen Objekten mit ebenfalls endlich vielen abzählbaren Verknüpfungen besteht[5]. Sie ist dann aber immer noch viel komplexer als es alle Beschreibungen der Menschheit, einschließlich ihrer technischen Mittel ermöglichen. Noch wesentlich geringer sind die Möglichkeiten eines einzelnen Menschen. Diese Dreistufigkeit hat mehrere Ursachen:

---

[4]   *Semiotik* stammt vom griechischen semeion Zeichen, Lehre von den Zeichen. *Syntax* kommt von griechisch syntaxis Zusammenstellung, syntassein anordnen, einrichten, zusammensetzen, -stellen, -ordnen. *Semantik* geht auf das griechische sema Zeichen und tassein: auf-, feststellen, festsetzen, (ver-)ordnen zurück. Daraus folgt griechisch semantikos und semainein als zum Zeichen gehörend und semasia das Bezeichnen, die Bezeichnung. *Pragmatik* stammt vom griechischen pragmatikos zweckmäßig, in Geschäften tüchtig, erfahren, geschickt, pragmatos durchgeführte Tat, das Handeln, Tätigkeit und pragmatike Kunst richtig zu handeln.*Sigmatik* von griechisch signum (Namens-) Zeichen, Unterschrift, abgeleitet davon auch Signal.

[5]   Es gibt also eine größte ganze Zahl. Damit sind alle Zeichen auf ganze Zahlen abbildbar. Das lässt bei der Z-Information zu, Z als Zahl zu interpretieren und leitet so zu Kapitel 4 über.

■ Der Menschheit und noch mehr jedem Einzelnen ist nur ein sehr kleiner Raum der Welt einigermaßen detailliert zugänglich. Zudem stehen uns für entfernte Bereiche nur ganz wenige Messmethoden (elektromagnetische Wellen und Licht) zur Verfügung.

■ Die Lebenszeit der Menschheit und noch mehr die jedes Einzelnen ist gegenüber den etwa 13 Milliarden Jahren, die schon jetzt die Welt bestanden hat, nur extrem kurz. Ein experimenteller Blick in die Zukunft ist uns verwehrt. Er kann nur mittelbar mit erheblicher Unsicherheit bestimmt werden.

■ Was wir nicht direkt wahrnehmen können, müssen wir mit Zeichen und deren Verknüpfungen beschreiben. Diese Z-Information benutzt aber immer Objekte der Welt. Durch diese Rückbezüglichkeit können leicht Widersprüche entstehen.

Um dennoch möglichst viel zu beschreiben, müssen wir möglichst hohe Verdichtungen bei der Z-Information anwenden.

3.7 Vereinfachungen der Weltbilder, Axiomsysteme

Die Aussage „Alles hängt mit Allem zusammen" weist auf die höchst komplexe Verflechtung der Objekte und des Geschehens in der realen Welt hin. Sie muss sich auch bei den dazugehörenden Zeichen widerspiegeln. Das ist aber, weil die Zeichen auch zur Welt gehören, prinzipiell nicht vollständig möglich. Deshalb müssen immer Vereinfachungen vorgenommen werden. Gemäß dem angestrebten Ziel werden dafür geeignete Modelle erschaffen. Sie berücksichtigen nur das jeweils Wesentliche und lassen anderes weg, was zumindest an den Gültigkeits-Grenzen zu Fehlern führen kann.

In der Realität gibt es Objekt-„Paarungen" mit gleichen bis ähnlichen Verknüpfungen. Beispiele sind Kleiner-Größer-Relationen, raum-zeitliche Beziehungen und Ursache-Wirkungs-Zusammenhänge. Für sie können im Zeichen-Bereich – ähnlich den Unbekannten x und y in Gleichungen – neue allgemeine, abstrakte Zeichen eingeführt werden. Sie werden dann erst später bei den Anwendungen spezialisiert und interpretiert. So kann eine beachtliche Vielzahl von Objekt-Zusammenhängen auf eine deutlich kleinere Anzahl im Zeichen-Bereich geschrumpft werden. Das entspricht einer Reduzierung (Komprimierung, Verdichtung) der Weltbeschreibung.

Weitere Vereinfachungen sind Abstraktion und Verallgemeinerung. Auch sie fassen ähnliche Objekte und Verknüpfungen, jedoch durch neue Oberbegriffe zusammen.

Selbst den uralten Geschichten und Mythen zum Weltbeginn liegen Vereinfachungen zu Grunde. Sie gab es ursprünglich bei allen Völkern. Meist war am Anfang ein Chaos, aus dem die Welt von einem Titanen erschaffen wurde oder nur einfach entstand. Auch in der Bibel ist das beschrieben[6]. Zu vielen erlebten, aber nicht begreifbaren Fakten wurden ähnlich immer wieder neue, oft fantasievolle Geschichten erfunden und erzählt. Es ist eine große Leistung der alten Griechen, eine verkürzte Erzähl-Variante gefunden zu haben. Hierzu wird ein leicht einzusehender (Ausgangs-) Zustand angegeben. Er wird dann durch Regeln ergänzt, die in mehreren Fällen als „gültig" erlebt wurden oder auch nur hinreichend glaubhaft sind. Mit den Regeln lässt sich dann aus dem Anfangszustand eine folgerichtige Erzählung entwickeln. Wenn die so „konstruierte" Erzählung in vielen Punkten der Realität entspricht, dann ist das Ganze wahr.

Die heutige axiomatische Methode folgt diesem Schema. Den Ausgangspunkt bilden die Axiome. Sie müssen unmittelbar so einleuchtend sein, dass kein Hinterfragen erforderlich scheint oder sich gar Einwände einstellen. Zu den Axiomen gibt es dann die Regeln, die möglichst einfach und einleuchtend sein müssen. Mit dem vorhandenen Axiomsystem können und sollen sich möglichst viele Fakten der Realität herleiten lassen. Bei der Anwendung darf es aber zu keinem Widerspruch kommen. So wird dann mit dem Axiomsystem eine beachtliche Anzahl von Objekten und deren Verknüpfungen auf viel weniger Information, nämlich die Axiome und die dazugehörenden Regeln, reduziert.

Es kann aber für die Ableitung gleicher Fakten und Zusammenhänge durchaus unterschiedliche Axiomsysteme geben. Gewünscht sind Minimalität (möglichst wenig Ausgangsdaten) und Vollständigkeit bezüglich aller bekannten Fakten. Schematisch zeigt diese Zusammenhänge die Abbildung 16.

Die Ableitung von umfangreicher Z-Information aus den Axiomen und Regeln ist im Einzelnen meist recht einfach. Vollständig kann das aber für Menschen oft undurchschaubar sein. Dem Axiomsystem ist nämlich oft nicht unmittelbar anzusehen, was es für Ergebnisse liefern kann. Dazu muss erst eine vollständige „Auswicklung" durchgeführt werden. Sie erfolgt ähnlich, wie aus

---

[6]   Das erste Kapitel der Genesis beginnt: „Am Anfang schuf Gott den Himmel und die Erde. Die Erde war wüst und leer, Finsternis lag über der Urflut, und der Geist Gottes schwebte über den Wassern."

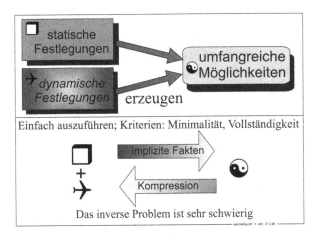

Abbildung 16: Aus statischen Festlegungen (Axiome, ☐) und dynamischen (zeitlichen) Festlegungen (Regeln oder Gesetze, ✈) lassen sich umfangreiche Möglichkeiten (Fakten und Zusammenhänge, ☯) erzeugen. Die meist schwer zu findende Umkehrung entspricht einer Verdichtung von Z-Information.

allgemeingültigen Formeln spezielle abgeleitet werden. Etwa so, wie aus den MAXWELL-Gleichungen das COULOMB'sche Gesetz durch Spezialisierung abgeleitet wird. Während die Auswicklungen überwiegend ohne Probleme erfolgen, ist es meist sehr schwierig, für eine Fülle von Fakten und Zusammenhängen ein Axiomsystem zu finden. Das wird daher als eine hervorragende menschliche Leistung angesehen. Mit den Axiomsystemen geht eine Mathematisierung unseres Weltbildes einher. Wegen der immer vorangehenden Zusammenfassungen und Weglassen von Unwesentlichem, dürfte es aber wohl nie eine einzige Weltformel geben.

3.8 Wissen ⇔ Information

Die bisherigen Aussagen zur Information entsprechen in vielen Punkten unserem Wissen über die Welt. Dennoch bestehen beachtliche Unterschiede. Wissen ist vor allem *gespeicherte Information*. Es ist daher in unserem Gedächtnis, in Büchern und elektronischen Medien, aber auch in anderen Lebewesen fixiert. Das wird ausführlicher im Abschnitt 7.1 behandelt. Obwohl Wissen überwiegend statisch fixiert ist, kann es durch Erfahrung, Lernen und Vergessen, Aufzeichnen und Löschen verändert werden. Weiter kann Wissen genutzt und missbraucht werden. Sprachwissenschaftlich ist interessant, dass es zu Wissen – ganz im Gegensatz zu Information – kein dazugehörendes abgeleitetes Verb gibt. Information ist gegenüber dem Wissen betont zeitlich und dynamisch. Dazu gehört auch: jemanden informieren. Besonders deutlich ist das bei der W-Information. Information verlangt immer ein Informationssystem, auf das der Informationsträger einwirkt und dabei das Informat erzeugt. Dabei muss der Informationsträger nicht aus Wissen abgeleitet sein und auch das Informat muss nicht Wissen betreffen. Meist ist also Information umfassender als Wissen.

3.9 Zweite Zusammenfassung

Z-Information betrifft gegenüber der W-Information vor allem unser gesamtes Wissen. Die Zeichen sind dabei die Stellvertreter für die Objekte der realen Welt. Doch sie erfassen auch deren Wechselwirkungen und Zusammenhänge. Ferner betreffen sie unser Wissen und Verhalten.

Die drei Abstufungen der Komplexität von Welt, Wissen der Menschheit und individuelles Wissen verlangen für die Nutzung eine hohe Verdichtung bezüglich der Abbildungen zur Welt. Sie wird durch Verallgemeinerung, Abstraktion und letztlich Axiomsysteme realisiert und ermöglicht schließlich die Anwendung mathematischer Gesetze und Formeln. Ihre vollständigen Inhalte sind jedoch für den einzelnen Menschen oft nicht unmittelbar oder gar vollständig durchschaubar. Das verlangt zuvor eine spezielle bis vollständige Auswicklung.

Durch die Verdichtungen können Unschärfen bis Fehlaussagen entstehen. Dennoch beruhen fast alle technischen Forschritte auf der Z-Information. So glauben wir zuweilen viel zu fest an diese Gesetze.

Im Gegensatz zum statischen Wissen ist Information immer dynamisch: Ein Informationsträger wirkt auf ein Informationssystem und erzeugt dabei das Informat.

Schließlich ermöglichen die Gesetze und Formeln der Z-Information den Übergang zur Rechentechnik und Informatik und damit zur folgenden Information.

4 V-Information

In der Realität existieren kybernetische Systeme, die W-Information ermöglichen. Mit Hilfe von Zeichen und deren Verknüpfungen können wir die Welt durch Z-Informationen beschreiben. Sobald die Zusammenhänge zwischen den Welt-Objekten und Zeichen mathematisch erfasst sind, ist auch eine Berechnung möglich. Anfangs erfolgt sie ohne Rechentechnik recht langsam, meist sogar deutlich langsamer als das Welt-Geschehen abläuft. Durch hinreichend schnelle Rechner mit Tastatur, Display und teilweise Schallausgabe entsteht dann eine neue Qualität. Sie ermöglicht es, die Welt virtuell nachzubilden und dann wahrzunehmen. Gemäß der Abbildung 17 tritt hierbei eine neue Informationsart auf, die ich V-Information nenne[1].

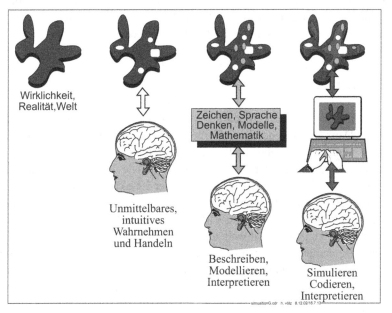

Abbildung 17: Entwicklung der Erkenntnismöglichkeiten bezüglich der realen Welt. Hier ist nur die Wahrnehmung berücksichtigt. Sie ist zusätzlich ähnlich für Handlungen vorhanden.

---

[1] Es wäre auch möglich, sie S-, R- oder C- Information zu nennen. Das S (Simulation) ist ungünstig, weil es der wichtigen SHANNON-Information vorbehalten werden soll. Rechner oder Computer sind offensichtlich etwas zu eng.

Mit ihrer virtuellen Welt bringt die V-Information viele neue und wesentliche Vorteile. Die Simulation kann absichtlich schneller oder langsamer als das reale Geschehen in der Welt ablaufen. Dadurch werden dem Menschen angemessene Zeitmaßstäbe bei nahezu beliebig schnellen und langsamen oder gar lang andauernden Vorgängen zugänglich. In der virtuellen Welt können auch die Abmessungen nahezu beliebig größer und kleiner gewählt werden. Schließlich sind sogar Abläufe von beliebig weit räumlich-zeitlich entfernten oder gar für den Menschen gefährlichen (radioaktiven) Orten nachbildbar und so unmittelbar erlebbar. In der Weiterentwicklung sind dann – mit Datenhelm und -Handschuhen ausgestattet – auch in virtuellen Welten Handlungen möglich. Mittelbar können zusätzlich Roboter in der realen Welt eingesetzt werden. Rechentechnisch sind auch virtuelle Welten herzustellen, die es in der Realität gar nicht gibt. Besonders nützlich sind sie für Dinge und Abläufe, die erst später einmal vorhanden sein sollen. So können wir uns virtuell, aber scheinbar echt, in Gebäuden bewegen, die erst später gebaut werden sollen. Mittels 3D-Drucker lassen sich zur virtuellen Welt sogar neue reale Objekte herstellen.

4.1 Virtuelle Realität

Bereits in den 1970er Jahren schrieb MYRON KREUGER sein Buch „Artificial Reality"[2]. Damals sollte der Begriff allerdings nur alle Aspekte der zwei- und dreidimensionalen Fernsehtechnik abdecken. Heute wird darunter eine vom Computer geschaffene, interaktive, dreidimensionale Umwelt verstanden, die eine Person mit allen Sinnen erleben und in der sie aktiv handeln kann. Hierfür prägte 1989 JARON LANIER den Begriff Virtuelle Realität[3]. Inhaltlich ähnliche Begriffe sind Virtual Environment, Virtual World und Artificial World [15].

Wenn eine künstliche Umwelt zugleich mehrere Benutzer, mehrere Rechner und viele Datenmengen zusammenfasst, wird meist vom Cyberspace[4] gesprochen. Die virtuell verbundenen Personen können gemeinsam, auch gegeneinander handeln. Eine erste, ernst zu nehmende Beschreibung stammt von STANIS-

---

[2] Lateinisch *arte* Kunst; *facere:* machen, englisch artifact deutsch Artefakt, Kunstprodukt, Werkzeug.

[3] Lateinisch *virtus* Tugend, Tüchtigkeit, Kraft, Männlichkeit, in diesem Zusammenhang aber mehr künstlich, nicht wirklich vorhanden.

[4] Dieses Kunstwort setzt sich zusammen aus *cyber* (englisch für Cybernetic von griechisch Kybernetike Kunst des Steuermanns); *space* (englisch Raum, Weltraum); etwa kybernetischer Raum.

LAW LEM in „Summa Technologiae" von 1964. Dort wird aber die Bezeichnung Periphere Phantomatik benutzt. Eine wichtige Präzisierung erfolgte durch WIL-LIAM GIBSON. In seinem Roman „Neuromancer" von 1984 beschreibt er den Cyberspace als konsensuelle Halluzination eines computergenerierten grafischen Raumes.

Künstliche Welten müssen kein Äquivalent in der realen Welt besitzen. Sie müssen nicht einmal den stofflich-energetischen Naturgesetzen genügen oder gar in sich selbst konsistent sein. Für sie kann der Programmierer weitgehend seine kühnsten Vorstellungen, Phantasien und Träume realisieren. In ihnen kann nicht – wie in der realen Welt – eine bleibende Katastrophe eintreten. Höchstens kann der Rechner „abstürzen". Ohnehin verschwindet die virtuelle Realität, wenn der Rechner abgeschaltet wird oder ein Defekt auftritt. Dennoch bleibt vieles im Gedächtnis der Personen vom Erlebten – ähnlich wie nach einem Traum – bestehen. Das kann aber psychologische Folgen bewirken.

Die Entwicklung einer virtuellen Welt verlangt, dass der Programmierer sie im Voraus antizipiert[5], dann aufschreibt und programmiert. Das ähnelt dem Schreiben eines Textes, der erst später gesprochen, oder dem Aufschreiben von Musik, die erst später gespielt wird.

4.2 Grenzen und Möglichkeiten

Durch die V-Information ist es notwendig, drei Bereiche zu vergleichen: die reale Welt, die virtuelle Welt und unsere Wahrnehmungs- und Handlungsmöglichkeiten. Die Unterschiede zeigen sich besonders deutlich durch ihre Grenzen.

Unsere *Wahrnehmungsmöglichkeiten* sind durch unsere Sinne gegeben. Mittels technischer Sensoren lassen sie sich auf zusätzliche Bereiche (weniger Energie) und andere Gebiete (ultraviolettes Licht, Ultraschall und so weiter) erweitern. Dabei ist aber immer für den Informationsträger eine bestimmte Menge Stoff oder Energie notwendig. Unsere Handlungsmöglichkeiten sind primär durch unsere motorischen Fähigkeiten begrenzt. Auch sie lassen sich durch energetische Verstärker (Potentiatoren) erweitern.

Die *reale Welt* ist durch ihre stofflich-energetischen Grundlagen und Zusammenhänge bestimmt. In guter Näherung gelten dafür die heutigen Naturgesetze. Durch die fortschreitende Erkenntnis können zwar noch gewisse Ände-

---

[5] Lateinisch *ante* vor(her) und *capere* nehmen; *anticipare* vorgefasste Meinung, besser geistig vorweg nehmen.

rungen oder gar Umbrüche auftreten. Aber das kann hier zumindest einstweilen unberücksichtigt bleiben. Da auch Roboter, wie auch alle mechanischen Werkzeuge und Maschinen, auf die stofflich-energetischen Grenzen angewiesen sind, gehören sie bei dieser Betrachtung zur realen Welt.

Für die *virtuellen Welten* sind auch Gebilde und Zusammenhänge möglich, die es in der realen Welt nicht geben kann. Alles, was berechenbar ist, kann hier genutzt werden. Daher sind auch Objekte und Zusammenhänge möglich, die den Naturgesetzen widersprechen. Dazu gehören vor allem Inhalte und Aussagen, die stofflich-energetisch nicht auftreten können. Zum Beispiel können virtuelle Objekte (Zeichen) einfach spur- und wirkungslos verschwinden. Solche Möglichkeiten sind in virtuellen Welten bereits vielfach erprobt. Zur Realisierung in der virtuellen Welt sind dafür Singularitäten der Mathematik geeignet. Sie werden außerdem schon lange und ausführlich in der Science-Fiction-Literatur behandelt. Wie schön wäre das, so den vielen von der Menschheit verursachten Müll zu beseitigen!

Die wohl erste virtuelle Variante stammt von J. CONWAY aus dem Jahr 1980 und heißt life [16], [17]. Mathematisch handelt es sich hierbei um einen getakteten zellularen Automaten. Jede Zelle seines quadratischen Rasters kann belegt sein oder nicht. Je Takt wird gemäß den acht Nachbarzellen entschieden, ob sie belegt bleibt oder nicht und falls sie leer ist, ob sie belegt wird oder nicht. Mehrere zusammenhängend belegte Zellen bilden ein Muster. Es kann als Lebewesen interpretiert werden und verschiedene Eigenschaften besitzen: unveränderlich sein, sich periodisch ändern, sich auf der Fläche bewegen, ständig neue Lebewesen (Muster) gebären, andere vernichten (auffressen) oder selbst sterben (verschwinden). M. EIGEN hat das Modell weiter entwickelt und kann dann sogar Evolution simulieren [17]. In der Weiterentwicklung ist so schließlich das Wissenschaftsgebiet Künstliches Leben (KL) entstanden [16][6].

Entscheidend und begrenzend für derartige Erweiterungen der virtuellen Welt sind unsere Vorstellungskraft, Phantasie, Antizipation und die Mathematik (s. S. 63).

Unsere Wahrnehmung in den virtuellen Welten ist im Gegensatz zur realen Welt auf technische Darstellungstechniken, wie Monitore, Display-Brillen, Lautsprecher und Kopfhörer angewiesen. Für die Handlungen benötigen wir so gut wie keine Energie. Es sind aber technische Eingabegeräte wie Tastaturen, Handsets und Mäuse erforderlich. In den virtuellen Welten, mit ihren vielen neuen

---

[6]   Achtung! Der Begriff Künstliche Intelligenz (KI) ist deutlich anders definiert, siehe Abschnitt 4.8.

Möglichkeiten, können auch mehrere Menschen mit- und gegeneinander kommunizieren und handeln, und zwar analog wie in der realen Welt.

Die Vergleiche zeigen deutlich: Für die W-Information haben Zeichen nur nebensächliche Bedeutung. Der Zusammenhang von Ursache (Zeichenträger) und Wirkung (Informat) ist entscheidend. Das ist auch teilweise so in der virtuellen Welt möglich, jedoch ohne die Begrenzung auf stofflich-energetische Zusammenhänge. Der Unterschied von Z- und V-Information besteht dagegen vor allem in der Zuordnung der Zeichen, entweder bezüglich der Objekte der realen Welt oder der Variablen und Konstanten in mathematischen Zusammenhängen. Die Zeichen werden dabei durch Abbildung in bildliche oder schallartige Signale umgesetzt. So wird deutlich, dass letztlich für die virtuelle Welt die Grenzen der mathematischen Berechenbarkeit entscheidend sind. Deshalb werden im Folgenden ihre wesentlichen Grundlagen behandelt.

4.3 Einige mathematische Grundlagen

Gemäß den obigen Betrachtungen genügen für die weiteren Betrachtungen endlich viele Objekte der realen und der virtuellen Welt sowie der benutzten Zeichen, Symbole, Wörter, Sätze und Bilder. Damit sie in Berechnungen benutzt werden können, müssen sie individuell je einer ganzen Zahl aus dem offenen Intervall von $>-\infty$ bis $<+\infty$ zugewiesen, das heißt auf sie abgebildet werden. Als mathematische Operationen dürfen nur Addition (+), Subtraktion (−) und Multiplikation (·) auftreten. Zur Berechung werden die Funktionen $f(\ )$, $g(\ )$ … verwendet. In ihnen können konstante Zahlenwerte a, b, c … und veränderliche Größen (Variablen) x, y, z … stehen. Am übersichtlichsten sind explizite Gleichungen der Form $y=f(x, a)$ oder implizite gemäß $a + bx + cx^2 = 0$. Vielfach ist auch die Rekursion notwendig. Ein einfaches Beispiel ist die Fakultät $n! = 1·2·$ … $·n$. Sie kann auch gemäß $n! = n · (n−1)!$ berechnet werden. Dann ist ein wiederholter (iterativer) Aufruf für $n−1$ bis 1 notwendig. Komplizierter ist bereits der Binomialkoeffizient

$$\binom{n}{m} = \frac{n!}{(n-m)!\cdot m!} = \frac{n}{1}\cdot\frac{n-1}{2}\cdot\frac{n-2}{3}\cdot\ldots\cdot\frac{n-m+1}{m}.$$

Ein wichtiges Beispiel der *allgemein rekursiven* Form ist die 1926 von W. ACKERMANN definierte ACKERMANN-Funktion $a(n, m)$ mit den beiden Variablen n, m. Eine vereinfachte Form stammt 1955 von RÓZSA PÉTER:

$$a(0, m) = m + 1$$
$$a(n + 1, 0) = a(n, 1)$$
$$a(n + 1, m + 1) = a(n, a(n + 1, m))$$

Sie ist nur noch mittels hoch verschachtelter (rekursiver) Aufrufe zu berechnen und zählt daher zu den besonders komplizierten und rechenaufwändigen Funktionen. Außerdem nehmen die berechneten Zahlenwerte so extrem schnell zu, dass sie bereits sehr früh nicht mehr auf Rechnern darstellbar sind. Das gilt bereits für gemeinsam $n>4$ und $m>3$. Weitere Details enthält [3] ab Seite 233.

4.4 Der TURING-Automat

Für Berechnungen ist und war eine optimale Zerlegung in eindeutige, nacheinander durchführbare Einzelschritte notwendig. Da sie oft nicht einfach zu gewinnen sind, entwarf TURING 1936 ein universelles Schema, den TURING-Automaten. Das ist aber „nur" ein allgemeines (gedankliches) Prinzip, das zu einem Ablaufplan führt. Sehr bald wurde die Zusammenfassung aller zu einem Problem oder einer Aufgabe gehörenden, sequentiellen Einzelschritte als Algorithmus bezeichnet und entsprechend schriftlich fixiert. Der TURING-Automat war also als kein technisches Gerät (Computer) erdacht und noch weniger realisiert oder betrieben. Abgesehen von den ersten ZUSE-Rechnern, die damals kaum bekannt waren, entstanden technische Rechner erst in den 1940er Jahren. Dennoch wird der TURING-Automat heute meist im rechentechnischen Sinne wie eine Hardware beschrieben und sehr selten sogar für die Ausbildung so realisiert. Gemäß der Abbildung 18 besteht er aus fünf binären Einheiten:

■   Ein *Taktgenerator* schaltet die anderen vier Einheiten immer um einen Schritt weiter.

■   Ein *unendliches Speicherband* mit einzelnen Kästchen als Bit-Zellen. Damals gab es noch kein Magnetband. Deshalb hat TURING an Papierstreifen (ähnlich den Lochbändern) gedacht, die nach Bedarf durch Ankleben weiterer Streifen beliebig verlängert werden können. In die einzelnen Speicherplätze können dann Daten-Bits 0 oder 1 geschrieben werden. Leere oder gelöschte Plätze sind mit λ gekennzeichnet werden. Zusätzlich gibt es noch Start- und Ende-Zeichen α und Ω.

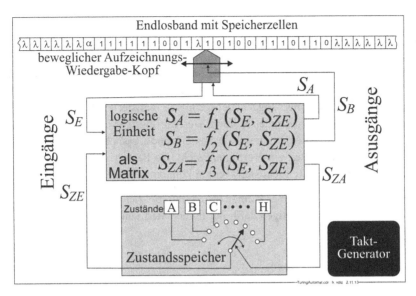

Abbildung 18: Typischer Aufbau eines TURING-Automaten.

- Ein *Kopf wird* zum Lesen, Schreiben und Löschen benutzt. Mit jedem Takt kann er (bei Bedarf) um eine Speicherzelle nach rechts (r) oder links (l) bewegt werden.

- Eine *Logische Einheit* hat zwei binäre Eingangsgrößen S_E und S_{ZE} als Signale vom Kopf und Zustandsspeicher. Aus ihnen bildet sie mittels der logischen Operationen f_1 bis f_3 (zum Beispiel aus NAND- und NOR-Verknüpfungen gebildet), die drei Ausgangsgrößen S_A, S_B (Bewegung) und S_{ZA}. Dieser Teil kann auch als TURING-Tabelle aufgeschrieben sein.

- Ein Zustandsspeicher kann mehrere Zustände A, B, … H einnehmen. Einer von ihnen wird durch das Signal S_{ZA} ausgewählt und dann beim nächsten Takt als S_{ZE} zur logischen Einheit weitergeleitet.

Anfangs stehen auf dem Band das Programm (der umgesetzte Algorithmus) und die Startdaten. Sie werden schrittweise – bei α beginnend – gelesen und ausgeführt. Das Ergebnis wird auf (andere) Zellen des Bandes geschrieben. Der Prozess wiederholt sich solange, bis alles berechnet ist. Dann steht auf dem Band das Ergebnis. Eine detaillierte Beschreibung des Ablaufes für eine einfache Addition enthalten [3] ab S. 219 und [7] ab Seite 68.

TURING-Automaten können sehr unterschiedlich aufgebaut sein. Daher muss für ein und dasselbe Problem (den gleichen Algorithmus) für jede Variante ein angepasstes neues Programm geschrieben werden. Das ist wenig vorteilhaft. Deshalb war der Nachweis, dass es einen *universellen* TURING-Automaten gibt, ein beachtlicher Fortschritt. Im Prinzip kann dann mit einem Hilfsprogramm jeder sequentielle Rechner, sogar jeder technisch realisierte Kleinstrechner, zum universellen TURING-Automaten werden. Deshalb lösen alle sequentiellen Rechner die gleichen Probleme, sofern sie ausreichende Speicherkapazität besitzen und genügend Rechenzeit zur Verfügung steht. Da heute technisch relativ leicht große Speicherkapazitäten realisiert werden können, bedeutet das:

Alle sequentiellen Rechner können prinzipiell die gleichen Probleme lösen. Sie benötigen dafür nur unterschiedliche Zeit.

4.5 Die CHURCH-These

Wenig später nach TURINGS Betrachtungen entstanden ähnliche Methoden für das maschinelle Berechnen:

- Gleichungskalkül nach GÖDEL-HERBRAND,

- μ-rekursive Funktionen nach KLEENE,

- MARKOW-Algorithmen,

- Minimal-Logik nach FITCH,

- Kanonischer Kalkül von POST,

- Graphen-Schemata von KALUZIN,

- Rekursions-Schemata von MCCARTHY und

- λ-Funktionen von CHURCH.

Schließlich wurde bewiesen, dass alle derartigen Methoden (Verfahren) gleichwertig, aber durchaus unterschiedlich kompliziert in der Anwendung sind. Daher stellte 1940 A. CHURCH eine nicht beweisbare Hypothese auf, die aber dennoch von den meisten Mathematikern als gültig akzeptiert wird: Alle heute vorhandenen und auch künftig gewonnen Methoden für die Berechenbarkeit sind gleich leistungsfähig. Insgesamt ersetzen sie die intuitive Berechenbarkeit durch den exakten Begriff des Algorithmus. Weiter folgt: Alles Berechenbare ist rekursiv.

Insbesondere sind alle elementaren mathematischen Funktionen rekursiv berechenbar. Es lässt sich zeigen, dass es Nicht-Berechenbares gibt. Die erste nichtberechenbare Funktion stellte 1962 T. RADO vor [3] Seite 261. Von ihm stammt auch das Problem „Fleißiger Biber". Bei ihm sollen mit einem TURING-Automaten möglichst viele unmittelbar aufeinander folgende 1 auf das Band geschrieben werden. Für 1111 wurde die Lösung erst 1972 gefunden. Für 11111 oder länger gibt es bisher nur Abschätzungen für den notwendigen Aufwand.

Mit dem zweiten CANTOR-Diagonal-Verfahren lässt sich beweisen, dass es überabzählbar viele nichtberechenbare Funktionen gibt [3], Seite 261. Ferner ist nicht feststellbar, ob ein Algorithmus überhaupt jemals terminiert, also ein Ergebnis liefert. Dieser Fakt ist als Halteproblem bekannt. Genauso wenig lässt sich zeigen, ob ein Algorithmus überhaupt das gewünschte Problem löst. Es gibt noch weitere theoretische Aussagen zum TURING-Automaten. Doch das sind fast immer Negativ-Aussagen.

Die nichtberechenbaren Funktionen sind für die virtuellen Welten nicht nutzbar. Mit ihnen lassen sich nämlich keine bildlichen oder akustischen Ausgaben erzeugen. Es dürfte daher auch nicht zu entscheiden sein, ob sie eventuell in der realen Welt vorkommen könnten.

4.6 Zeit-Komplexität

Alle nichttrivialen Berechnungen besitzen bei den Eingangsgrößen einen Parameter n, der die Laufzeit des Programms verändert. Für die Zahlen einer Multiplikation oder dem Primzahltest ist es ihre Anzahl der Ziffern, bei Such- oder Sortieralgorithmen die Anzahl der Wörter oder Begriffe. Dadurch besitzt jeder Algorithmus einen Zusammenhang zwischen n und Abarbeitungszeit t gemäß $t = f(n)$. Für kleine n kann der Verlauf recht unregelmäßig sein. Bei großem $n \rightarrow \infty$ folgt jedoch häufig eine gute Annäherung durch Potenzreihen (Polynom) mit der höchsten Potenz z:

$$t = \sum_{i=0}^{z} a_i \cdot n^i \, .$$

Insbesondere bei großen n können darin aber die Beiträge der kleineren Potenzen vernachlässigt werden. So ergibt sich die Zeitkomplexität des Algorithmus als $\Omega(z)$. Für die meisten „durchführbaren" Algorithmen liegt z zwischen 2 und 3.

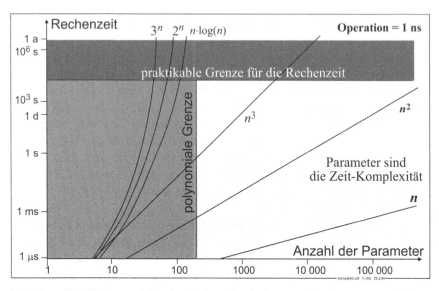

Abbildung 19: Zusammenhang der Rechenzeit mit der Anzahl n der Parameter bei verschiedenen Zeitkomplexitäten.

Leider gibt es aber Algorithmen, deren Komplexität viel schneller als mit n^z wächst. Typische Verläufe sind $n \cdot \log(n)$, 2^n oder 3^n. Ab einem n_g wird dann die Rechenzeit so groß, dass ein Ergebnis in keiner sinnvollen Zeit erhalten wird. Für eine typische Taktzeit von 1 ns zeigt die Abbildung 19 die Zusammenhänge.

Algorithmen, bei denen die Rechenzeit „nur" polynomial wächst, heißen P-Probleme. Die entsprechenden Aufgaben sind durchführbar, feasible. Die anderen Aufgaben heißen NP-Probleme[7] (nichtdeterministisch polynomial). Sie sind dann zwar (theoretisch) berechenbar, computable, aber ab einer bestimmten Parameterzahl nicht mehr durchführbar. Im Prinzip können sie mit nichtdeterministischen Automaten (Zufall, Erraten, Quanten-Rechner?!) gelöst werden. Eine so gewonnene Lösung kann dann deterministisch überprüft werden.

Der Unterschied von feasable und computable (P und NP) wird noch deutlicher bei einer Erhöhung der Rechnergeschwindigkeit auf das 10^3-, 10^6- und 10^9-fache. Das demonstriert die Tabelle 1. Bei P-Problemen steigt die mögliche Problemgröße p ($= n_z$) immer ähnlich multiplikativ. Bei NP-Problemen nimmt sie dagegen nur noch unwesentlich additiv zu. Für sie bringt die Erhöhung der Rechnergeschwindigkeit daher nur relativ wenig Gewinn.

---

[7] Die Interpretation „nicht polynomial" ist falsch. Das könnten ja auch Probleme mit z ≤ 1 sein.

Tabelle 1: Zunahme der Problemgröße p bei Erhöhung der Geschwindigkeit des Rechners um die Faktoren 10^3, 10^6 und 10^9 für die wichtigsten Zeitkomplexitäten Ω.

Ω	10^3	10^6	10^9
n	$10^3 p$	$10^6 p$	$10^9 p$
$n \cdot \log(n)$	$1000p$	$5{,}5 \cdot 10^5 p$	$3{,}7 \cdot 10^8 p$
n^2	$32p$	$1000p$	$32\,000p$
n^5	$4p$	$16p$	$63p$
$1{,}1^n$	$p+73$	$p+217$	$p+652$
2^n	$p+10$	$p+30$	$p+90$
5^n	$p+3$	$p+9$	$p+18$

Aus diesen Ergebnissen folgt, dass für die virtuelle Realität nur geringe Zeitkomplexitäten und wenige Parameter zulässig sind. Vielfach werden außerdem schnelle Rechner erforderlich. Anderenfalls dürfte eine zu langsame Darstellung der Ergebnisse eintreten. Ein sinnvolles Handeln könnte sogar unmöglich werden.

Ein typisches NP-Problem betrifft den Handelsreisenden. Er muss nacheinander n Orte besuchen. Dafür hat er ohne doppelten Besuch eines Ortes die kürzeste Rundreise zu finden. Zwischen den n Orten sind $n \cdot (n-1)$ unterschiedliche Wege möglich. Nach dem 1. Ort sind noch $n-1$ Orte zu besuchen, dann $n-2$, $n-3$ und so weiter; zum Schluss nur die Rückreise. Insgesamt sind daher $1 \cdot 2 \cdot 3 \cdot \ldots (n-1) = (n-1)!$ verschiedene Reisen möglich. Da jede Reise mit entgegengesetzter Richtung gleich lang ist, existieren nur $(n-1)!/2$ verschieden lange Rundreisen. Für wenige Orte gilt die Abbildung 20 und als Ergänzung dazu die Tabelle 2. Die Anzahl der möglichen Rundreisen nimmt mit n extrem stark zu und ist bald nicht mehr berechenbar.

Neben P und NP gibt es noch die dritte Klasse NP-vollständig. Sie ist eine Teilmenge von NP mit der folgenden Eigenschaft: Liegt für sie eine Lösung vor, so kann sie mittels eines P-Programms auf alle NP-Probleme übertragen werden. Die exakte Abgrenzung zwischen den drei Klassen ist immer noch offen. Alle bisherigen Vorschläge bestanden letztlich die Überprüfung nicht.

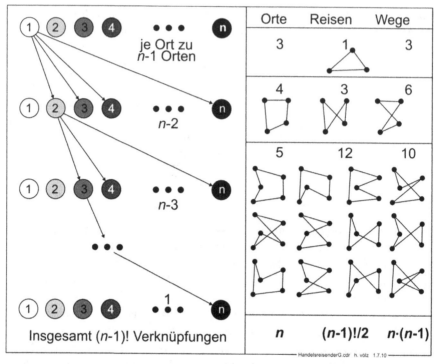

Abbildung 20: Zur Herleitung und Erklärung der möglichen Rundreisen des Handelsreisenden. Die rechten Teilbilder zeigen die möglichen Wege und die dazugehörenden Werte für Orte, Reisen und Wege.

Tabelle 2: Werte für das Problem des Handelsreisenden ab 6 Orte in Ergänzung zur Abbildung 20

Orte	mögliche Rundreisen	mögliche Wege-Anzahl
6	60	15
7	360	21
8	2 520	28
9	20 169	36
10	181 440	45
11	1 814 400	55
12	19 958 400	61

4.7 Rekursion

Für die Berechenbarkeit gemäß den voran gegangenen Ausführungen ist die Rekursion besonders wichtig. Mathematisch bedeutet sie, dass sich ein Algorithmus immer wieder selbst aufruft. Ein besonders einfaches Beispiel ist die Formel

$$x := \sqrt{\sqrt{\sqrt{\ldots \sqrt{x}}}} \ .$$

Die Kombination „:=" zeigt an, dass es sich hierbei um eine iterativ zu bestimmende Rekursion[8] handelt. Deshalb sind die beiden x nicht dieselben. Dem x unter der Wurzel wird ein Wert zugewiesen und es ergibt sich das vordere x. Im nächsten Iterationsschritt wird dieser Wert dann wieder dem x unter der Wurzel zugewiesen.

Im Beispiel der obigen Formel ist heute das Endergebnis leicht mit einem Taschenrechner zu gewinnen. Es wird eine beliebige Zahl $x > 0$ eingegeben und dann die Wurzeltaste ständig betätigt. Nach einigen Malen erscheint auf dem Display fortwährend die 1.

Verallgemeinert gilt bei derartigen Rekursions-Problemen – eventuell mit Variablen – Folgendes:

■ Allen Variablen müssen zunächst Startwerte zugewiesen werden. Für das Ergebnis ist ihre Größe innerhalb eines beachtlichen Spielraums ohne Einfluss.

■ Die Rekursion wird dann mehrfach wiederholt durchgeführt. Dabei sind die Werte der Variablen zu beobachten.

■ Damit die Iterationen nicht unaufhörlich fortgesetzt werden, ist ein Abbruchkriterium zu benutzen. Im Beispiel war es dadurch bestimmt, dass sich x nicht mehr ändert (Konvergenz). Es gibt auch andere Abbruchkriterien, wie das Erreichen einer vorgegebenen Iterationszahl, erkennbares Streben einer Variablen gegen unendlich (Divergenz) oder ein periodisches Wechseln zwischen mehreren festen Werten (Schwingung).

Im Gegensatz zu vielen anderen Berechnungen ist es häufig nicht einmal Experten möglich, auch nur annähernd das Ergebnis einer Rekursion vorher zu erahnen. Sie muss ausgeführt werden.

---

[8] Iteration und Rekursion werden oft synonym behandelt. Iteration betrifft einen Rechenschritt, der mehrmals wiederholt wird. Rekursion betrifft dabei mehr den Selbstaufruf einer Gleichung.

4.7.1   L-Systeme

Eine frühe Anwendung der Rekursion entwickelte A. LINDENMAYER 1960 als
L-Sprache zum Zeichnen von Pflanzen. Eine vereinfachte Variante bewegt dabei
eine „Schildkröte" auf einer Fläche. Bei jeder Iteration bestehen zwei Möglichkeiten: Sie geht einen genau definierten Schritt vorwärts oder dreht sich um einen
festgelegten Winkel. Der Algorithmus benötigt nur die folgenden Symbole:

F   Schritt vorwärts, Linie zeichnen.
+   Richtung im Uhrzeigersinn um *n* Grad drehen.
−   Richtung gegen Uhrzeigersinn um *n* Grad drehen.
[Speichert Ort und Winkel vom aktuellen Ort.
]   Geht an zuletzt gespeicherte Stelle und Richtung zurück

Die beiden letzten Zeichen legen die aktuellen Daten in seinem Stack ab „[" oder
holen die letzten Daten von dort „]".

  Ein rekursiver Algorithmus möge lauten: Winkel = 30° und F = F[+F]F[–F]F.
Seine iterative Anwendung ergibt dann:

1. F
2. F[+F]F[–F]F
3. F[+F]F[–F]F[+F[+F]F[–F]F]F[+F]F[–F]F[–F[+F]F[–F]F]F[+F]F[–F]F
4. F[+F]F[–F]F[+F[+F]F[–F]F]F[+F]F[–F]F[–F[+F]F[–F]F]F[+F]F[–F]F[+F
    [+F]F[–F]F[+F[+F]F[–F]F]F[+F]F[–F]F[–F[+F]F[–F]F]F[+F]F[–F]F]F[+F]F
    [–F]F[+F[+F]F[–F]F]F[+F]F[–F]F[–F[+F]F[–F]F]F[+F]F[–F]F[–F[+F]F[–F]
    F[+F[+F]F[–F]F]F[+F]F[–F]F[–F[+F]F[–F]F]F[+F]F[–F]F]F[+F]F[–F]F[+F
    [+F]F[–F]F]F[+F]F[–F]F[–F[+F]F[–F]F]F [+F]F[–F]F

Die ersten Schritte zeigt die Abbildung 21. Sehr bald ähnelt das Ergebnis einem
Gras.

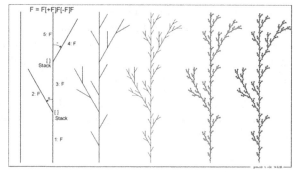

Abbildung 21:   Die ersten Schritte beim Algorithmus F = F[+F]F[-F]F und dem Winkel 30°.

Abbildung 22:   Vier Fotografien von Bäumen: 1. Linde; 2. Essigbaum; 3. Kastanie; 4. Eiche.

LINDENMAYER hat nach dieser Methode und anderen rekursiven Algorithmen viele und wunderschöne Pflanzenbilder geschaffen [18]. Offensichtlich
nutzt die Natur auch rekursive Algorithmen, die allerdings bei jedem Schritt etwas vom Zufall (Wetter) verändert werden. Die Rekursions-Tiefe ist dabei häufig auf etwa 5 begrenzt. Ergänzend hierzu zeigt Abbildung 22 Fotografien von
vier Bäumen. Die jeweilige Baumart ist leicht an ihrer typischen Verzweigungs-
art zu erkennen.

Erstaunlich ist noch, dass es für ein Ergebnis unterschiedliche Algorithmen
geben kann, zum Beispiel gilt:

F = F[+F]F[-F]F = FF[+FF]FF[-FF] = F[+F][+F]F[-F]F.

4.7.2 Fraktale

1982 fand MANDELBROT unerwartet bei Konvergenz-Untersuchungen zur Funk-
tionen-Theorie die Fraktale. Sie betreffen komplexe Gleichungen $\psi = f(\xi)$.
Anschaulicher sind die Betrachtungen in der xy-Ebene gemäß $\xi = x + i \cdot y$ durch-
zuführen. Dabei gilt $i^2 = -1$. Für die Funktion f wird dabei ausgehend vom
Ursprung ($x = y = 0$) der größtmögliche Radius r gesucht, innerhalb dessen ψ
endlich bleibt. Daher kann es auch größere ξ geben, bei denen ebenfalls Konvergenz auftritt.

Für die aufwändigen Berechnungen stand MANDELBROT 1982 einer der ersten leistungsfähigen Rechner mit Display zur Verfügung. Mit ihnen ließ sich daher für alle Orte berechnen, ob Konvergenz oder Divergenz auftritt und dann auf
dem Bildschirm entsprechend kennzeichnen. Als erstes Beispiel wählte er die relativ einfache quadratische Gleichung $\xi := \xi^2 + \chi$. Darin ist ξ die komplexe Varia-
ble und χ der Ort in der Gauß-Ebene. Im Reellen entspricht sie dem iterativen
Gleichungssystem mit den Variablen x und y

$$x := x^2 - y^2 - c \text{ und } y := 2 \cdot x \cdot y - d.$$

Die Variablen c und d bedeuten den Ort in der xy-Ebene, für den entschieden
werden soll, ob bei der Rekursion Konvergenz oder Divergenz auftritt. Zu Beginn müssen Startwerte eingegeben werden. In diesem Beispiel sind $x = 0,5$ und
$y = 0$ üblich. Die Abbruchkriterien ergeben sich aus den jeweils aufeinander folgenden x_i und x_{i+1} sowie y_i und y_{i+1}. Divergenz liegt dann mit Sicherheit vor,
wenn $(x_i - x_{i+1})^2 + (y_i - y_{i+1})^2 > 100$ auftritt. Bei Konvergenz wird $(x_i - x_{i+1})^2 +$
$(y_i - y_{i+1})^2 < \varepsilon$ mit $\varepsilon \approx 1/100$ benutzt. Zur Sicherheit gegenüber zu langen Rechnungen wird meist noch die Iterationszahl auf 100 bis 10 000 begrenzt.

Zur großen Überraschung von MANDELBROT entstand dabei erstmalig das
heute berühmte Apfelmännchen[9] gemäß Abbildung 23 links. Die Grenzkurve
zwischen Konvergenz und Divergenz ist stark verkrumpelt und eigentlich unendlich lang. MANDELBROT musste sich daher zunächst mühsam davon überzeugen,
dass für dieses Bild kein Programmierfehler vorlag.

---

[9] Dieser Name stammt von begeisterten Computerfreaks wegen der vielen erkennbaren großen
und kleinen Äpfel (Abbildung um 90° gedreht!) in Analogie zum sächsischen Pflaumenmänn-
chen. Auch Berechnungen mit ähnlichen Iterationsgleichungssystemen wie $x := f(x, y, c, d)$ und
$y := g(x, y, c, d)$ kamen schnell zur Anwendung. Vielfach erfolgen zusätzlich farbliche Darstellungen. Die Farben werden dabei durch die Iterationszahl bestimmt, die zum Nachweis der
Divergenz oder Konvergenz erforderlich ist.

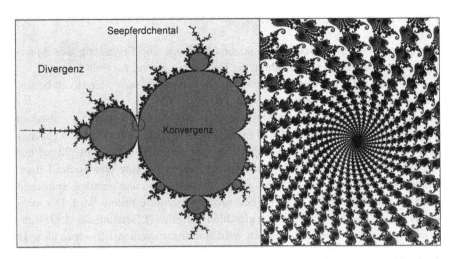

Abbildung 23: Beim Apfelmännchen sind das Konvergenz- und Divergenzgebiet durch eine unendlich lange, stark verkrumpelte Kurve getrennt. Wie stark die Verkrumpelung ist, zeigt ein etwa tausendfach vergrößerter Ausschnitt rechts. Der entsprechende Ort befindet sich im linken Bild etwa in der Mitte des Kreises. In dieser Gegend herrscht offensichtlich ein stochastischer Wechsel (Chaos) zwischen Konvergenz und Divergenz gemäß Abschnitt 3.6.

Später fand MANDELBROT in mehreren anderen Iterations-Gleichungen ebenso stark verkrumpelte Kurven. Daher führte er den Begriff Fraktal[10] ein und schuf schließlich die Fraktale Geometrie [19]. Hierin zeigt er auch, dass die Natur vielfach fraktal ist. Inzwischen ist daraus ein umfangreiches Fachgebiet geworden. Eigentlich erfolgen dabei die Betrachtungen im virtuellen Raum und betreffen somit die V-Information. Sie haben den großen Vorteil, dass bei ihnen die Zeit bis zum fertigen Bild nicht extrem kurz sein muss. Diese Ähnlichkeit zur Natur wird heute bei vielen Computer-Animationen, zum Beispiel für Seen und Berge, vorteilhaft genutzt. Sie erspart viel Speicherkapazität. Deshalb werden die fraktalen Methoden zuweilen auch bei der Kompression von Bildern und Videos benutzt.

---

[10] Von lateinisch vielfältig, gebrochen, stark gegliedert.

4.7.3 Verschiedene fraktale Methoden

Neben der oben verwendeten Rekursions-Methode zur Erzeugung des Apfelmännchens gibt es andere Verfahren zur Generierung von Fraktalen[11].

Bereits 1870 fand CANTOR die nach ihm benannte Punkt-Menge mit besonderen Häufungen von Punkten.

Um 1900 fanden mehrere Mathematiker die Monsterkurven. Sie entstehen ebenfalls durch Rekursion und sind durch ungewöhnliche Eigenschaften gekennzeichnet. Ihre Linien sind stetig, aber nirgends differenzierbar. Obwohl sie nur eine begrenzte endliche Fläche benötigen, besitzen sie eine unendliche Länge. Einige Beispiele zeigt die Abbildung 24. Sie gehen von einer geraden, endlichen Linie aus, die dann meist in drei gleich große Abschnitte zerteilt wird. Der mittlere Teil wird durch mehrere, meist gleichlange Linien (Ersetzungsregel, Generator-Kurve) ersetzt. Dieses Vorgehen wird iterativ unendlich oft wiederholt. Je nach Art des Ersetzens entsteht bereits nach wenigen Schritten eine typische Figur. Mit jedem Schritt wächst dabei ihre Länge um den Faktor N. Für die verschiedenen Kurven kann die fraktale Dimension D eingeführt werden. Sie ist eine Verallgemeinerung der geometrischen Dimensionszahl: 2 für Fläche und 3 für Volumen. Dieser Zusammenhang wird bei der HILBERT-Kurve von 1981 deutlich. Nach der unendlichen Iteration füllt sie ihre Fläche vollständig aus. Die „Linie" erreicht also jeden Punkt der Fläche!

Diese Monsterkurven besitzen beträchtliche Ähnlichkeit zu den L-Systemen, die daher oft auch zu den Fraktalen gezählt werden. Zwischen beiden bestehen aber zwei deutliche Unterschiede: Die Iterationen erfolgen grafisch beziehungsweise mathematisch. Bei den L-Systemen – und insbesondere in der Natur – wird die Iteration relativ früh abgebrochen.

In der Natur zeigen unter anderem Küstenlinien, Flussufer und Ränder von Blättern ein ähnliches Verhalten. Auch bei Landkarten muss dieser Einfluss berücksichtigt werden. Je nach Maßstab ist die daraus bestimmte Länge einer Grenze unterschiedlich. Das gilt sogar bei den offiziellen Angaben. Zwischen Spanien und Portugal wird sie von Spanien zu 987 km und von Portugal zu 1 214 km angegeben. Zwischen den Niederlanden und Belgien gelten 380 und 449 km.

---

[11] Die typischen Eigenschaften der Fraktale werden erst im Unterabschnitt 4.7.4 zusammengefasst.

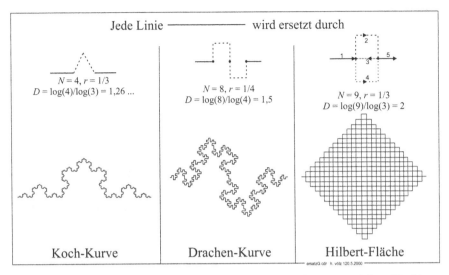

Jede Linie ——————— wird ersetzt durch

$N = 4, r = 1/3$
$D = \log(4)/\log(3) = 1,26\ldots$

$N = 8, r = 1/4$
$D = \log(8)/\log(4) = 1,5$

$N = 9, r = 1/3$
$D = \log(9)/\log(3) = 2$

Koch-Kurve   Drachen-Kurve   Hilbert-Fläche

ersatzG.cdr h. völz 120.5.2000

Abbildung 24: Drei Beispiele für Monsterkurven. Unter den Konstruktions-Verfahren sind die Figuren gezeigt, die sich nach einigen Iterationsschritten ergeben. Die KOCH-Kurve nach HELGE VON KOCH entstand 1904 und heißt auch Schneeflockenkurve. Aus drei passend zusammengesetzten Bildern ergibt sich nämlich das Bild einer Schneeflocke. Bei der HILBERT-Fläche von 1891 ist der ersetzende Linienverlauf durch die Zahlen 1 bis 5 verdeutlicht. Weitere Details in [8] ab Seite 48.

Eine Vereinfachung der fraktalen Methode von MANDELBROT entwickelte in den 1980er Jahren FEIGENBAUM. Seine Rekursions-Formel kommt mit der Variablen x und dem Parameter a aus und lautet allgemein $x := f(x, a)$. Meist wird der Spezialfall $x := x \cdot (x - 1) \cdot a$ mit dem Startwert $x = 0,5$ benutzt. Die Abbildung 25 zeigt für die Iterationsschritte von 30 bis 200 alle erreichten x-Werte in Abhängigkeit von a. Dabei sind vier Möglichkeiten des Verhaltens von x zu erkennen:

■ x konvergiert zu einem festen Wert. Um das deutlicher zu zeigen wird das Einschwingen dorthin durch Auslassen der ersten 30 Iterationen vereinfacht.

■ Auch nach dem Einschwingen pendelt x periodisch zwischen 2, 4, 8, 16, ... festen Werten hin und her. An den Übergängen hält das Einschwingen länger als 30 Iterationen und ist daher durch die Verdickungen gut sichtbar.

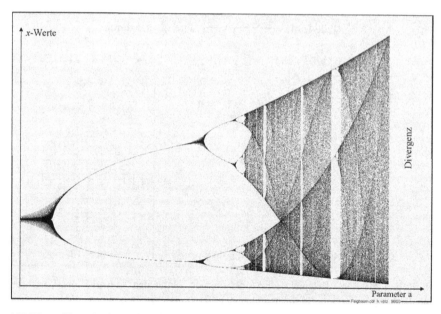

Abbildung 25:   Typische Darstellung eines FEIGENBAUM-Diagramms gemäß $x := x \cdot (x - 1) \cdot a$.

■   In größeren Abständen von den Knotenpunkten tritt das Pendeln zwischen mehreren festen Werten auf. Schließlich bewirken geringe Abrundungsfehler in der Arithmetik ein weitgehend stochastisches Verhalten für x. Hierbei überstreicht x mit wachsendem a einen immer größeren x-Bereich.

■   Ab einem bestimmten a-Wert tritt schließlich nur noch die Divergenz gegen unendlich auf.

Diese Varianten des Verhaltens treten auch bei der MANDELBROT-Iteration auf. Um sie dort sichtbar zu machen, wäre jedoch eine dreidimensionale Darstellung notwendig. Das betont stochastische Verhalten findet besonders deutlich im Seepferdchental statt (Abbildung 23b). So wie sich beim Apfelmännchen die „Äpfel" in verschiedenen Größen und Lagen wiederholen, kommen auch hier die typischen Verzweigungen für größere a-Werte immer häufiger vor.

Eine bildliche Rekursion wird Dreh-Multiplikation oder Kopierverfahren genannt. Sie geht nicht wie die Monsterkurven von einer Geraden, sondern von einem Bild aus. Von ihm werden mehrere, eventuell unterschiedlich verkleinerte und um bestimmte Winkel gedrehte Kopien an verschiedenen Orten als neues

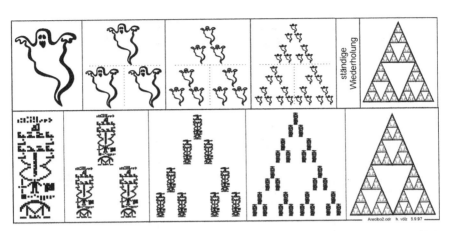

Abbildung 26: Bei dieser Drehmultiplikation werden vom Ausgangsbild drei verkleinerte Kopien an drei Orte für ein neues Bild kopiert. Dieser Prozess wird iterativ wiederholt und schließlich entsteht unabhängig vom Ausgangsbild das SIERPINSKI-Dreieck. Das
untere Ausgangsbild ist genauer im Zusammenhang mit Abbildung 11 behandelt.

Bild zusammengestellt. Dieser Prozess wird iterativ wiederholt. Nach mehreren
Iterationen entsteht schließlich ein neues Bild. Sein Aussehen hängt überhaupt
nicht vom Ausgangsbild ab, sondern wird nur vom Algorithmus der Drehmulti-
plikationen bestimmt. Ein einfaches Beispiel zeigt die Abbildung 26 mit dem
Endergebnis des SIERPINSKI-Dreiecks. Eine komplizierte Variante zeigt die Abbildung 27. Als Ausgangsbild ist hier ein schwarzes Quadrat gewählt. Es könnte
jedes andere Bild sein. Von ihm werden drei unterschiedlich große und gedrehte
Kopien ins Folgebild gelegt. Zusätzlich wird ein gerader, leicht geneigter Strich
eingefügt. Die Abbildung zeigt, wie sich schrittweise ein Farnblatt ergibt.

Es gibt noch weitere Methoden für das Erzeugen von Fraktalen. Sie sind unter anderem in [8] ab Seite 48 behandelt. Nahezu vollständig ist die folgende Auf-
stellung:

- Monster-Kurven (Linien),

- Formale Sprachen, unter anderem L-Systeme,

- Mathematische Iterations-Prinzipien, wie bei FEIGEBAUM und MANDEL-
  BROT,

- Bildliche Drehmultiplikation, Kopiersysteme,

- Zellulare Automaten (Life),

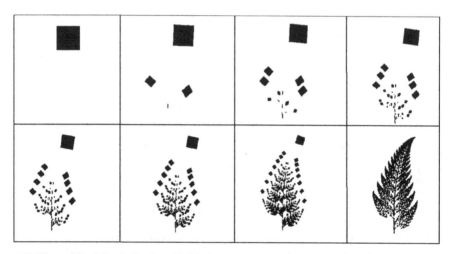

Abbildung 27: Mittels Drehmultiplikation entsteht aus einem schwarzen Quadrat ein Farnblatt. Das Quadrat kann durch ein beliebiges Bild ersetzt werden, ohne dass sich dadurch das Farnblatt ändert.

- JULIA-Mengen als Darstellung derjenigen Punkte, die bei der Iteration fortlaufend auf sich selbst abgebildet werden,

- Zufallsprinzipien, wie der Hüpfer oder Generator nach BARNSLEY, der zwischen mehreren Gleichungssystemen zufällig auswählt.

Verwandt mit Fraktalen sind unter anderem: die Wirbeltheorie von PRANDTL mit dem Umschlag von laminarer nach turbulenter Strömung und die Chaos-Theorie vor allem bei nichtlinearen Differentialgleichungen mit plötzlichen, meist irreversiblen Umschlägen. Aus der Kybernetik gehören dazu Multistabilität, Rückkopplung, dissipative Strukturen und Emergenz. Teilweise sind fraktale Eigenschaften auch in einigen Bildern des holländischen Malers M. C. ESCHER sowie Anwendungen in der Musik vorhanden.

4.7.4 Fraktal-Eigenschaften

Mit fraktalen Methoden wird eine umfangreiche Klasse von Bildern zu erzeugt. Oft ist es sogar möglich, mit verschiedenen Methoden die gleichen Bilder zu generieren. Die fraktalen Bilder heben sich deutlich von den geometrischen Bildern ab, die mit Zirkel und Lineal geschaffen werden. Während die geometrischen

Bilder den menschlichen, technischen Konstruktionen genügen, entsprechen die fraktalen Bilder eher der Natur. Ihre besonderen Eigenschaften sind:

■ Hohe Komplexität und großer *Strukturreichtum*.

■ Die Erzeugung erfolgt dagegen mit einem einfachen rekursiven Algorithmus kleiner KOLMOGOROFF-Komplexität.

■ Bei den Algorithmen gilt meist nicht: Eine kleine Änderung im Algorithmus (Ursache) bewirkt auch eine kleine Änderung des Bildes. Es herrscht dann vielmehr Chaos.

■ Oft bestehen große Ähnlichkeiten mit den Gebilden und dem Geschehen in der Natur.

■ Zuweilen besitzen die Bilder eine beachtlich ästhetische Wirkung, wobei manchmal sogar von Kunst gesprochen wird (Details weiter unten).

■ Durch häufige Wiederholung von Strukturen und Abläufen mit unterschiedlichem Maßstab und gedrehter Lage tritt Selbst-Ähnlichkeit auf, *w*ie beim Apfelmännchen oder bei den Verzweigungen von Pflanzen (Gras, Bäume, Farnblatt).

■ Die Länge einer fraktalen Kurve (Monsterkurven, Grenzen, Küsten, Julia-Menge) ist erheblich vom Maßstab der Darstellung oder der Messung abhängig. Ihre Grenzlinien sind dabei stark verkrumpelt. Der Grad ist mittels der fraktalen Dimension berechenbar. Im Sinne der Infinitesimalrechnung besitzen sie nirgends eine Ableitung.

Zur Realität der fraktalen Bilder gibt es unterschiedliche Auffassungen. Eine bedeutsame Frage ist, ob sie auch unabhängig von der Mathematik vorhanden sind. Oft wird angenommen, dass die mathematischen Strukturen nicht erfunden, sondern entdeckt werden. Hierzu passt die Aussage von TOBIAS DANZIG:

> „Man könnte den Mathematiker mit einem Modeschöpfer vergleichen, der überhaupt nicht an Geschöpfe denkt, dem seine Kleider passen sollen. Sicher, seine Kunst begann mit der Notwendigkeit, solche Geschöpfe zu bekleiden, aber das ist lange her; bis heute kommt gelegentlich eine Figur vor, die zum Kleidungsstück passt, als ob es für sie gemacht sei. Dann sind Überraschung und Freude endlos!" [21], S. 418.

Das bekannteste Beispiel dafür ist die Matrizenrechnung. Sie wurde 1850 von J. SYLVESTER eingeführt. 1925 benutzte sie dann – obwohl er sie nicht kannte – W. HEISENBERG für seine Matrizenmechanik (erste Form der Quantenmechanik).

Abbildung 28: Versuch einer Einordnung der Fraktale bezüglich Kunst, Ästhetik und Technik. Wichtig ist dabei die Grenze zwischen dem in der realen Welt Gegebenen und dem von Menschen Geschaffenen.

Hierauf wies ihn aber erst im Nachhinein M. BORN hin. Einer Realität widerspricht die Feststellung: Ein Muster (Bild) mag sich selbst enthalten, aber ein Ding kann nicht in sich selbst existieren. Auf alle Fälle gehören die fraktalen Bilder zur V-Information. Erstaunlich ist es, dass wir sehr wahrscheinlich durch die drei Schichten unserer Hirnrinde mittels fraktaler Methoden wahrnehmen können. Dafür spricht insbesondere, dass wir Gesichter unabhängig von ihrer Größe und Lage etwa gleichschnell und sicher erkennen.

Es gibt Auffassungen, dass Fraktale Kunst sein könnten. Meines Erachtens ist das nicht der Fall. Gewiss strahlen sie aber oft beachtliche ästhetische Wirkung im Sinne von W-Information aus. Doch Kunst ist wohl immer absichtlich von Menschen für Menschen geschaffen. Ästhetik besitzen aber auch Dinge der realen Welt. So habe ich bereits um 1988 mengenmäßige Zuordnungen gemäß der Abbildung 28 bestimmt [22].

4.8 Künstliche Intelligenz

Neben den bisherigen allgemeinen Betrachtungen zur V-Infornation gibt es auch recht spezielle, die betont auf menschliche Inhalte ausgerichtet sind. Einige Software-Varianten führen so zu den Methoden und Ergebnissen der Künstlichen Intelligenz. Im gewissen Umfang gehören dazu sehr frühe Überlegungen zu mechanischen Nachbildungen des Menschen wie Automaten, Androiden, Roboter, Außerirdische (science fiction, aliens) und Avatare.

4.8.1 Androiden und Roboter

Die Idee, durch künstliche Menschen harte, gefährliche oder eintönige Arbeit zu erledigen ist sehr alt. So hat in der griechischen Mythologie der Schmiedegott Hephaistos ein menschenähnliches Maschinenwesen gebaut. 1495 skizziert LEONARDO DA VINCI einen simplen Automaten, der wie ein Soldat in Rüstung aussieht. In GOETHEs Faust II schaffen Faust und Mephistopheles den Homunkulus. Später heißen die Figuren Androiden. Der Golem geht auf eine altjüdisch-talmudische Adams-Legende um 1000 zurück. Er wird verschiedenen jüdischen Gelehrten zugeschrieben, unter anderem dem Prager Hohen Rabbi LÖW. 1808 wurde sie als Sage von J. GRIMM veröffentlicht. Später wird der Stoff von mehreren Autoren der Romantik, wie E. T. A. HOFFMANN als „Der Sandmann" von 1816 wiederholt. Die bekannteste Variante hat 1915 G. MEYRINK verfasst. Auch die tanzende „Puppe" Olympia in OFFENBACHs „Hofmanns Erzählungen" und in DELIBEs „Coppelia" haben hier ihren Ursprung. Besonders wirkungsvoll war das 1818 im Roman „Frankenstein or the modern prometheus" von MARY SHELLEYs geschaffene Monster Frankenstein.

1921 führte KAREL ČAPEK das Wort Roboter[12] mit dem Roman „W.U.R. – Werstand Univesal Robots" beziehungsweise „R.U.R. – Rossum's Universal Robots" ein.

Da jede Handlung eine Bewertung verlangt, schrieb 1947 ISAAC ASIMOV drei Gesetze für menschenähnliche Roboter:

■   Ein Roboter soll ein menschliches Wesen nicht verletzen oder durch Untätigkeit zulassen, dass einem menschlichen Wesen Schaden zugefügt wird.

---

[12] Roboter vom slawischen Stamm *robot, rabota* für Arbeit, arbeiten.

■ Ein Roboter muss den Weisungen menschlicher Wesen gehorchen, ausgenommen ist der Fall, dass diese Weisungen dem ersten Gebot widersprechen.

■ Ein Roboter muss seine eigene Existenz schützen, ausgenommen sind die Fälle, wo ein solcher Schutz dem ersten oder zweiten Gebot widerspricht.

Doch, wie verhält sich nun ein Roboter, wenn ein Chirurg einen Menschen operieren will? Weiter vertieft sagte STANISLAW LEM etwa, wenn wir keine ‚Krüppel‘, keine ‚Degenerierten‘, keine ‚Schwachsinnigen‘ morden, nur weil sie menschenähnlich sind, dann dürfen wir dies auch nicht mit menschenähnlichen künstlichen Wesen tun. Schon mit dem Kauf eines solchen Wesens übernehmen wir folglich eine moralische Verantwortung. Schließlich ist heute zu fragen, ob die Genetik „bessere" Menschen nach Maß schaffen darf.

Obwohl bereits ARCHIMEDES und APPOLONIUS VON PERGA künstliche Flötenspieler beschrieben, entstanden entsprechende Automaten erst wieder mit der Feinwerktechnik der Uhrmacher. Zu den ersten zählt wohl der Flötenspieler, den 1738 J. VAUCANSON gebaut hat. Unmittelbar darauf folgten um 1750 die noch heute existierenden Schreiber, Zeichner und Klavierspieler der Gebrüder DROZ. Mit den Musikautomaten des 19. Jahrhunderts entstanden dann einige weitere ([23] ab Seite 575). Eine völlig unerwartete Wirkung löste KAUFMANNs lebensgroßes „Belloneon" mit Trompeten und Pauken von Anfang 1806 aus. Es wurde vom König von Preußen gekauft und im Schloss Charlottenburg aufgestellt. 1806 hatte NAPOLEON I. in Jena und Auerstedt die vereinten Preußen und Russen besiegt. Er nahm im Schloss Charlottenburg Quartier. Kaum schlief er, da zerriss eine preußische Kavallerie-Attacke die Stille. Er ließ Alarm schlagen. Alles eilte unters Gewehr. Doch die Attacke wurde erneut im Schloss geblasen. Erst nach langen Untersuchungen stellte sich heraus, dass es nur das Belloneon gewesen war.

Heute gibt es Wettbewerbe, in denen Roboter gegeneinander im (Fußball-) Spiel antreten, um ihre Leistungsfähigkeit zu demonstrieren. Doch weitaus wichtiger ist die Vielfalt von produzierenden Robotern in der Industrie.

Der Begriff Avatar [13] wurde 1992 von NEAL STEPHENSON durch seinen Science-Fiction-Roman „Snow Crash" populär gemacht. Avatare sind heute meist künstliche Personen in der virtuellen Welt und kommen vor allem in Com-

---

[13]   Das Wort leitet sich aus dem Sanskrit Avatāra ab und bedeutet etwa „Abstieg", was sich auf das Herabsteigen einer Gottheit in irdische Sphären bezieht. Im Hinduismus wird es hauptsächlich für Inkarnationen (Vishnus) verwendet.

puterspielen vor. Immer häufiger werden sie mit einer festgelegten Stimme als Ansprechpartner für Service-Einrichtungen benutzt. Sie sprechen dabei die Fragen und Antworten mit einer festgelegten und leicht wieder erkennbaren künstlichen Stimme. Im Netz, Film und Video besitzen sie auch eine unverwechselbare virtuelle Gestalt.

4.8.2   Was ist Intelligenz?

Das Wort Intelligenz[14] wird heute vielfältig benutzt. Grob sind zunächst zwei Sachbezüge zu unterscheiden, nämlich die Eigenschaft intelligent zu sein und Intelligenzen als Wesen. Hierzu gehören die Schicht der wissenschaftlich Gebildeten oder „vernunftbegabte" Wesen, unter anderem die Außerirdischen (Aliens). Für die Eigenschaften der Intelligenz ist zumindest eine Dreiteilung etwa gemäß der Abbildung 29 erforderlich:

- Natürliche Intelligenz ist die typisch menschliche Fähigkeit, die es vor allem ermöglicht, abstrakt und vernünftig zu denken und daraus zweckvolles Handeln abzuleiten. Sie ist besonders groß, wenn jemand besonders gut Analogieschlüsse zu ziehen vermag und sein Wissen und seine Erfahrung schnell und sinnvoll auf Unbekanntes, Neues oder im neuen Kontext zu übertragen vermag. Im gewissen Umfang wird sie auch Tieren zugestanden. Dagegen betreffen Klugheit, Lebenstüchtigkeit, Schlauheit, Gerissenheit mehr den alltäglichen Umgang. Messtechnisch werden heute zwei Ausprägungen unterschieden: Der ursprüngliche Intelligenz-Quotient (IQ) betrifft ausgewählte geistige, vor allem logische Fähigkeiten eines Menschen; der später entstandene emotionale Intelligenz-Quotient (EQ) erfasst dagegen Fähigkeiten, um Gefühle zu erkennen und mit ihnen sinnvoll umzugehen.

- Künstliche Intelligenz (KI) ist ein Forschungsgebiet für Computer, das versucht menschliche Intelligenz nachzuahmen.

- Technische Intelligenz betrifft die Komplexität von Schaltkreisen und technischen Geräten.

---

[14] Lateinisch *intelligere, intellectum* innewerden, verstehen, erkennen.

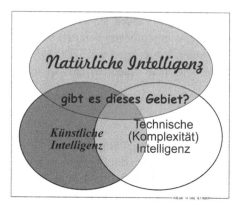

Abbildung 29: Abgrenzung der Eigenschaften von natürlicher, künstlicher und technischer Intelligenz.

4.8.3   Vom TURING-Test zur KI

Auf Grund des Standes der Rechentechnik von 1950 glaubte TURING an die Möglichkeit, die berechenbaren Aspekte menschlicher Intelligenz zu simulieren. Er schuf deshalb den nach ihm benannten Test mit der Entscheidung, ob Maschinen denken können. Über eine Datenleitung ist eine Versuchsperson im Dialog mit einem Menschen und einem Computer verbunden. Sie muss dann herausfinden, welche der schriftlich gefassten Antworten und Fragen von der Maschine, genauer von dem Programm und welche vom menschlichen Partner stammen. Den Test hat das Programm dann bestanden, wenn mindestens 30% der Versuchspersonen die Zuordnung nicht korrekt vornehmen können. Ein simulierter Beispieldialog lautet mit P als Prüfer und *X für den Computer oder Menschen*:

P: In der ersten Zeile Ihres Sonetts „Soll ich dich mit einem Sommertag vergleichen", würde da nicht ein „Herbsttag" genauso gut oder besser passen?

X: Das gäbe keinen Rhythmus.

P: Wie wäre es mit einem „Wintertag"? Da wäre der Rhythmus in Ordnung.

X: Sicher. Aber wer will schon mit einem Wintertag verglichen werden?

P: Aber Weihnachten ist ein Wintertag, und ich glaube nicht, dass Herrn Pickwick dieser Vergleich stören würde.

X: Das meinen Sie wohl nicht im Ernst. Bei „Wintertag" denkt man an einen typischen Wintertag, nicht an Weihnachten."

Mit diesen Überlegungen TURINGs begann die Gründungsphase des neuen Forschungsgebietes KI[15]. Im Sommer 1956 fand am Dartmouth College, Hanover (New Hampshire), eine Konferenz statt, auf der die Pioniere über intelligente Maschinen diskutierten. Eine wesentliche Grundannahme war, dass unser Geist einem Computer ähnelt. Daher sollten mittels des Computers kognitive (geistige) Funktionen, unter anderem das Denken des Menschen simuliert werden. Rechner-Programme sollen dabei vor allem lernfähig und kreativ sein, sich also selbstständig verändern können. Ein extremes Ziel war sogar die „Beseitigung" des Todes. Auf der Konferenz prägte MCCARTHY den Begriff »artificial intelligence«.

Die folgenden Jahre waren dann durch fast grenzenlose Erwartungen zur Machbarkeit vieler Ideen gekennzeichnet. Doch bereits in den 1960er-Jahren deutete sich an, dass große Erfolge zumindest kurzfristig nicht eintreten würden. Bald wurden auch die stark überhöhten Zielsetzungen immer mehr kritisiert. Andererseits konnte die KI auf einigen Gebieten beachtliche Erfolge vorweisen, unter anderem bei Strategiespielen (insbesondere Schach), der Spracherkennung, der mathematischen Symbolverarbeitung und dem logischen Schließen. In den 1970er-Jahren rückten Expertensysteme in den Blickpunkt der KI-Forschung. In ihnen wird Expertenwissen gespeichert und mittels Regeln auf bekannte Fakten angewendet (siehe hierzu auch DREYFUS im Abschnitt 3.2). So können Schlüsse gezogen werden, die deutlich mehr als das gespeicherte Wissen aussagen. In den 1980er-Jahren waren Expertensysteme sogar kommerziell erfolgreich. Doch letztlich konnten sie sich nur in Nischengebieten behaupten. Vom hohen Anspruch, eine allgemeine, umfassende Intelligenz zu schaffen, ist KI heute weit entfernt. Nur wenige Experten der so genannten harten KI, wie M. MINSKY, vertreten noch immer die höchsten, ursprünglich stark philosophisch ausgerichteten Ansprüche. Der heute mehr pragmatisch orientierte Zweig heißt dagegen schwache KI. Ihre Schwerpunkte sind vor allem künstliche neuronale Netze, Mustererkennung, lernfähige (Industrie-) Roboter und maschinelle Verarbeitung und Generierung natürlicher Sprachen. Die KI hat dabei enge Beziehungen zur Psychologie und Informatik. Als Zentrum, um das vieles kreist, ist die Kybernetik zu beachten. Auf dieser Basis ergibt sich eine anteilsmäßige Klassifizierung gemäß der Abbildung 30.

---

[15] KI = Künstliche Intelligenz, englisch *artificial intelligence* = AI. Gebräuchlich sind auch maschinelle Intelligenz und maschinelle Wissensverarbeitung.

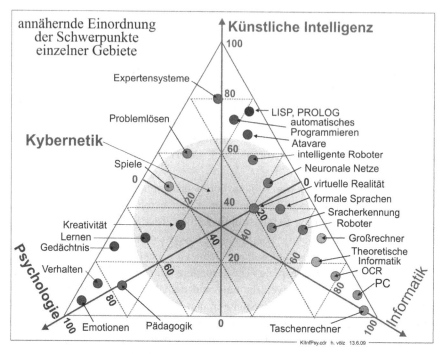

Abbildung 30: Eine Einordnung von Forschungsgebieten bezüglich Künstliche Intelligenz, Psychologie, Informatik und Kybernetik.

4.8.4 Wichtige Kritiken

J. WEIZENBAUM glaubte einmal, dass es eine obere Grenze für Intelligenz geben müsse, wie etwa die Entropie der SHANNONschen Informationstheorie [24] (siehe Abschnitt 5.1). Doch bald wurde ihm klar, dass bereits die Intelligenzen von Mensch und Tier recht verschieden sind. Sie wird vor allem durch die spezifischen Bedürfnisse bestimmt, die aber deutlich verschieden sind. Wie anders muss dann erst die durch Computer bestimmte Künstliche Intelligenz sein. Weiter ist zu beachten, dass eine rechentechnische Lösung immer erst dann vorliegt, wenn der Algorithmus terminiert hat. Doch Lebewesen müssen bereits vor dieser Grenze (ihrem Tod) schlüssig handeln.

1963 entwickelte J. WEIZENBAUM 1963 das Programm Eliza[16]. Es simuliert (karikiert) den Dialog eines Psychotherapeuten mit seinem Patienten. Im Programm sind Schlüsselwörter sowie Aussage-, Frage- und Verlegenheitssätze gespeichert und miteinander kombinierbar. Wenn möglich, dann wird der Satz des Patienten in einen Fragesatz umgeformt und möglichst ein Schlüsselwort durch ein damit verwandtes ersetzt, wie Mutter durch Familie. Findet das Programm im Satz des Patienten kein Schlüsselwort, so wählt es einen Verlegenheitssatz aus. Auf dieser Basis entwickelt sich ein Dialog, wie etwa der folgende:

Mensch: Männer sind alle gleich.

ELIZA: Inwiefern?

Mensch: Sie drängen uns immer zu etwas.

ELIZA: Können Sie mir ein Beispiel sagen?

Mensch: Ja, mein Freund hat mich überredet, hierher zu kommen.

ELIZA: Ihr Freund hat Sie überredet, hierher zu kommen?

Mensch: Er sagt, ich bin immer depressiv.

ELIZA: Das tut mir leid, dass Sie immer depressiv sind.

Mensch: Das ist wahr, ich bin unglücklich.

ELIZA: Glauben Sie, ich kann Ihnen helfen, nicht mehr unglücklich zu sein?

Mensch: Ich brauche etwas Hilfe, das ist wenigstens sicher.

ELIZA: Was würde es Ihnen bedeuten, wenn Sie Hilfe bekämen?

Mensch: Vielleicht würde ich lernen, mit meiner Mutter besser auszukommen.

ELIZA: Erzählen Sie mir mehr über ihre Familie.

Zum Erstaunen von WEIZENBAUM nahmen selbst Psychotherapeuten das Programm so ernst, dass sie es in ihrer Praxis nutzen wollten. Hierdurch wurde er zu einem der größten Kritiker der KI [24].

Zur deutlichen Abgrenzung gegenüber der harten KI entwickelten 1990 CHURCHLAND und SEARLE [25] das so genannte Chinesische Zimmer. In ihm sitzt jemand völlig abgeschirmt, der überhaupt kein Chinesisch versteht. Schriftlich bekommt er auf Chinesisch gestellte Fragen hereingereicht. Mittels lexikalischer Tabellen beantwortet er sie und reicht die Antworten schriftlich auf Chinesisch heraus. Von außen betrachtet, entsteht so der Eindruck, als ob das Chine-

---

[16] Nach Eliza Doolittle in G. B. SHAWs „Pygmalion" von 1914, später als Film (1956) und dann als Musical (1958) „My fair lady".

sische Zimmer Chinesisch verstünde. Ein analoges Argument hierfür betrifft den Umschlag von Quantität in Qualität: Jemand sitzt in einem dunklen Zimmer und bewegt einen Magneten. Das dabei entstehende elektromagnetische Feld ruft zunächst keine wesentliche Wirkung hervor. Wenn aber der Magnet – unabhängig von der technisch möglichen Realisierung – immer schneller bewegt wird, dann tritt irgendwann der Fall ein, dass die elektromagnetischen Wellen Licht werden und das Zimmer erhellen. Ähnliche Effekte erwarten die Vertreter der harten KI auch bei vielen Varianten der KI. Um dies auszuschließen wird die Chinesische Turnhalle eingeführt. In ihr befinden sich viele Menschen ohne chinesische Sprachkenntnisse. Sie übersetzen jetzt aber genauso formal, jedoch gemeinsam chinesische Texte. Doch es lässt sich zeigen, dass selbst alle zusammen immer noch kein Chinesisch verstehen.

Zuweilen zieht die Psychologie die Möglichkeit einer komplexen KI durch die folgende Frage völlig in Zweifel: Ist Intelligenz überhaupt ohne Fühlen möglich?

4.8.5   *Vergleich Mensch ⇔ Computer, Roboter*

Statt über KI zu diskutieren führt vielleicht ein Vergleich zwischen Mensch und Computer sowie Roboter weiter. Dieser Vergleich zeigt, dass beide in vielen Punkten grundsätzlich verschieden sind. Er zeigt aber auch, dass die Kombination beider zu neuen Qualitäten führen kann. Bezüglich der jeweils qualitativen Eigenschaften gilt die Tabelle 3. Die Vorteile beider weist die Tabelle 4 aus, die jeweiligen Nachteile die Tabelle 5. Beim Vergleich ist zu beachten, dass ein technischer Defekt oder auch nur Stromausfall den Computer und Rechner sofort unbenutzbar machen. Beim Menschen existiert dagegen eine beachtliche Toleranz gegenüber Krankheit und geringer Ernährung. Außerdem kann er vielfältig wahrnehmen, fühlen, abstrahieren, antizipieren und besitzt ein Bewusstsein. So erledigt sich zumindest teilweise die Frage, ob die menschliche Gesellschaft jemals durch eine Computer-Roboter-Herrschaft abgelöst werden könnte.

Tabelle 3: Vergleich der wichtigsten typischen Eigenschaften von Mensch und Roboter, Computer.

Kriterium	Mensch	Roboter, Computer
Ursprung und Entwicklung	Im Laufe der Evolution entstanden	Vom Menschen zu seinem Nutzen entwickelt
Verhalten ist optimiert für	Erfolgreichen Überleben in der realen Umwelt	Praktikable, dem Menschen nützliche Lösungen mittels Modelle
Ablauf der Informationsverarbeitung	Top-down: von ganzheitlich über komplex und trial and error bis zu Erfahrungen und Ursache-Wirkungs-Analysen aus logischen Einzelschritten	Bottom-up: vom logischen Einzelschritt über strukturelle, funktionelle Einheiten und Programmierung bis zum komplexen Verhalten
Verhältnis von Struktur und Funktion	Die erforderliche Funktion bestimmt überwiegend die Strukturen	Strukturen dienen der Realisierung von Funktionen
Zustand der Informationsträger	Chemisch, biologisch, neuronal, physiologisch, psychologisch, kognitiv, soziologisch	Elektronisch, physikalisch, chemisch, optisch, strukturell
System	Gehirn und Nervensystem	Vorwiegend elektronische Schaltkreise
Methoden und Verfahren	Assoziative, intuitive und logisch neuronale Verknüpfungen	Programmiersprachen, wie LISP, PROLOG und SMALLTALK

Tabelle 4: Die typischen Vorteile von Menschen im Vergleich zu Computern und Robotern.

Mensch	Computer, Roboter
▪ Verschiedene Methoden für Wissen und Schlussfolgerungen, wie assoziativ, prozedural, funktional, logik-, objektorientiert, heuristisch und nicht formal logisch ▪ Alltagswissen, ganzheitliche Betrachtung, kein vollständiger Algorithmus erforderlich ▪ Zusammenhang und Kontext werden erkannt, ermöglicht Ausnutzen von Erfahrungen, Analogieschlüssen, qualitativen Entscheidungen, Erkennen ungewöhnlicher Fälle, Ausnahmen und Grenzfälle ▪ Intuition ermöglicht Umgang mit neuen Problemen und gewinnen neuer Ideen, Lösungen und Algorithmen, erfordert den kreativen Menschen mit Antizipation ▪ Umgangssprache ist universell, Denken in Bildern möglich, gutes Abstraktionsvermögen	▪ Sehr schneller Zugriff auf Daten ▪ extrem schnelle Rechnung, hohe Genauigkeit und Zuverlässigkeit ▪ Umfangreiche Speicher-Möglichkeiten ▪ Gute Wiederholbarkeit der Rechnungen ▪ Viele Ausgabe-Varianten, wie Text, Grafik, Video und Sound ▪ Algorithmen sofort lauffähig und immer leicht kopierbar ▪ Vorteile von Modellen (Computer-Experiment) mit Zugriff auf für Menschen zu Gefährliches und zu Weit-Entferntes ▪ Zeitraffer, Zeitlupe zur Anpassung auf für Menschen zu Langsames (Evolution, Leben, Weltall) oder zu Schnelles (Kernphysik) ▪ Voraus-, Rückschau, hypothetische Welten. ▪ Leichte Änderbarkeit des Modells.

Tabelle 5: Die typischen Nachteile von Menschen im Vergleich zu Computer und Roboter.

Mensch	Computer, Roboter
▪ Umfang der Rechnungen, Vielfalt der Kombinationen, Menge der verfügbaren Daten sind stark begrenzt. ▪ Mensch denkt und handelt vergleichsweise sehr langsam. ▪ Jeder einzelne Mensch muss mühsam Verfahren, Methoden und Algorithmen erlernen, um sie anzuwenden. Sie sollten dazu möglichst einfach sein. Außerdem kann er sie wieder vergessen.	▪ Technik realisiert im Wesentlichen nur, was der Mensch vorschreibt. Neue Probleme, Ideen, Lösungen und Algorithmen kommen nur vom Menschen; eine Ausnahme sind teilweise lernende Programme. ▪ Im Prinzip muss jeder Schritt im Voraus vorgeschrieben sein, jedoch gibt es Pseudozufalls-Algorithmen, wie trial and error. ▪ Alltags- (graues) Wissen, Bewusstsein, Intuition, Antizipation und Emotionen sind (zurzeit) so gut wie nicht formalisierbar.

4.9 Dritte Zusammenfassung

Mit der bildlichen Darstellung von Rechenergebnissen entsteht die erste Möglichkeit von V-Information. Sie ermöglicht eine leistungsfähige Simulation der realen Welt. Zusätzlich können dabei deren zeitliche und räumliche Maßstäbe weitgehend verändert und in jenen Bereich transformiert werden, der für das menschliche Denken optimal ist. Zu Langsames im Weltgeschehen, wie es im Kosmos oder bei der Geologie erfolgt, wird dann rechnerisch beschleunigt. Auch zu Schnelles, wie es in physikalisch-chemischen Abläufen vorkommt, wird verlangsamt. Ähnlich wird zu Großes und zu Kleines in die Größen des uns unmittelbar zugänglichen Erfahrungsbereichs übertragen. Mittelbar wird sogar Geschehen erlebbar, das in der Wirklichkeit für Menschen zu gefährlich ist. Das betrifft unter anderem Radioaktivität sowie zu hohe und zu tiefe Temperaturen. Mit der Weiterentwicklung zu schnellen, sehr leistungsfähigen Rechnern bis zu den Möglichkeiten des interaktiven Handelns entsteht schließlich das vertiefte Erleben einer „virtuellen Welt". Sie bedarf nicht mehr einer stofflich-energetischen Basis. So ergeben sich völlig neue Betrachtungen, die unabhängig von der realen Welt sind und in ihr nicht einmal auftreten können. Die Grenze ergibt sich hierbei aus der Berechenbarkeit, genauer der hinreichend schnellen Durchführbarkeit (Zeitschranken).

Da es überabzählbar viele nichtberechenbare Funktionen gibt, sind umgekehrt Fakten und Abläufe, die es eventuell in der realen Welt gibt, virtuell nicht zugänglich.

Im gewissen Umfang können Roboter und komplex handelnde Automaten als Hardware-Realisierungen der virtuellen Welt angesehen werden. Ihre erweiterten Übertragungen in die virtuelle Welt haben beachtliche Beziehungen zu den Avataren und Vorstellungen über die Aliens (Außerirdische).

Praktisch wichtig ist es, dass die Computer-Methoden und -Programme der virtuellen Welt „durchschaut" werden müssen. Generell ist unverstandene (gebastelte) Software oft nutzlos, zuweilen sogar gefährlich. Eigentlich ist es nicht sinnvoll, eine Aussage nur numerisch zu gewinnen, insbesondere bevor feststeht, dass eine (mathematische) Lösung existiert. Dann entspricht nämlich das Rechnen mit Computern zumindest nur einem Drauflos-Probieren. Doch zuweilen wird es dennoch erzwungen, nämlich dann, wenn Probleme vordringlich zu lösen sind, noch bevor theoretische Grundlagen erreicht wurden. Erfreulich ist es, dass dabei – wenn auch selten – wertvolle Hinweise für eine Theorie entstehen.

Weil der Mensch zumindest teilweise nicht algorithmisch denkt, bleiben einige Inhalte der Z-Information auch dem Rechner verschlossen. Eine Kombination von Computer und Mensch ermöglicht daher völlig neue und effektive Lösungen.

5 SHANNON-Theorie

Der eigentliche Ursprung des Informations-Begriffs ist die SHANNON-Theorie [2]. Ihre Informations-Art heißt zu Ehren von SHANNON S-Information. Sie kann auch als eine Spezialisierung der bisher behandelten drei Informations-Arten verstanden werden. Geschichtlich sind aber die drei Informations-Arten als Verallgemeinerungen und Erweiterungen der S-Information entstanden. Allen gemeinsam sind zumindest die Zeichen. Die S-Information berücksichtigt von der W-Information nicht die Wirkung und damit das für sie typische Informat. Es interessiert eigentlich nur der Informationsträger des Zeichens. Von der Z-Information ist für sie die Bedeutung im Sinne der Abbildung der Realität unwesentlich. Weiter wird nicht beachtet, ob es sich um Zeichen der Z- oder der umfangreicheren V-Information handelt. Stattdessen werden andere Eigenschaften der Zeichen entscheidend. Für ihre Anwendung müssen alle auftretenden Zeichen erfasst werden. Genau genommen ist das nur für abgegrenzte Bereiche ausgewählter Gebiete möglich. Dann werden diese Zeichen in n Klassen eingeteilt, die auch Symbole, Zahlen oder gültige Zeichen oder gültige Wörter heißen. Sie alle zusammen bilden den Zeichen- oder Symbolvorrat, der meist als Alphabet bezeichnet wird. Entweder sind ihre Wahrscheinlichkeiten p_i der Wörter im Voraus bekannt oder werden über eine hinreichend lange Zeit ermittelt. Alle Inhalte der S-Information betreffen zunächst nur die Werte n und die zugeordneten p_i. Daraus kann dann jedoch eine beachtliche Fülle von Folgerungen gezogen werden.

Ab 1630 konnten Ingenieure Dampfmaschinen und andere Wärmekraftmaschinen bauen. Doch theoretische Grundlagen für ihre optimale Gestaltung ergaben sich erst nachdem 1824 CARNOT den idealen Kreisprozess definiert hatte (siehe Abschnitt 8.3). Als wichtige Messgrößen treten darin die Verbrennungs- und die Umwelt-Temperatur auf.

Auch bei der elektrischen Nachrichtentechnik bauten Ingenieure zunächst ohne theoretisches Wissen die Gerätetechnik. So gab es den Telegraf ab etwa 1700, das Telefon ab 1858 und den Rundfunk ab 1924. Doch auch hierzu musste eine Theorie zur optimalen Gestaltung entstehen, welche die Grenzen und Möglichkeiten aufzeigt. Nach verschiedenen vergeblichen Ansätzen anderer Wissenschaftler, gelang das SHANNON 1940 (1948?). Bald wurde sie auf fast alle Zweige der Nachrichtentechnik übertragen. Dazu gehören vor allem Fehlererkennung, Fehlerkorrektur, Datenkompression, Kryptografie und Speicherung. Sie waren ursprünglich nur für die Nachrichtentechnik wichtig, wurden aber inzwischen in vielen anderen Gebieten erfolgreich benutzt, unter anderem in Biologie, Leben, Gedächtnis, Kunst und Literatur.

Für die Entwicklung der Shannon-Theorie sind drei Grundlagen wesentlich. Zunächst war die Statistik der verwendeten Zeichen (Signale) als Messgröße entscheidend. Das lag damals weit jenseits der üblichen Betrachtungen. Deshalb betont NORBERT WIENER im Vorwort von [1]: „Auf die Idee der statistischen Beschreibung von Information sind die Herren R. A. FISCHER, CLAUDE SHANNON und ich ungefähr zur gleichen Zeit gekommen".

Der zweite Fakt betraf das Kanalmodell, vor allem in seiner digitalen Form, die damals noch sehr unüblich war.

Aus beiden folgen die grundlegenden Gleichungen, die dann auch auf kontinuierliche Signale erweitert wurden.

Die SHANNON-Arbeit ist mathematisch recht anspruchsvoll und wird daher nicht selten – insbesondere von Geisteswissenschaftler – unbefriedigend bis falsch interpretiert. Dazu trägt leider ganz wesentlich das unwissenschaftliche Vorwort von WEAVER bei. Es enthält mehrere (halb-)falsche Aussagen. So geht er – sogar ohne Literaturhinweis – umfangreich auf die Semiotik mit Syntax, Semantik und Pragmatik ein (siehe Abschnitt 3.5) und das, obwohl sie SHANNON in seiner Theorie explizit ausgeklammert hat. Weiter soll es hierzu sogar einen Streit zwischen SHANNON und seiner Frau gegeben haben, als sie versuchte, seine Formeln auf musikalische Inhalte anzuwenden.[1]

Der zunächst einfache SHANNON-Kanal ist dreistufig und besteht aus Quelle, Kanal und Empfänger. Die Quelle heißt auch Sender und gibt nacheinander n unterschiedliche Zeichen (Signale, Klassen) mit den Wahrscheinlichkeiten p_i in beliebiger Reihenfolge aus. Der Kanal vermittelt sie an den Empfänger, der zuweilen auch Senke heißt.

In vielen Fällen kann der Kanal die Zeichen nicht direkt übertragen. Sie müssen seinen Übertragungseigenschaften angepasst werden. Dazu sind Wandler, Modulatoren oder Encoder (Codierer) erforderlich. Damit der Empfänger aber die ursprünglichen Signale erhält, ist hinter dem Kanal die reziproke Rückwandlung, Demodulation oder Decodierung, erforderlich. So ergibt sich das fünfteilige Kanalmodell gemäß der Abbildung 31. In erweiterten Betrachtungen müssen auch noch im Kanal unvermeidlich auftretende Störungen berücksichtigt werden.

---

[1]   Leider nur mündliche Mittelung.

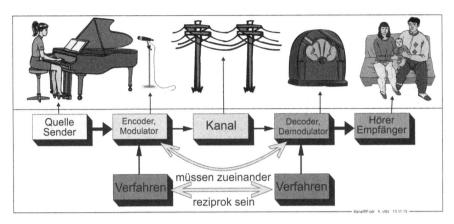

Abbildung 31: Das fünfstufige Kanalmodell nach SHANNON. Der obere Bildteil zeigt eine zugeordnete anschauliche Variante. Bei ihr ist der Schallwandler in elektrische Signale ein Mikrofon. Die Rückwandlung erfolgt durch den Lautsprecher. Was für ein Schall (Musik oder Sprache) übertragen wird, ist in dem Modell unwichtig.

5.1 SHANNON-Entropie

Zur anschaulichen Einführung der Entropie sei hier ein Kartenspiel benutzt. Mit ihm wird zunächst der Zufallsgenerator für die Quellensignale erzeugt. Dazu werden die 32 Karten des Skatblattes in vier Zeichen (-Klassen, gültige Wörter) eingeteilt:

Z   alle 16 Karten von 7 bis 10 $p_Z = 0,5$ (50 %)

M   die 8 männlichen Karten (Buben und Könige) $p_M = 0,25$ (25 %)

D   die 4 Damen $p_D = 0,125$ (12,5 %)

A   die 4 Asse $p_A = 0,125$ (12,5 %)

Als Quelle arbeitet der Zufallsgenerator getaktet mit Wiederholung:

- Es wird eine Karte aus dem Stapel gezogen (aber nicht gezeigt), diese Karte bestimmt das ausgegebene Zeichen der Quelle.

- Dann wird die Karte wieder in den Stapel gesteckt, der anschließend gemischt wird.

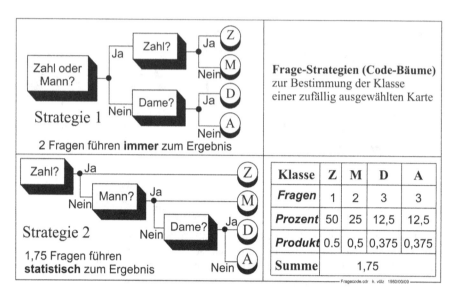

Abbildung 32: Zwei Code-Bäume als Frage-Strategie für die festgelegten Klassen der festgelegten Zeichen bei einem Skat-Karten-Spiel.

Der Empfänger muss das jeweilige Zeichen bestimmen. Dazu darf er beliebige, eindeutig mit Ja oder Nein zu beantwortende Fragen stellen. Jede Frage und Antwort entspricht dabei einer binären Entscheidung, also 1 Bit (binary digit). Durch die Antwort ist die entsprechende Unsicherheit des Empfängers bezüglich der Zeichenklasse der gezogenen Karte um 1 Bit vermindert. Um das Zeichen der jeweiligen Karte zu bestimmen, können mehrere aufeinander folgende Fragen und Antworten, also mehrere Bit erforderlich sein.

Damit der Empfänger über eine lange Zeit erfolgreich ist, muss er im Mittel für alle Zeichen mit möglichst wenig Fragen auskommen. Dazu benötigt er eine Frage-Strategie. Sie entspricht einem binären Code-Baum. Zwei Beispiele dafür zeigt die Abbildung 32. Im oberen Beispiel führen immer zwei Fragen je Karte zum Ergebnis. Im unteren sind dagegen je nach Zeichen ein bis drei Fragen notwendig. Praktisch wichtig ist jedoch der gemittelte Code-Aufwand über alle Zeichen

$$A = \sum_{i=1}^{n} p_i \cdot l_i \ .$$

Darin ist l die Länge des Code-Baumes bis zum jeweiligen Zeichen. Das ist die Anzahl der Ja-Nein-Fragen, die zur Bestimmung des Zeichens erforderlich sind.

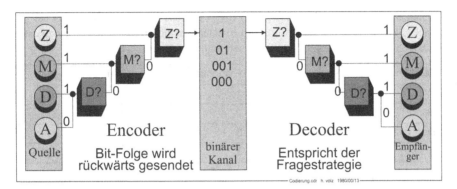

Abbildung 33: Codierung und Decodierung zwischen den Zeichen als Buchstaben und den Bitfolgen für einen binären Kanal.

Bei der Strategie 2 sind es, wie die Tabelle demonstriert, nur 1,75 Bit/Zeichen. Für das obere Beispiel sind es jedoch 2 Fragen je Zeichen. Folglich ist die zweite Strategie besser.

Die Antworten Ja und Nein können auch als binäre Werte 0 und 1 interpretiert werden. Dadurch entsteht die Codierung der Zeichen, der Zeichen-Code. Bei der zweiten Strategie gilt für ihn:

$$Z = 1;\ M = 01;\ D = 001\ und\ A = 000.$$

Das Spiel lässt sich leicht auf die Nachrichtentechnik übertragen. Der digitale Kanal kann nur die einzelnen Bit übertragen. Daher müssen die Zeichen Z, A, D und A zuvor in die Bitfolgen codiert werden. Auf der Empfängerseite müssen sie „rückwärts" decodiert werden. Das geschieht gemäß Abbildung mit dem reziproken Code-Baum.

Wird das dargestellte Prinzip auf eine Quelle mit n Zeichen und den Wahrscheinlichkeiten p_i verallgemeinert, so ergibt sich die theoretische Frage nach der dann bestmöglichen Fragestrategie. Der dafür erreichbare kleinstmögliche Code-Aufwand ist die Entropie[2] der zugehörigen Quelle:

$$H = -\sum_{i=1}^{n} p_i \cdot \mathrm{ld}(p_i).$$

---

[2]   Eine mögliche Herleitung der Formel folgt später. ld ist darin der Logarithmus zur Basis 2. Warum der Name Entropie gewählt wurde, ist ziemlich unklar. Wahrscheinlich hat ihn WIENER vorgeschlagen. Wegen der weitaus länger bekannten thermischen BOLTZMANN-Entropie hat er im Nachhinein zu vielen Missverständnissen geführt. Siehe dazu Unterabschnitt 8.4.2.

Tabelle 6:   Berechnungsbeispiel für den Code-Aufwand A und die Entropie H bei gezinkten Skat-Karten. Eine Zahl-Karte wird zu einer männlichen gefälscht, ein Ass zu einer Dame. So ergeben sich 15, 9, 5 und 3 Karten für die Zeichen.

Zeichen z_i	Wahrscheinlichkeit p_i	Fragenzahl l_i	$p_i \cdot l_i$	$-\mathrm{ld}(p_i)$	$-p_i \cdot \mathrm{ld}(p_i)$
Z_i	15/32 = 0,4687	1	0,4687	1,093	0,512
M_i	9/32 = 0,2813	2	0,5625	1,830	0,515
D_i	5/32 = 0,1562	3	0,4688	2,678	0,418
A_i	3/32 = 0,0936	3	0,2813	3,415	0,320
			$A = 1,7865$		$H = 1,765$

Im obigen Kartenbeispiel besitzt sie den Wert $H = 1{,}75$ Bit/Zeichen. Damit ist die Strategie 2 zugleich eine bestmögliche. Das Beispiel wurde ja absichtlich so gewählt. Es kann aber durchaus noch andere, gleichwertige Strategien geben. Doch nach ihnen zu suchen, bringt keinen Vorteil.

Allgemein gilt $H \leq A$. Das bedeutet, dass es zu jeder berechneten Entropie keinen Code-Baum mit gleich großem Code-Aufwand geben muss. Ein Beispiel mit nur wenig geänderten Wahrscheinlichkeiten – das mit gezinkten Spielkarten realisiert werden kann – zeigt die Tabelle 6. Auch hier bleibt der Code-Baum gemäß dem unteren Beispiel von Abbildung 32 die bestmögliche Fragestrategie. Es gilt dann aber $H < A$.

Der relative Unterschied zwischen dem theoretischen Wert der Entropie H und dem jeweils erreichten Code-Aufwand A wird Redundanz oder Weitschweifigkeit r des Codes genannt. Für ihn gilt:

$$r = \frac{A - H}{H} \, .$$

Im letzten Beispiel beträgt $r \approx 0{,}01218 \approx 1{,}2\,\%$. Wie später gezeigt wird, gibt es konstruktive Methoden, mit denen optimale Code-Bäume (Codes), also mit kleinstmöglicher Redundanz generiert werden können. Rein theoretisch ist es sogar immer möglich die Redundanz auf Null zu senken.

5.1.1   Begründung der Entropie-Formel

Die Entropie-Formel wird in der Fachliteratur – da sie kaum richtig abzuleiten ist – vielfach ohne Begründung einfach hingeschrieben. Zwar gibt SHANNON im Nachwort zu [2] einen Beweis, der jedoch schwer nachvollziehbar ist. Weiter gibt

Tabelle 7:   Zusammenhang zwischen der Information mit den Zeichen A bis P, dargestellt über die 16 verschiedenen Bit-Belegungen der 4 Speicherplätze.

4 binäre Speicherplätze = 0/1-Signal-Länge	16 nutzbare Zeichen, mögliche Zustände Zeichen-Realisierungen oben, binäre Signale darunter															
Mögliche Zeichen	A	B	C	D	E	F	G	H	I	J	K	L	M	N	O	P
Belegung von Bit 1	0	0	0	0	0	0	0	0	1	1	1	1	1	1	1	1
Belegung von Bit 2	0	0	0	0	1	1	1	1	0	0	0	0	1	1	1	1
Belegung von Bit 3	0	0	1	1	0	0	1	1	0	0	1	1	0	0	1	1
Belegung von Bit 4	0	1	0	1	0	1	0	1	0	1	0	1	0	1	0	1

es eine axiomatische Herleitung von FEINSTEIN. Hier ist aber eine der vier Voraussetzungen, nämlich das Verfeinerungstheorem, überhaupt nicht einzusehen
[26], [7] Seite 18. Aus diesem Grunde habe ich bereits um 1985 die folgende,
eher anschauliche Begründung eingeführt.

Als Information werden n Zeichen angenommen. Sie sollen auf binären
Speicherplätzen abgelegt werden. Dafür gilt dann: Mit m binären Speicher-
plätzen lassen sich 2^m Zeichen darstellen. Umgekehrt benötigen n Zeichen
$\{ld(n)\}$ Speicherplätze[3]. Für 4 Speicherplätze gilt die Tabelle 7 mit den $2^4 = 16$
Zeichen A bis P. Grau unterlegt hervorgehoben ist das Zeichen F gemäß der
Belegung 0101.

Treten alle Zeichen gleichwahrscheinlich auf, so gilt der schon lange vor
SHANNON bekannte Zusammenhang zwischen Information und den notwendigen
Speicherplätzen:

$$H_{gl} = m = ld(n).$$

Mit der Wahrscheinlichkeit $p_{gl} = 1/n$ folgt dann

$$H_{gl} = 1/ld(p_{gl}) = -ld(p_{gl}).$$

Das negative Vorzeichen in der Entropie-Formel ist also nur notwendig, weil H
positiv sein soll und für $p < 1$ immer $ld(p) < 0$ gilt. Das Vorzeichen ist also kein
Anlass dafür, von Neg-Entropie zu sprechen. Sie wird für die Thermodynamik
im Unterabschnitt 8.4.3 völlig anders, aber inhaltlich „richtig" definiert.

Die Zeichen einer Quelle treten jedoch fast immer mit unterschiedlichen
Wahrscheinlichkeiten p_i auf. Bei der Mittelwertbildung kann das im statistischen

---

[3]   ld ist der Logarithmus zur Basis 2. Die Klammern {} bedeuten: wenn das Ergebnis keine ganze
Zahl ist, wird die nächstliegende größere ganze Zahl genommen.

Sinne durch die Gewichtung mit den p_i als Faktor berücksichtigt werden. So ergibt sich schließlich die Entropie-Formel.

$$H = -\sum_{i=1}^{n} p_i \cdot \text{ld}(p_i) \quad \text{mit} \quad \sum_{i=1}^{n} p_i = 1.$$

Dazu gehört die Relation $H_{Gl} = \text{ld}(n) \geq H$. Die Gleichverteilung ist daher die Obergrenze der Entropie von n Zeichen mit den Wahrscheinlichkeiten $p_{gl} = 1/n$. Das kann oft für eine einfache Abschätzung der Entropie nützlich sein.

Durch den Logarithmus folgt daher die wichtige Feststellung: Informationen (Entropien) werden addiert, (abhängige) Wahrscheinlichkeiten werden multipliziert.

5.1.2   Konstruktion von Code-Bäumen

Bisher wurden die günstigen binären Code-Bäume (Frage-Strategien) erraten. Doch die SHANNON-Theorie ist auch konstruktiv und gestattet, sie unmittelbar zu berechnen. Zu beachten ist, dass immer nur die endständigen Knoten des Baumes mit einem Zeichen belegt werden (dürfen). Geschichtlich sind dabei nacheinander drei immer bessere Methoden entstanden. Ihre rekursiven Algorithmen für n Zeichen lauten: Der ursprüngliche SHANNON-Code von 1940 (1948) ist noch linear:

1) die Code-Baumtiefe k wird so gewählt, dass $2^k \geq n$.

2) Eventuell überzählige Endknoten werden durch Zusammenfassen von je zwei Endknoten schrittweise entfernt.

3) Zusammengefasste Endknoten werden mit den Zeichen der größten Wahrscheinlichkeit belegt.

4) Den ungekürzten Endknoten werden die restlichen Zeichen zugewiesen.

Der FANO-SHANNON-Code wurde 1949 von R. FANO entwickelt.

1) Die Zeichen werden nach fallender Wahrscheinlichkeit sortiert.

2) Durch Summierung von Zeichen werden 2 Gruppen mit möglichst gleicher Wahrscheinlichkeit gebildet.

3) Die obere Teilgruppe wird mit 1, die untere mit 0 codiert.

4) Mit jeder Teilgruppe wird gemäß 2. solange fortgefahren, bis einzelne Zeichen erreicht sind. Dabei wird jeweils der neue Code (1 oder 0) an den bereits vorhandenen angefügt.

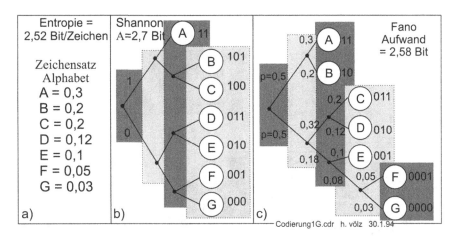

Abbildung 34: Darstellung des Ablaufes und Gewinnung des Code-Baumes bei der Codierung des Alphabetes von A bis G mit dem SHANNON- und SHANNON-FANO-Code.

Den Ablauf für den Zeichensatz (Alphabet) von A bis G mit den dort angegebenen Wahrscheinlichkeiten zeigt die Abbildung 34. Daraus geht die Verbesserung durch den HUFFMAN-Code hervor. Dabei wird die Tiefe des Code-Baumes deutlich größer.

Der HUFFMAN-Code von 1952 wurde von D. HUFFMAN entwickelt.

1) Die Zeichen werden nach fallender Wahrscheinlichkeit sortiert.

2) Die beiden Zeichen mit der kleinsten Wahrscheinlichkeit werden mit 0 und 1 codiert. Ab der zweiten Iteration werden sie vor die schon vorhandenen 0 und 1 eingefügt.

3) Die beiden Zeichen werden aus dem Zeichenvorrat entfernt und stattdessen als neues Hilfszeichen mit den addierten Wahrscheinlichkeiten eingefügt.

4) Bei 1. wird solange fortgefahren, bis nur zwei Hilfszeichen für den Schritt 2 existieren.

Er ist deutlich komplizierter und leistungsfähiger, aber dafür immer noch (seit 1952) der bestmögliche Binärcode und das gilt weitgehend sogar theoretisch. Seinen Ablauf mit dem entstandenen Code-Baum zeigt die Abbildung 35. Oben ist der entstehende Baum dargestellt. Unten ist die Zusammenfassung der jeweils 2 Zeichen mit der jeweils kleinsten Wahrscheinlichkeit hervorgehoben. Sie werden durch ein neues Hilfszeichen ersetzt. Dann erfolgt die neue Sortierung.

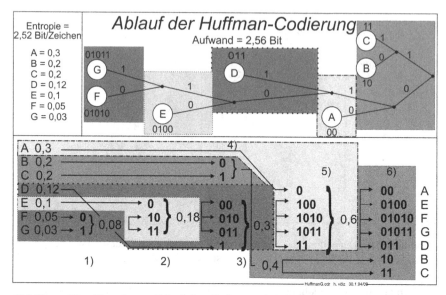

Abbildung 35: Komplexer Ablauf der Codierung beim HUFFMAN-Code. Oben ist der entstehende Baum gezeigt, unten die Zusammenfassung der 2 Zeichen mit der kleinsten Wahrscheinlichkeiten und deren Ersatz durch ein neues Hilfszeichen sowie der dann erneut folgenden Sortierung.

Für die Redundanzen der drei Codes gilt allgemein: $r_{SHANNON} \geq r_{SHANNON\text{-}FANO} \geq r_{HUFFMAN}$. Jedoch ab wie viel Zeichen $r_{SHANNON\text{-}FANO} > r_{HUFFMAN}$ gilt, wurde erst 1988 durch zwei Oberschüler der Heinrich-Hertz-Oberschule in Berlin geklärt [27]. Für einige Wahrscheinlichkeitsverteilungen tritt das erstmalig ab 5 Zeichen ein. Aus den voran stehenden Bildern könnte gefolgert werden, dass für die Baumtiefe t immer gilt: $t_{SHANNON} \leq t_{SHANNON\text{-}FANO} \leq t_{HUFFMAN}$. Doch davon gibt es auch Abweichungen, siehe [8], Seite 375.

5.1.3 Möglichkeit der Redundanz Null

Nur selten ist die Wahrscheinlichkeits-Verteilung eines Alphabetes so, dass eine direkte redundanzfreie Codierung möglich ist. Dennoch hat bereits SHANNON gezeigt, dass es dafür eine mittelbare Methode gibt. Das sei am Beispiel mit zwei Zeichen A, B und deren Wahrscheinlichkeiten $p_A = 0{,}75$, $p_B = 0{,}25$ demonstriert. Sie besitzt die Entropie $H = 0{,}811128$. Die Codierung ist nur einstufig mit $A \to 0$

Tabelle 8: Der Gewinn durch die Bildung von Kombinations-Zeichen.

Zeichen	Wahrscheinlichkeit	Bester Code	(Aufwand), Redundanz
A	0,75	0	23,26%
B	0,25	1	
Zweierzeichen			
AA	0,5625	0	(0,84375×2)
AB	0,1875	11	4%
BA	0,1875	100	
BB	0,0625	101	
Dreierzeichen			
AAA	0,421875	1	(0,82292×3)
AAB	0,140625	001	1,435%
ABA	0,140625	010	
BAA	0,140625	011	
BBA	0,046875	00000	
BAB	0,046875	00001	
ABB	0,046875	00010	
BBB	0,015625	00011	

und B → 1 möglich. Dann ergibt sich der Code-Aufwand zu $A = 0,25 \cdot 1 + 0,75 \cdot 1$ = 1. Das ergibt die Redundanz $r = 23,26\%$. Nun werden durch Kombination aus den 2 Zeichen 4 Zweierzeichen gebildet und das neue Alphabet lautet AA, AB, BA und BB. Das ermöglicht eine zweistufige Codierung mit der relativen Redundanz von nur noch $r = 1, 4\%$. Dieser Prozess lässt sich wiederholen. Für die Berechnung der ersten drei Stufen gilt die Tabelle 8. Mehrfache Wiederholung führt im Grenzfall – selbst bei der *Shannon*-Codierung – zur Redundanz Null:

$$A \xrightarrow[\text{Kombinationszahl} \to \infty]{} H \text{ und } r \to 0.$$

Leider sind mit dieser Methode zwei große Nachteile verbunden. Zur Decodierung (vergleiche Abbildung 33) müssen immer erst so viele Bit übertragen und zwischengespeichert sein, dass damit ein Zeichen decodiert werden kann. Das bewirkt eine erhebliche, im Grenzfall unendliche Verzögerung für die Wiedergabe. So etwas ist technisch meist völlig unbrauchbar. Auch der entsprechend große Speicher – mit einer Grenzkapazität bis zu unendlich – ist technisch oft nicht realisierbar.

5.1.4 Decodierbarkeit

Bei der Übertragung folgen fast immer mehrere Bit-Folgen, also Wörter (Zeichen) aufeinander. Zur Decodierung müssen daher die Bit-Folgen zunächst korrekt voneinander getrennt werden. Hierfür gibt es mehrere Möglichkeiten (siehe unten). Für die drei bisher behandelten Code (SHANNON, FANO, HUFFMAN) ist das automatisch erfüllt. Das sind so genannte Präfix-Code, die auch irreduzibel, kommafrei oder natürlich heißen. Sie entstehen immer dann automatisch, wenn beim dazugehörenden Code-Baum nur die Endknoten mit Zeichen belegt sind. Für sie gilt dabei, dass kein Code-Wort der Anfang eines anderen Code-Wortes ist. Wenn 001 existiert, dann können keine Code-Wörter 0010... oder 0011... und so weiter auftreten. In die Umgangsprache übersetzt würde das bedeuten, wenn „Hund" ein gültiges Code-Wort wäre, dürfte es beispielsweise nicht Hunde, hundert und Hundehütte, wohl aber „und" geben. Diese Eigenschaft ermöglicht die automatische Trennung der generierten (gültigen) Code-Wörter ohne zusätzliche Trennzeichen. Daher ist der Präfix-Code besonders effektiv und sicher.

Wie wichtig ansonsten Trennzeichen bei Zeichen und Wörter sind, zeigt ein deutscher Beispieltext. Er ist nur äußerst schwer lesbar:

IMPRAKTISCHENLEBENISTMIRKEINBEISPIELHIERFÜRBEKANNT-
BEREITSALLEZUSAMMENGESETZTENWÖRTERWIDERSPRECHEN-
VOLLDIESEMPRINZIP.

Impraktischenlebenistmirkeinbeispielhierfürbekanntbereitsalle-
zusammengesetztenwörterwidersprechenvolldiesemprinzip.

Üblich für Trennungen sind Leerzeichen (Space). Im Deutschen besteht teilweise eine Trennung durch die Großschreibung einiger Wörter zur Verfügung. Die Interpunktionszeichen geben neben der Trennung zusätzliche Hinweise. Das nutzten Künstler im KZ für eine Satire zu GOETHEs Erlkönig aus. Sie sprachen die Satzzeichen gemäß ».« bum, »,« peng, »;« bum-peng, »!« sching-bum, »?« tütelit-bum, »–« tatütata aus [28].

Auch für eine richtige Silbentrennung bei den typisch deutschen Komposita ist ein zusätzlicher Bindestrich durchaus nützlich. Dann sind nämlich gut unterscheidbar: Wachs-Tube ⇔ Wach-Stube; Be-Inhalten ⇔ Bein-Halten; Fun-Kriese ⇔ Funk-Riese und Maus-Ersatz ⇔ Mauser-Satz.

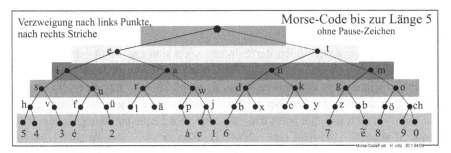

Abbildung 36: Code-Baum für den MORSE-Code. Im Gegensatz zum Präfix-Code sind hier alle Knoten des Baumes mit Zeichen belegt.

Generell sind für die Trennung von Zeichen, Wörter und Sätze mehrere Sonderzeichen für Beginn (Start) und Ende (Stop) in Gebrauch. Bei den genormten Übertragungstechniken werden sie oft als (hierarchische) Protokolle festgelegt, zum Beispiel bei V.24 als Mark und Stopp-Bit. Im Vortag benutzen wir „Zitat" und „Ende des Zitats". Eine beachtliche Bedeutung haben die gleichmäßigen Codes. Bei ihnen besitzen alle Zeichen die festgelegte, gleiche Länge, wie die 8 Bit beim ASCII-Code, die 5 Ziffern bei den Postleitzahlen und die 3 Sequenzen beim genetischen Code. Auch diese Codes benötigen zwischendurch Trennzeichen. Nach einem Übertragungsfehler rasten sie nämlich nicht selbsttaktend wie der Präfix-Code wieder ein. Von den vielen speziellen Varianten sei hier nur noch auf den MORSE-Code eingegangen. Da er alle Knoten des Code-Baumes gemäß der Abbildung 36 benutzt, ist er kein Präfix-Code. Im Gegensatz zu häufigen Annahmen ist er auch nicht binär gemäß „Punkt" und „Strich". Zusätzlich sind 3 Sondertrennzeichen in Gebrauch: 1. Zwischen den Zeichen (1 Punktlänge), 2. zwischen Buchstaben (2 Längen), 3. zwischen den Wörtern (3 Längen). Ohne Trennzeichen wäre eine Punkt-Strich-Folge mehrdeutig interpretierbar. So ergibt gemäß der gekürzten Tabelle die Zeichenfolge: »......-..-.--....-..« unter anderem »seinen adel«, »herr wiel« oder »ies nah d«.

A	d	e	h	i	l	n	r	s	w
.-	-..	.	....	..	.-..	-.	.-.	...	.--

5.2 Zum Zufall

Die wesentlichen Kenngrößen der S-Information sind das verfügbare Alphabet und die zufälligen Werte der Quelle. Das Alphabet kann oft durch einen natürlichen Zahlenbereich angegeben werden. Es ist nützlich, Wahrscheinlichkeit und Häufigkeit zu unterscheiden. Bei der Wahrscheinlichkeit liegen die Werte bereits vor dem Versuch fest. Sie heißt dann *a priori*. Wird dagegen eine gegebene Gesamtheit abgezählt, so liegt eine relative Häufigkeit vor. Sie wird auch *a posteriori* Wahrscheinlichkeit genannt. Rein formal, wenn auch mathematisch nicht exakt, strebt die Häufigkeit mit zunehmender Zahl der Ausgabewerte gegen die eigentliche Wahrscheinlichkeit. Wesentlich ist dabei, dass der ausgewählte Text, die Stichprobe, repräsentativ ist, was jedoch immer erhebliche Probleme aufwirft.

Die einzelnen Zufallswerte können auf recht unterschiedliche Weise und teilweise mit eigenen Eigenschaften und Gesetzmäßigkeiten entstehen:

1) *Thermodynamisch* durch die statistische Bewegung von Atome, Moleküle und so weiter.

2) Zusammenwirken *vieler unabhängiger Störeinflüsse*.

3) *Quantenphysikalischer* Zufall. Für ihn wurde 1926 von MAX BORN (1882 - 1970) das ψ der Wellenfunktion als Wahrscheinlichkeitsamplitude eingeführt. Sie besitzt keine physikalische Realität und bedeutet auch kein Nichtwissen, sondern stellt alles dar, was wir je über das Quantensystem wissen können. Neuere Auffassungen versuchen sie subjektiv zu interpretieren (siehe Q-Information).

4) *Makroskopisch* mittels Würfel, Urne, Münzwurf, Kartenspiel, Los und Knobeln.

5) *Im Rechner:* Zum benötigten Zeitpunkt erfolgt ein Zugriff auf die $1/_{100}$-tel-Sekunde der System-Uhr.

6) *Pseudozufall* durch langperiodische Algorithmen, siehe die Abbildung 37.

7) *Abzählung* einer Gesamtheit. Es liegt dann eigentlich nur eine Häufigkeit vor (siehe oben).

8) *Subjektive* Wahrscheinlichkeiten treten vorwiegend als geschätzte oder erwartete Häufigkeiten auf (siehe unten und die Abbildung 38).

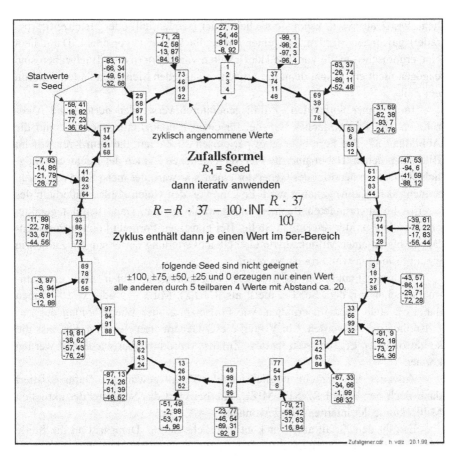

Abbildung 37: Stark vereinfachtes Beispiel für einen algorithmischen Pseudozufalls-generator.

Die typischen Eigenschaften betreffen das Verteilungsgesetz der Zahlen, wie GAUßisch, normal, logarithmisch oder gleich verteilt. Hierzu gehören auch Kenn-größen wie Erwartungswert, Streuung und Schiefe und der mögliche Zahlen-bereich. In Rechnungen wird häufig der einseitig offene Zahlenbereich [0. 1) genutzt. Ein Sonderfall und Grenzwert ist die Gleichwahrscheinlichkeit aller Werte. Bei gleichzeitigen oder aufeinander folgenden Ausgaben kann auch eine gegenseitige Abhängigkeit der Werte auftreten. Sie wird dann meist als bedingte Wahrscheinlichkeit behandelt. Bei einigen Quellen können dann unterschiedliche Werte auftreten, wenn sie nacheinander (sequentiell) oder gleichzeitig (parallel) gewonnen werden. Bei einer Urne gibt keinen Unterschied. Dann liegt eine ergodische Quelle vor. Die Häufigkeiten von Wörtern oder Buchstaben sind dagegen nicht ergodisch, denn die Sprache eines jeden Menschen ändert sich mit der Zeit.

Im Rechner vorhandene Zufallsgeneratoren verwenden periodische Algorithmen. Ein sehr einfaches Beispiel für einen Pseudozufallsgenerator zeigt die Abbildung 37. Die Formel erzeugt periodisch 20 Zahlen, die dem Kreislauf im Bild entsprechen. Dabei sind die vier verschiedenen Zyklen der Rechtecke möglich. Zu Beginn benötigt der Generator einen Startwert, der meist Seed (englisch: Samen, Saat, Keim) genannt wird. Er kann von den vielen Zahlen außerhalb des Kreises im abgerundeten Rechteck ausgewählt werden. Dann beginnt getaktet der Rundlauf an der jeweiligen Stelle. Bei günstigen Formeln können Periodenlängen bis zu einer Million sowie eine Gleichverteilung der erzeugten Zahlen in einem festen Intervall erreicht werden.

Derartige Funktionen existieren in Taschenrechner und in allen Programmiersprachen mit dem Seed x, meist als RND(x). Mit $x = 0$ oder $x < 0$ können dabei oft auch Spezialisierungen, wie Fortsetzung oder Wiederholung der Zufallsreihe erreicht werden. Ein Vorteil dieser Generatoren besteht darin, dass die so gewonnenen Ergebnisse trotz des „Zufalls" reproduzierbar wiederholt werden können.

Zuweilen ist aber ein möglichst echter Zufall gewünscht. Dafür existiert dann noch der Befehl RANDOMIZE. Hierbei wird das Seed aus der aktuellen Millisekunde der internen Uhr gewonnen.

Es gibt den Zufall auch für kontinuierliche Werte. Dann tritt an die Stelle der Wahrscheinlichkeiten die differentielle Wahrscheinlichkeitsdichte.

Wenn wir subjektiv Wahrscheinlichkeiten einschätzen, dann wirken dabei Hoffnungen, Erwartungen, Wünsche und Ängste mit. Sie beeinflussen dadurch deutlich unser Verhalten. Wenn ein Gewinn lockt, sind wir spontan konservativ. Wir werden aber zu Abenteurer, sobald uns Verlust droht. Meist schätzen wir kleine Wahrscheinlichkeiten zu groß ein. Wer würde sonst schon Lotterie spielen? Wohl nur wenige aus reiner Freude! Umgekehrt werden große Wahrscheinlichkeiten vielfach zu klein eingeschätzt. Es ist gefühlsmäßig ein großer Unterschied, ob vor einer Operation eine Sterberate von 7% oder eine Überlebensrate von 93% angekündigt wird.

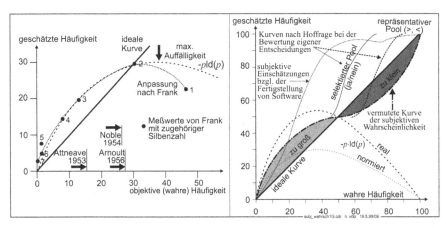

Abbildung 38: Bespiele für subjektive Wahrscheinlichkeiten.

Solche Zusammenhänge werden absichtlich in Spielhallen durch dichtes Aufstellen vieler einarmiger Banditen ausgenutzt. Auch wenn auf jedem einzelnen Automaten nur selten gewonnen wird, so erzeugt doch die Summe der Automaten einen beachtlichen und fast ständigen Lärm. Der lässt dann vermuten, dass oft gewonnen wird. Ein anderes Beispiel betrifft ein Treffen von 24 Personen. Dabei besteht 50 % Wahrscheinlichkeit dafür, dass zwei Teilnehmer an einem gleichen Tag Geburtstag haben. Das erscheint uns intuitiv sehr unwahrscheinlich, ist aber korrekt berechnet [30].

Leider gibt es nur ganz wenige zahlenmäßige Bestimmungen für die subjektive Wahrscheinlichkeit. Eine interessante Bestimmung führte HELMAR FRANK durch. Er ließ aus MUSILs „Mann ohne Eigenschaften" die erste Textseite lesen und dabei mit dem Bleistift bei jeder Silbe auf den Tisch klopfen. Am Ende fragte er völlig unerwartet, wie häufig bei den Wörtern verschiedene Silbenzahlen auftraten (siehe [29], Band 2, S. 128). Als Ergebnis ergab sich die Auffälligkeitskurve der Abbildung 38 mit guter Näherung (auf sie wird später eingegangen). Dort sind auch ungefähre Werte anderer Autoren eingetragen. Die vermuteten Unterschiede von objektiver und subjektiver Wahrscheinlichkeit sind rechts deutlich hervorgehoben.

5.3 Von analog bis digital

Analog und digital werden in der Technik heute vielfach als Gegensätze verwendet. Genau genommen ist das aber nur bedingt richtig und bedarf daher einer genaueren Analyse. Dabei sind damit zusammenhängende Begriffe wie Analogie, kontinuierlich, diskret, dual, stetig, quantisieren, Quantität und Quant einzubeziehen. Zur besseren Unterscheidung trägt auch ihr griechischer und lateinischer Ursprung bei[4] [31].

Eine *Analogie* betrifft die inhaltliche Übertragung von Sachverhalten oder Geschehen eines Gebietes auf ein deutlich anderes. Dafür gibt es viele Beispiele. In der Technik gehören dazu die Analoguhr mit den sich entsprechend der Erdrotation drehenden Zeigern, die elektromechanischen Analogien, wie Wärmemodell und elektrische Schaltkreise sowie der alte Analogrechner. Die Kybernetik betrachtet die Analogie zwischen technischen Systemen und Lebewesen. Dabei ist jedoch zu beachten, dass hier die Umkehrung, und zwar von der Technik zum Menschen, zu Fehlschlüssen führt (harte KI im Abschnitt 4.8). In der Biologie und Medizin sind die Analogien bezüglich Morphologie und Struktur üblich. Ein Beispiel sind die funktionell gleichen, aber morphologisch deutlich verschiedenen Augen bei Wirbeltieren, Insekten und Kopffüßlern (Tintenfischen). Für die Bionik haben sich die Analogie von Eigenschaften der Delphinhaut zur Optimierung von Schiffsrümpfen und die Übertragung des Lotus-Effektes auf technische Oberflächen erfolgreich bewährt. Die Psychologie geht heute davon aus, dass Analogien grundlegend für unser kreatives Denken sind. So wird angenommen, dass MAXWELL für seine Gleichungen Inhalte der Wasserströmung erfolgreich auf elektromagnetische Felder übertrug. KEKULÉ hat nach eigenen Angaben den Benzol-Ring durch das Verhakeln von 6 Affen im Zoo erkannt. Die Logik wendet Analogien bei der induktiven Beweisführung an. Wenn unterschiedliche Sachverhalte in einigen Punkten ähnlich sind, so ist es auch für weitere sehr wahrscheinlich. PLATON dreiteilte die menschliche Seele in Ver-

---

[4] Aus dem Griechischen beziehungsweise Lateinischen abgeleitet gilt *continuare*: aneinanderfügen, verbinden, fortsetzen verlängern, gleich darauf, ohne weiteres; *contingere*: berühren, kosten, streuen, jemandem nahe sein, beeinflussen; *discretion*: Unterscheidungsvermögen, Urteil und Entscheid. *discretus*: abgesondert, getrennt; *discernere*: scheiden, trennen, unterscheiden, beurteilen, entscheiden; *digitus* Finger; inhaltlich als zählen, ziffernmäßig, in Zahlen angeben; *quantitas*: Größe, Anzahl; *quantum*: wie viel, so viel wie, inwieweit, irgendwie; *logos*: Vernunft + *ana*: auf, wieder, aufwärts, nach oben; *analogia*: mit der Vernunft übereinstimmend, Gleichmäßigkeit. *Analogie*: Entsprechung, Ähnlichkeit, Gleichwertigkeit, Übereinstimmung. *continens*, *continuus*: zusammenhängend, angrenzend an, unmittelbar folgend, ununterbrochen, jemand besonders nahe stehen.

nunft, Wille und Begierden. Ein gerechter Mensch kontrolliert seine Begierden durch die Vernunft und mit Unterstützung des Willens. In Analogie dazu begründete er den Dreiständeaufbau des Staates: Ein erleuchteter Philosoph oder König regiert entsprechend eine Gesellschaft mit Kriegern. Für die Literatur spiegelt sich die Analogie ähnlich in Fabeln, Parabeln, Märchen und Gleichnissen wider. Nur in der Rechtssprechung ist es – zumindest im Deutschen – nicht zulässig, einen juristischen Tatbestand auf einen etwa wesensgleichen (analogen) zu übertragen.

Aus diesen Beispielen folgt, dass analog und Analogie immer funktionsgleiche Inhalte betrifft. Es gibt aber zu analog kein Gegenwort (Antinom). Es kann dann nur von *nicht analog* gesprochen werden.

Für *kontinuierlich* gibt es ein wenig unterschiedliche Inhalte. Umgangssprachlich bedeutet es etwa beharrlich, ununterbrochen, ständig. Es ist dann verwandt mit stet und stets und leitet sich dabei von stehen ab. Das Gegenteil ist unstetig bis sprunghaft, nicht kalkulierbar. In der Mathematik gibt es das Kontinuum der reellen Zahlen. Dabei existiert zwischen zwei beliebigen Zahlen immer eine weitere. Verwandt ist es hier mit stetig. Dabei darf der Funktionsverlauf keine Sprünge aufweisen. In der Physik existiert die Kontinuumsmechanik. Sie berücksichtigt keine Mikrostruktur der Materie. Kontinuierliche Signale besitzen schließlich die Möglichkeit zu beliebigen Zwischenwerte bei Zeit und Amplitude (Energie). Technisch sind solche Werte jedoch nicht exakt verfügbar. Infolge von unvermeidlichen Störungen sind sie immer etwas unbestimmt. Außerdem können Messwerte infolge von unvermeidlichen Messfehlern nur endlich viele Stellen annehmen (siehe Abschnitt 5.4). Im mathematischen Sinne sind sie daher nicht kontinuierlich. Obwohl sie nicht im Voraus genau (diskret) festgelegt sind, werden sie dennoch kontinuierlich genannt. Schließlich ist es bedeutsam, dass fast alle technischen Wandler, wie Mikrofone und Lautsprecher sowie unsere Sinnesorgane weitgehend kontinuierlich funktionieren.

Das Gegenteil von kontinuierlich ist *diskret*. In der Umgangssprache betrifft es Charaktereigenschaften wie taktvoll, rücksichtsvoll, zurückhaltend, unauffällig, unaufdringlich, vertrauensvoll, geheim und verschwiegen. Die Mathematik verwendet es, wenn etwas in einzelne Teile zergliedert ist oder sich aus einzelnen abzählbaren Punkten oder Elementen zusammensetzt. Daher lassen sich die einzelnen diskreten Werte auf die natürlichen Zahlen abbilden. In der diskreten Physik und Mathematik werden nur Größen benutzt, die endliche, abzählbare, meist genau definierte Abstufungen besitzen. Ein diskretes Signal besitzt nur endlich viele, meist genau (mit einem Toleranzbereich) definierte Werte.

Das *Quant*[5] wurde 1900 von M. PLANCK eingeführt und führte bald zur Quantentheorie. In der Philosophie existiert der Zusammenhang beziehungsweise Unterschied von Quantität und Qualität. Die Quantität entspricht etwa einer Menge von etwas, während die Qualität ein Werturteil bezüglich Güte, Befähigung, Nützlichkeit, Brauchbarkeit und Kostbarkeit ist.

Aus diesen Inhalten entstand für die Technik der Begriff des *Quantisierens*. Aus den oben definierten kontinuierlichen Signalen werden dabei diskrete, genau definierte Signal-Werte erzeugt. Dabei muss auch der dazugehörende Toleranzbereich der kontinuierlichen Signale vorher festgelegt werden. Zuweilen wird statt von quantisieren auch von einer Umwandlung von kontinuierlich nach diskret (oder digital) gesprochen.

Das Quantisieren (Diskretisieren) von Signalen kann unabhängig oder gemeinsam für Amplitude (Energie) und Zeit erfolgen.

Digit ist eine alte englische Maßeinheit. Sie entspricht einer Fingerbreite oder genauer 18,5 mm. In der Botanik gibt es die Blütenpflanze Digitalis zu Deutsch den Fingerhut. Informatik und Nachrichtentechnik benutzen digital im Sinne einer Zweier-Abstufung. Ihnen werden oft die Wahrheitswerte ja und nein beziehungsweise 1 und 0 zugeordnet. Für digitale Zahlen wird das Stellenwertsystem zur Basis 2 benutzt. Die Zahlen bestehen dann aus einer Folge der Ziffern 1 und 0.

Unser gebräuchliches Zahlensystem besitzt die Basis 10. Gebräuchlich sind noch das oktale (8), und das hexadezimale (16) Zahlensystem. Die Speicherung kann in jedem Fall durch eine andere Anzahl von physikalischen Speicherplätzen erfolgen. Dual sagt daher nur aus, dass 2-wertige Speicherplätze (Flipflop) benutzt werden. Bei dezimaler Basis ergibt sich dann binär codiertes Dezimal (BCD).

Den Zusammenhang der Begriffe zeigt die Abbildung 39. Typisch für analog und Analogie ist vor allem der Vergleich bei Systemen bezüglich ihrer Funktionen und Strukturen. Sie treffen nur sehr bedingt auf Signale zu, nämlich dann, wenn unterschiedliche Signale miteinander verglichen werden sollen. Die anderen Begriffe wie kontinuierlich, diskret und digital sind dagegen Eigenschaften einzelner Signale, Modelle, Prozesse, Geräte und so weiter. Insbesondere bei Signalen können sie auf Amplituden- und Zeitwerte zutreffen. Digitale Signale verlangen, dass diskrete (Zahlen-)Werte auf die Zahlenbasis 2 codiert sind.

---

[5] Es ist schon seltsam, dass in Politik und Wirtschaft – selbst dann, wenn ihre Experten eine Physikausbildung hatten – oft dann von einem Quantensprung gesprochen wird, wenn sie meinen, etwas besonders Großes erreicht zu haben. Dabei kommt das Wort aus der Physik und betrifft die prinzipiell kleinstmögliche Änderung.

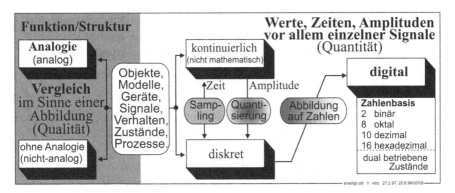

Abbildung 39: Die wichtigsten Zusammenhänge bezüglich analog (Analogie), kontinuierlich, diskret und digital. Analog und Analogie bedeuten immer einen Vergleich mit etwas Anderem. Die weiteren Begriffe können auch auf Signale angewendet werden und können dann unterschiedlich auf Amplitude (Energie) und Zeit angewendet werden. Obwohl es streng genommen keine einzelnen analogen Signale geben kann, ist die Benutzung dennoch so gebräuchlich, dass sie kaum völlig zu vermeiden ist. Außerdem können in seltenen Fällen Signale auch vergleichbar, also analog zu anderen Geschehen ablaufen.

5.3.1   Das Sampling-Theorem

Heute erfolgt die Signalverarbeitung vorwiegend digital. Da aber die meisten Signale zunächst kontinuierlich anfallen, müssen sie vorher mittels Analog-Digital-Umsetzer oder -Wandler (ADU)[6] diskretisiert und dann digital codiert werden. Abschließend werden sie für unsere Sinne wieder kontinuierlich benötigt. Dazu müssen sie möglichst fehlerfrei zurück gewandelt werden können.

Diskrete Signale treten als Impulse auf und bewirken dadurch hinter dem Übertragungskanal störende Einschwingvorgänge mit der Länge ΔT. Sie hängen vor allem von der Bandbreite B des Kanals ab. Zuweilen wird auch die obere Grenzfrequenz $f_{ob} \approx B$ benutzt. Diesen Einfluss untersuchte ab 1924 erstmalig K. KÜPFMÜLLER. Experimentell fand er die Beziehung

$$\Delta T \approx \frac{1}{2B}.$$

---

[6]   Die richtige Terminologie wäre eigentlich Kontinuierlich-Diskret-Wandler. Aber auch dieser Sprachgebrauch wird sich kaum korrigieren lassen.

Um 1930 fand H. NYQUIST die Beziehung auch bei Pulsmodulationen. Schließlich bewies SHANNON mit seinem Samplig-Theorem den mathematischen Zusammenhang. Hiernach muss ein kontinuierliches Signal mit den Zeitabständen

$$\Delta T \leq \frac{1}{2B}$$

abgetastet werden[7]. Die dazu notwendige Frequenz heißt Taktrate. Bei einer derartigen Abtastung ist es möglich, das ursprüngliche kontinuierliche Signal fehlerfrei zurück zu gewinnen.

Unmittelbar anschaulich scheint diese Aussage ein Widerspruch zu sein.
Aus endlich vielen diskreten Abtastwerten ist das ursprünglich kontinuierliche
Signal mit unendlichen vielen Signalwerten wieder fehlerfrei zu erzeugen! Dabei
wird jedoch meist eine wesentliche Bedingung vergessen. Es ist dazu noch eine
passende Funktion notwendig. Zwei diskrete Punkte bestimmen nur dann das
Kontinuum einer Geraden, wenn die Geradengleichung hinzugenommen wird.
Nur drei Punkte bestimmen mit der Kreisgleichung einen Kreis. In diesem Sinne
benutzte SHANNON für sein Sampling-Theorem die WHITTACKER-Funktion für
den Winkel α

$$x = \frac{\sin(\alpha)}{\alpha} = Si(\alpha).$$

Ihr Verlauf tritt hinter einem idealen Tiefpass genau dann auf, wenn auf seinen
Eingang ein einzelner, unendlich steiler Signalsprung einwirkt.

Die WITTACKER-Funktion war bereits in den 1930er Jahren als Spaltfunk-
tion beim Tonfilm bekannt und wurde in den 1950er Jahren auch bei der Magnetbandtechnik wichtig. Den Verlauf der Funktion zeigt die Abbildung 40. Sie
besitzt die Besonderheit, dass sie für $\alpha = 0$ ihr Maximum mit $x = 1$ annimmt. Für
alle ganzzahligen positiven und negativen n ist sie bei $\alpha = n \cdot \pi$ dagegen Null.

Rechteck-Impulse haben ein Spektrum, das bis zu unendlich hohen Frequenzen reicht. Bei Ihrer Wiedergabe müssen daher alle Frequenzen höher $f_{ob} \approx B$
weggefiltert werden. Dies verlangt einen ideal rechteckigen Tiefpass. Wird die
WHITTACKER-Funktion so auf die einzelnen Sampling-Werte angewendet, so ergibt sich hinter dem Tiefpass der rechte Teil der Abbildung 40. Jeder Rechteck-

---

[7]   Bereits 1933 hatte V. KOTELNIKOW nahezu dasselbe Sampling-Theorem theoretisch bewiesen.
      Doch außerhalb Russlands wurde das erst in den 1950er Jahren bekannt.

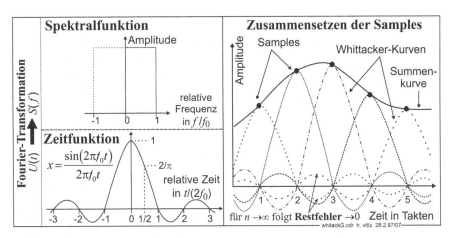

Abbildung 40: Zur Anwendung der WHITTACKER-Funktion (links unten).zu ihrer FOU-RIER-Transformation gehört ein idealer Tiefpass (oben) beziehungsweise ein scharf begrenztes Spektrum (oben). Negative Frequenzen sind dabei gestrichelt angedeutet. Der rechte Bildteil demonstriert, wie aus der Überlagerung einer Folge von Samples gemäß der WHITTACKER-Funktion wieder das ursprüngliche kontinuierliche Signal entsteht.

Impuls eines Samples erzeugt dabei um die Taktfrequenz verschobene Verläufe der WHITTACKER-Funktion. Die Maxima ($\alpha = 0$) der WHITTACKER-Funktion fallen dabei jeweils genau mit dem entsprechenden Abtastwert zusammen. Gleichzeitig liegen alle weiteren Nullstellen exakt auf den Zeiten aller anderen Maxima. Sie werden also nicht verändert. Zwischen den Abtastzeiten addieren sich die zeitlich verschobenen WHITTACKER-Funktionen so, dass insgesamt exakt das ursprüngliche, kontinuierliche Signal entsteht.

Leider sind bei den Anwendungen einige Vorraussetzungen der Theorie nicht erfüllbar. Die fehlerfreie Rekonstruktion gilt nämlich nur dann, wenn die Sampling-Werte für alle Zeiten von -∞ bis +∞ existieren. Für jede endliche Zeitdauer des Signals tritt immer ein gewisser Restfehler auf. Er ergibt sich aus der Summe der zu jedem Zeitpunkt „fehlenden" Werte, also besonders zu Beginn und am Ende des Signals.

Eine weitere, unerfüllbare Bedingung ist der ideal rechteckige Tiefpass. Technisch ist er nur näherungsweise zu realisieren. Je besser die Näherung ist, desto aufwändiger und in der Herstellung teurer ist er. Besonders schwierig ist der zu ihm gehörende Phasenverlauf zu realisieren. Diese Auswirkung kann sich durch „oversampling" bei der Wiedergabe verringern lassen. Mittels einer trickreichen digitalen Schaltung wird indirekt eine vierfache Anzahl der Samples erzeugt. Dadurch genügt dann ein recht einfacher, wenig steiler Tiefpass.

Damit exakt eine WHITTACKER-Funktion entsteht, müssten die diskreten Samples unendliche Steilheit, das heißt eine unendliche kurze Zeitdauer besitzen. Das erfordert aber eine technisch nicht erfüllbare, unendliche Bandbreite. Dieser Fehler ist jedoch meist gegenüber den beiden anderen vernachlässigbar, denn die Amplitude wird entsprechend hoher Frequenzen bald sehr klein. Weitere nicht besonders gravierende Forderungen betreffen die sehr genaue Amplitude und einen möglichst geringen Zeitfehler der Samples.

5.3.2   Arten der Diskretisierung

Das Diskretisieren der kontinuierlichen Signale kann sowohl bezüglich der Zeit als auch der Amplitude erfolgen. Aus den so möglichen vier Varianten leiten sich unter anderem verschiedene Modulationen der Nachrichtentechnik ab. Sie sind in der Abbildung 41 gegenübergestellt. Die Doppelzeichen aus k für kontinuierlich und d für diskret gelten in der Reihenfolge für Zeit und Amplitude.

kk   Zeit- und Amplitude sind kontinuierlich. So arbeitet die kontinuierliche (analoge) Technik. Zu jedem kontinuierlichen Zeitpunkt kann ein anderer, beliebig fein abgestufter Amplitudenwert existieren.

dk   Neue kontinuierliche Amplitudenwerte treten nur zu ausgewählten, durch einen Takt oder durch andersartig bestimmte Zeiten auf. Diese Werte werden dann mittels sample and hold bis zum nächsten Wert gespeichert.

kd   Hier sind diskrete Amplitudenwerte vorgegeben, die Zeit-Werte bleiben aber kontinuierlich. Immer wenn die kontinuierliche Amplitude einen neuen diskreten Amplitudenwert erreicht springt das Ausgangssignal dorthin. Dieser Sprung kann zu jeder Zeit eintreten. Sie ist also kontinuierlich. Die definierten diskreten Amplituden werden meist mittels ADU digitalsiert.

dd   Im Gegensatz zu kd kann der Sprung zum neuen Amplitudenwert hier erst beim nächstfolgenden Sampling-Takt erfolgen. Nur in diesem Fall kann die Rechentechnik benutzt werden. Infolge ihrer eigenen Taktung sind beide Diskretisierungen und die zusätzliche binäre Umcodierung notwendig.

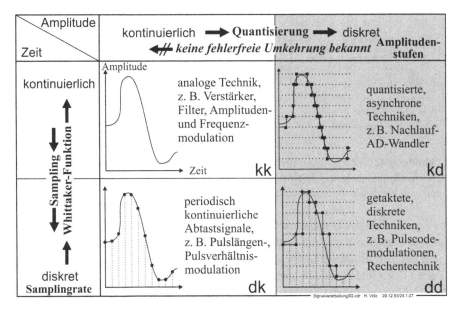

Abbildung 41: Die drei Varianten der Umwandlung eines kontinuierlichen Signals (**kk**) zu den drei Signal-Arten, die nach der Zeit und/oder Amplitude diskretisiert oder digitalisiert werden. Im Folgenden wird gezeigt, dass nur die Zeit-Quantisierung unter Einhaltung des Sampling-Theorems fast vollständig rückgängig gemacht werden kann. Es ist kein Verfahren bekannt, das von **kd** oder **dd** (grau unterlegt) relativ fehlerfrei zu **kk** oder **dk** zurückführt.

5.3.3   Kontinuierliche Digitaltechnik

Die digitale Verarbeitung mittels Rechner verlangt Signale, die sowohl in der Amplitude als auch bezüglich der Zeit diskret sind. Folglich müssen beide beim späteren, abschließenden Übergang zum kontinuierlichen Signal möglichst fehlerfrei zurückgenommen werden. Doch bis heute ist kein Verfahren bekannt, das die Amplituden-Quantisierung auch nur annähernd fehlerfrei rückgängig machen kann. Eine wesentliche Voraussetzung dafür wäre eine „passende" Funktion, welche ähnlich der WHITTACKER-Funktion wirkt. Obwohl sie eigentlich existieren sollte, ist sie nicht bekannt. Auf dieses Problem wies ich seit 1979 regelmäßig hin [31]. Sie wäre vor allem deshalb wichtig, um das bei den digitalen Verfahren auftretende, sehr unangenehme Quantisierungs-Rauschen zu vermeiden. Es kann nur durch eine höhere Bit-Tiefe gemildert werden. Außerdem wird

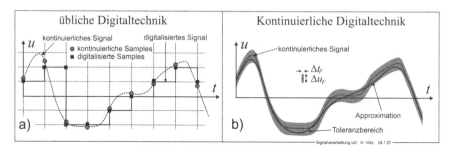

Abbildung 42: Zum Ablauf der üblichen Digitaltechnik (a) im Vergleich zur Kontinuierlichen Digitaltechnik. Die Koeffizienten der Approximations-Funktion ersetzen die in Zeit und Amplitude digitalisierten Samples.

es bei der Audio-CD meist nachträglich mit doppelt so intensivem (+6 dB) thermodynamischen Rauschen verdeckt. Wahrscheinlich wäre es sogar vorteilhafter, statt des Amplituden-Rauschens eine geringe zeitliche Ungenauigkeit zu akzeptieren. Doch leider ist auch hierfür kein Verfahren bekannt.

Völlig unerwartet entstand 2006 die indirekte Lösung der Kontinuierlichen Digitaltechnik [32]. Gemäß der Abbildung 42 legt sie um die kontinuierliche Funktion einen (für das Ohr unhörbaren) Toleranzbereich mit Δt_F für die Zeit und Δu_F für die Amplitude. In ihm wird dann eine möglichst einfache Approximations-Funktion gebildet. Übertragen werden aber keine Samples, sondern nur die Koeffizienten der Approximations-Funktion.

Bei der Wiedergabe wird aus den Koeffizienten erneut die Approximations-Funktion erzeugt und mittels eines Sägezahngenerators zeit- und amplitudenkontinuierlich ausgegeben. Dabei kann grundsätzlich kein Sampling-Rauschen auftreten. Das muss sequentiell für ausgewählte Zeitabschnitte erfolgen (grob 20 ms). Im Mittel sind dabei außerdem deutlich weniger Koeffizienten als Samples bei der üblichen Digitaltechnik zu übertragen. Außerdem entfällt der aufwendige Tiefpass. Den schematischen Vergleich der für beide Techniken erforderlichen Baugruppen zeigt die Abbildung 43.

Für die Approximation sind die orthogonalen Funktionen besonders vorteilhaft. Sehr geeignet sind dafür die TSCHEBYSCHEFF- und LEGENDRE-Funktionen sowie FOURIER-Reihen. Durch die Anzahl der verwendeten Koeffizienten kann dann die Breite des Toleranz-Bereiches leicht eingestellt werden. Das ermöglicht eine einfache Einstellung der Qualität sowohl bei der Gewinnung der Koeffizienten (Approximation) als auch bei der Wiedergabe (Vereinfachung und Geschwindigkeit).

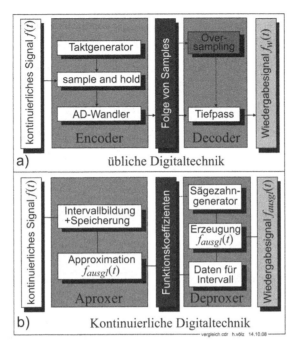

Abbildung 43: Vergleich der Digitalisierungs-Techniken bezüglich der dafür notwendigen Baugruppen. Bei der Kontinuierlichen Digitalisierung werden statt der Samples nur die Koeffizienten der kontinuierlichen Approximation-Funktion übertragen.

Die Kontinuierliche Digitaltechnik kann auch mehrdimensional zum Beispiel für Bilder und Videos erfolgen. Es ist dann nur eine zweidimensionale Approximation erforderlich. Die Effektivität der neuen Technik demonstriert die Abbildung 44 für das Bild eines Kreises. Bei gleichem Raster sind dann statt 33 digitalisierten x-y-Werten beziehungsweise 34 Pixel nur 3 Kreisparameter zu übertragen. Statt eines eckigen Gebildes entsteht zusätzlich sogar noch ein exakter Kreis. Lediglich sein Mittelpunkt und sein Radius sind etwas verändert.

Die Kontinuierliche Digitalisierung bietet insgesamt mehrere Vorteile:

- Übertragung von nur wenigen Koeffizienten.

- Kein Sampling-Rauschen, da direkt ein kontinuierliches Signal entsteht.

- Es ist kein komplizierter Tiefpass erforderlich.

- Gutes Berücksichtigen der je Intervall höchsten oberen Frequenz.

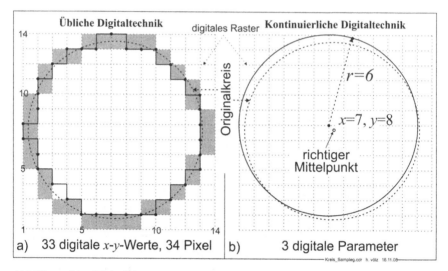

Abbildung 44: Digitalisierung eines Kreises mit der üblichen und der Kontinuierlichen Digitaltechnik bei gleicher Auflösung (Raster).

- Einfaches Einbeziehen von Empfängermodellen, wie logarithmischer Amplitudenverlauf des Gehörs.

- Leichte Qualitätseinstellung durch Wahl der Koeffizienten-Anzahl.

Es gibt natürlich auch (noch) Nachteile:

- Völlig neue Denkweise.

- Erhebliches Umstellen der Digitaltechnik.

- Teilweise erhöhter Aufwand, der aber gut mit integrierten Schaltkreisen zu realisieren ist.

- Noch fehlt eine Lösung für das Schneiden und Mischen sowie eine komplexe direkte Bearbeitung der Koeffizienten-Datei.

- Noch keine Erprobungen für Video-Signale.

- Es gibt noch keine Normungen oder ähnliche Festlegungen.

Gegenüber der etablierten Digitaltechnik wird sie daher kaum oder erst deutlich später Bedeutung gewinnen oder sich gar durchsetzen können.

Die Kontinuierliche Digitaltechnik besitzt mittelbar einen Zusammenhang mit der HEISENBERG-Unschärfe. Indirekt wies hierauf erstmals 1967 J. PETERS hin [33]. Zwischen den Mess-Ungenauigkeiten der Energie ΔE und der dazugehörenden Zeit Δt gilt mit der PLANK'schen Konstanten h der Zusammenhang

$$\Delta t \cdot \Delta E \geq h/2.$$

Ein Photon (Lichtquant) mit der Frequenz v (technisch ist f üblich) besitzt die Quanten-Energie

$$\Delta E = h \cdot v.$$

Wird dieser Wert in die obige Unschärfe-Relation eingesetzt, so folgt unmittelbar das Sampling-Theorem von SHANNON:

$$\Delta T \leq \frac{1}{2B}.$$

In starker Vergröberung wird die HEISENBERG-Unschärfe bei der Kontinuierlichen Digitaltechnik angewendet. Statt der Konstanten h werden jedoch die Toleranzbereiche unserer Sinnesempfindungen benutzt. Indirekt zeigt dies auch, dass es nicht gleichzeitig beliebig genaue Generierung von diskreten Amplituden- und Zeitstufen geben kann.

5.4 Fehlermöglichkeiten

Digitale und kontinuierliche Signale unterscheiden sich in mehreren Eigenschaften. Hieraus ergeben sich verschiedene Vor- und Nachteile. Einen Überblick vermittelt die Tabelle 9. Eine Erweiterung auf die dazu gehörenden Weltbilder zeigt die Tabelle 10. In ihren beiden Modellen sind Widersprüche als Antinomien und Paradoxien möglich und teilweise sogar unvermeidbar. Darauf ist in den Abschnitten 3.3 und 4.2 im Kontext der Unschärfe von Modellen hingewiesen. In den Abschnitten 3.6 und 3.7 wurde ähnliches bei der Z-Information deutlich. Die hohe Welt-Komplexität ermöglicht eben keine exakte Abbildung der Welt, und außerdem sind die benutzten Zeichen auch Teile der Welt. Auch die Grenzen der Mathematik des vorangehenden Abschnittes 5.3 und im Abschnitt 4.6 weisen darauf hin. Schließlich sind noch die Fehler bei der Digitalisierung und bei der Rekonstruktion des kontinuierlichen Signals zu beachten. Das alles macht eine

Tabelle 9:   Ein Vergleich der Eigenschaften und bezüglich der Vor- und Nachteile von kontinuierlich und diskret oder digital. *) gilt nicht für die Kontinuierliche Digitaltechnik.

kontinuierlich	diskret – digital
Stärken, Vorteile	
• Es sind nahezu beliebig kleine und große Signale zulässig. • Verstärkung ist möglich. • Wird fast ausschließlich von technischen Sensoren und Aktoren sowie von den menschlichen Sinnen und für Handlungen benutzt. • Bei einer Übersteuerung setzen die Verzerrungen weich ein.	• Digitalwerte sind weitgehend fehlerfrei zu regenerieren. • Übertragen und Kopieren (Vervielfältigen) ist (nahezu) fehlerfrei möglich. • Mehrere, auch recht unterschiedliche Signale können ineinander verschachtelt werden. • Fehlererkennung und -korrektur sowie Datenschutz (Verschlüsselung, Kryptografie) ermöglichen zusätzliche Sicherheit. • Verlustfreie sowie verlustbehaftete Komprimierung können die Dateien deutlich verkleinern.
Schwächen, Nachteile	
• Bei jeder Übertragung, Speicherung und Vervielfältigung kommen weitere Störungen, zumindest Rauschen hinzu.	• Signale müssen einen eng begrenzten Pegel einhalten, insbesondere hinreichend groß sein. • Sampling-Rauschen ist praktisch unvermeidlich *). • Der Takt darf nicht verloren gehen *).

genauere Analyse und einen Vergleich von logischen Widersprüchen und Signal-Fehlern notwendig. Sie erfolgt hier stark verkürzt. Doch viele weitere Details enthält ein Vortrag, dessen ausführliche Folien gemäß [34] herunterladbar sind.

Tabelle 10:   Vergleich von kontinuierlicher und diskreter Betrachtung der Welt (siehe [8]).

Bezug	kontinuierlich	diskret
Griechen	ARISTOTELES	DEMOKRIT
Physik	Klassische Kontinuumsphysik	Quantentheorie
Antinomien Paradoxien	HILBERT-Hotel, grot = grün-rot, Alle Raben sind schwarz	XENON (Pfeil, Wettlauf), Kretaer Lügner, GÖDEL-Unentscheidbarkeit
Methoden	Limes, Differential (Messen)	Zählen; (Messen)
Beschreibung	Differentialgleichungen	Algorithmen
Geräte	Analogrechner	Digital-Computer
Entsprechung	Welle	Korpuskel, Quant
Übergang	BOHR'sches Korrespondenz-Prinzip; HEISENBERG-Unbestimmtheit	

Bei der Digitaltechnik sind hauptsächlich vier Fehler zu unterscheiden:

- Störungen bewirken eine Unbestimmtheit, einen Streubereich der kontinuierlichen Signale.

- Fehler entstehen bei der üblichen Digitalisierung durch das Sampling, bei der Kontinuierlichen Digitalisierung durch den Toleranzbereich für die Approximation.

- Bei der Speicherung, Übertragung und Vervielfältigung digitaler Daten können Fehler durch Störungen entstehen.

- Auch bei der Rückwandlung können Fehler entstehen, und zwar bei der üblichen Digitalisierung durch den nicht idealen Tiefpass, bei der Kontinuierlichen Digitalisierung durch eine Nichtlinearität des Sägezahn-Signals.

Einige dieser Fehler-Ursachen sind bereits im letzten Abschnitt behandelt. Für Fehler durch Störungen gibt es vor allem folgende Ursachen:

- Interne Störungen treten als thermisches, Stromverteilungs-, Schrot- und Funkel-Rauschen ($1/f$) sowie durch Quanteneffekte auf. Hinzu kommen noch Störungen durch Rückwirkungen und Verkopplungen mit anderen (Schaltungs-)Teilen des Systems, wie falsche Erdschleifen.

- Externe technische Störungen stammen von HF-Sendern, Zündfunken, Bürstenfeuer, Magnetfeldern von Maschinen und Schaltvorgängen.

- Terrestrische Ursachen sind unter anderem Blitzentladungen und Radioaktivität.

- Außerirdische Störungen betreffen das kosmische Rauschen (Hintergrundstrahlung als Überbleibsel des Urknalls) sowie Strahlungsausbrüche und wechselnde Magnetfeder auf der Sonne, von den Sternen und anderen kosmischen Gebilden. Sie nehmen meist mit $\approx 1/f^3$ ab.

Mit Abschirmungen und Symmetrierungen können viele der externen Störeinflüsse verringert werden.

Die Quanten-Störungen sind jedoch unvermeidbar und entstehen durch statistisches Auftreten von (Quanten-) Teilchen, wie Photonen und Ladungsträger. Sie sind unabhängig von der Temperatur. Für Photonen ergibt sich mit der PLANCK-schen Konstante $h \approx 6{,}626 \cdot 10^{-34}$ Js bei einer Frequenz v die Energie

$$E = h \cdot v.$$

Ebenfalls unvermeidbar ist das thermische Rauschen. Es ist durch niedrigere Temperatur zu senken. Mit der BOLTZMANN-Konstante $k \approx 1,38 \cdot 10^{-23}$ Ws/grd ergibt sich bei der Bandbreite B und der absoluten Temperatur T die Rauschleistung

$$P_r = k \cdot T \cdot B.$$

Vielfach wird daraus die Rauschspannung für einen Arbeitswiderstand R bestimmt

$$\overline{U}_r = \sqrt{P_r \cdot R} = \sqrt{k \cdot T \cdot B \cdot R}.$$

Bei Zimmertemperatur $T \approx 290$ K überwiegt meist die Rauschleitungsdichte des Quanten-Rauschens. Das thermische Rauschen überwiegt erst oberhalb von ≈ 1 GHz.

Insgesamt muss also immer mit Störungen bei den eigentlichen Signalen gerechnet werden.

5.4.1 Die Normalverteilung

Bei der Digitalisierung können die einzelnen Samples wie Messwerte betrachtet werden. Ihnen zugeordnet sind dann ebenfalls Messfehler. Wenn eine Größe n-mal gemessen wird, so treten unterschiedliche Ergebnisse x_i auf. Daraus lassen sich der wahrscheinlichste Wert (Erwartungswert, Mittelwert) x_0 und die Streuung (Varianz) σ bestimmen

$$x_0 = \frac{1}{n} \sum_{i=1}^{n} x_i \quad \text{und} \quad \sigma^2 = \frac{1}{n} \sum_{i=1}^{n} (x_i - x_0)^2.$$

Wird n sehr groß gewählt oder strebt es gegen unendlich, dann entsteht eine (Wahrscheinlichkeitsdichte-)Funktion $f(x)$ mit den Kennwerten

$$x_0 = \int_{-\infty}^{\infty} x \cdot f(x)\, dx \quad \text{und} \quad \sigma^2 = \int_{-\infty}^{\infty} (x - x_0)^2 f(x)\, dx.$$

Da meist viele Störungs-Ursachen (siehe oben) zusammenwirken, entsteht zumindest mit brauchbarer Näherung die Normal-Verteilung

$$f(x) = \frac{1}{\sqrt{2\pi\sigma^2}} \cdot e^{-\frac{(x-x_0)^2}{2\sigma^2}}.$$

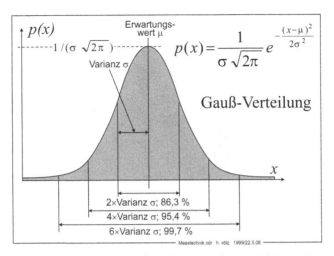

Abbildung 45: Darstellung der Normalverteilung mit einigen Fehlerangaben.

Sie wird auch GAUß-Verteilung genannt. Für viele Anwendungen interessiert nicht die Wahrscheinlichkeit von Einzelwerten, sondern der Gesamtfehler oder die Summenwahrscheinlichkeit in einen Intervall. Meist wird – unter anderem für die Digitalisierung (siehe unten) – das Integral bei $x = -\infty$ begonnen. Bis zum Wert x_E beträgt dann der Fehler

$$\Phi\left(x_E\right) = \frac{1}{\sqrt{2\pi}} \int_{-\infty}^{x_E} e^{-\frac{(\xi - x_0)^2}{2\sigma^2}} \, d\xi \, .$$

Im Bereich um den Mittelwert x_0 mit der Varianz $\pm\sigma$ befinden sich im statistischen Mittel 68,3 % $\approx$ 2/3 der Messwerte. Es gibt dann immer noch 31,7 % $\approx$ 1/3 Messwerte außerhalb der Varianz. Weitere Angaben enthält die Abbildung 45.

Vielfach erfolgen die Berechnungen des Mittelwertes und der Varianz mit einem (Taschen-)Rechner. Bei seiner Ausgabe besitzen die Zahlenwerte sehr viele Stellen. Sinnvoll sind jedoch nur die „gültigen" Stellen. Unzulässig ist daher 6,73523 ± 1,32814 anzugeben. Richtiger ist 6,7 ± 1,3.

5.4.2 Auswirkungen für digitale Werte

In der digitalen Technik sind die Spannungsbereiche für die Werte 0 und 1 festgelegt. Durch einen verbotenen Bereich sind sie deutlich voneinander getrennt.

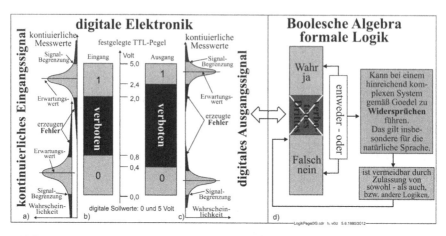

Abbildung 46: Vergleich für das Entstehen von Fehlern bei Signalen und der Logik [34].

Für die alte TTL-Technik (transistor transistor logic) zeigt das die Abbildung 46b. Bei der Digitalisierung müssen die kontinuierlichen Spannungen (mit Normal-Verteilung) auf die logischen Werte 0 und 1 festgelegt werden (Abbildung 46a und b). Zu große Werte können dabei durch Begrenzung auf 5 V unterdrückt werden. Negative Spannungen werden ähnlich auf 0 V angehoben. Kontinuierliche Werte, die in den verbotenen Bereich fallen, erzeugen dagegen immer Fehler und werden häufig benachbarten binären Werten zugeordnet (Abbildung 46b und c). Ähnliches kann bei der Rückgewinnung kontinuierlicher Signale entstehen.

Liegen erst einmal diskrete oder digitale Werte vor, so besitzen sie gegenüber kontinuierlichen Werten erhebliche Vorteile. Sie können nahezu ohne zusätzliche Fehler beliebig oft übertragen und gespeichert werden. Als Impulsfolgen können sie unterschiedlich ineinander geschachtelt werden. Mittels Codierung, Fehlerkorrektur, Kompression usw. ist eine weitgehende Anpassung an den jeweiligen Kanal möglich. Infolge der Streuung der kontinuierlichen Werte tritt jedoch eine gewisse Unsicherheit (Ungenauigkeit) bei der Digitalisierung auf. Das führt zu einer Fehlerwahrscheinlichkeit, die zuweilen nicht beachtet wird. Vom Anwender wird aber meist eine Fehlerrate von Null erwartet. Das ist jedoch, wie die vorangehende Betrachtung zeigt, prinzipiell unerreichbar. Auch die Fehlerkorrektur senkt sie nur um einen Faktor. So kommt es selbst bei Experten leicht zu unsinnigen Forderungen[8].

---

[8] In meinem Bereich „Magnetische Signalspeicher" wurden alle Speicher für die russischen Forschungssatelliten entwickelt. Von den etwa 70 Geräten bewirkte keines einen Satellitenausfall.

Auch bei der formalen Logik und BOOLE'schen Algebra kann Ähnliches geschehen (Abbildung 46d). Hier wird das ausgeschlossene (verbotene) Dritte vorausgesetzt. Es kann dann zu Widersprüchen unterschiedlicher Art führen. Deshalb wurden zusätzlich andere Logiken eingeführt [30], [34] [35].

5.5 Kontinuierliche SHANNON-Entropie

Die Entropie kann auch für kontinuierliche Signale berechnet werden. Leicht einsichtig erfolgt das gemäß H. ZEMANEK [36] oder allgemeiner nach [33]. Zunächst werden n Intervalle der Breite Δx eingeführt. Wie häufig das Signal in den i-ten Bereich fällt, gibt die Wahrscheinlichkeit p_i an. Für die zunächst noch diskrete Entropie gilt dann

$$H(n,\Delta x)=-\underbrace{\lim_{\substack{\Delta x\to 0 \\ n\to\infty}}}\sum_{i=0}^{n} p_i(\Delta x)\cdot\Delta x\cdot\operatorname{ld}(p_i(\Delta x)\cdot\Delta x).$$

Der Grenzübergang führt zum Integral. Das Produkt unter dem Logarithmus wird dazu in die Summe von Logarithmen zerlegt. So folgt

$$H(x)=-\int\limits_{-\infty}^{+\infty} p(x)\cdot\operatorname{ld}(p(x))\cdot dx -\lim_{\substack{\Delta x\to 0 \\ n\to\infty}}\sum_{i=0}^{n} p_i(\Delta x)\cdot\operatorname{ld}(p_i(\Delta x))\cdot\Delta x.$$

Leider divergiert das zweite Glied beim Grenzübergang gemäß

Für den letzten großen Speicher R3m zum Marsmond Phobos forderte die russische Seite wegen der hohen Entwicklungs- und Betriebkosten des Satelliten eine Fehlerrate von 10^{-12}. Hierzu gab es eine mehrstündige langwierige Diskussion zu den technischen Möglichkeiten und Grenzen. Irgendwann teilte mein junger Entwickler für die Elektronik Herr Voigt mit: Er verpflichte sich für seinen Teil die Forderung einzuhalten, verlange aber, dass die russische Seite dafür das Messgerät liefere. Nach einer Pause bestätigte dies die russische Delegation – und für diesen Tag war die Diskussion darüber beendet. Doch die 10^{-12} wurde in keiner der künftigen Beratungen mehr gefordert. Wir berechneten erst im Nachhinein die Folgen: Bei der Speicherkapazität von 200 MByte und der Datenrate von 2 MBit/s bei der Aufnahme und 4 kBit/s bei der Wiedergabe wird je Durchlauf rund 1 Tag benötigt. Tritt hier ein Fehler auf, so wäre die Fehlerrate bereits rund 10^{-7}. Es dürfte also erst ein Fehler nach $\approx100\,000$ Tagen ≈300 Jahren Dauertest auftreten. Um eine auch nur minimale statistische Sicherheit zu erreichen, müssten mindestens 10 Fehler gemessen werden. Hierzu wären dann $\approx3\,000$ Jahre notwendig! Eine Verkürzung der Zeit durch Testen bei höherer Temperatur und anderem Stress ist leider bei Magnetbandgeräten kaum durchführbar und würde auch die Zeiten nur unwesentlich verkürzen. Weitere Details zum R3m existiert in der Liste von: horstvoelz.de/PDF sonstige/.

$$\lim_{\Delta x \to 0} \mathrm{ld}(\Delta x) \to -\infty \,.$$

ZEMANEK führt daher das erste Glied als relative Entropie ein

$$h(x) = -\int_{-\infty}^{+\infty} p(x) \cdot \mathrm{ld}(p(x)) \cdot dx \,.$$

Infolge der Störungen des kontinuierlichen Signals muss auch ihre relative Entropie berechnet werden. Aus der Differenz der beiden relativen Entropien ergibt sich dann die kontinuierliche Entropie zu

$$H(x) = h_N(x) - h_S(x) \,.$$

Sie hängt von den Wahrscheinlichkeitsverteilungen des Signals und der Störungen sowie von deren Leistungen P_N und P_S ab. Besitzen beide eine Normal-Verteilung, was für viele Signale recht gut erfüllt ist, so folgt

$$H = \mathrm{ld}\left(\frac{P_N + P_S}{P_S}\right) \,.$$

SHANNON hat das gleiche Ergebnis auf elegante Weise erhalten (siehe unten).

Anschaulich kann der Quotient unter dem Logarithmus als Anzahl n_{AS} unterscheidbarer Amplitudenstufen des Signals interpretiert werden

$$n_{AS} = \frac{P_N + P_S}{P_S} \,.$$

Die obige Ableitung erfolgte für eine Normal-Verteilung des Signals und der Störung. Doch das ist oft nicht erfüllt. Viele Sender und Quellen besitzen eine obere Leistungsgrenze. Nach dem erheblichen Rechenaufwand ergibt sich mittels einer Variationsrechnung dann

$$h_N(x) = \mathrm{ld}(x_m \cdot \sqrt{2\pi e} \approx \mathrm{ld}(4{,}133 \cdot x_m) \,.$$

Für andere Sender existiert eine scharfe Amplitudenbegrenzung gemäß $x_1 \le x \le x_2$. Das ergibt $p(x) = 1/(x_2 - x_1)$ und mit der Variationsrechnung folgt

$$h_N(x) = \mathrm{ld}(x_2 - x_1) \,.$$

Weitere berechnete Verteilungen betreffen Rechteck, Dreieck, $1/x^2$ und $\exp(-x/x_0)$ [33].

Der Einfluss der Störungen kann auch mittels der Amplitudenstufen betrachtet werden. Die auftretenden Störungen erzwingen dann um jeden Signal-
wert einen Sicherheitsbereich. Durch ihn wird für jedes Nutz-Signal eine hinreichende Sicherheit gewährleistet. Auch so ergeben sich diskrete, unterscheidbare
Zustände der Quelle. Werden gleich große Amplitudenstufen n_{AS} angenommen,
so ergibt sich wieder eine Obergrenze der Entropie

$$H \leq \mathrm{ld}\,(n_{AS}).$$

Bei einigen Anwendungen besteht jedoch das Störsignal aus zwei Anteilen. Das
führt zu unterschiedlich großen Amplitudenstufen. Immer gibt es ein additives
Grundrauschen u_R. Insbesondere bei der Magnetbandtechnik kommt infolge der
statistisch schwankenden Dichte der Magnetpartikel ein Modulationsrauschen u_M
hinzu. Mit einem Modulationsgrad m ist es etwa proportional zur Signalamplitu-
de u_S. Für die zusammengefasste Störung gilt dann

$$u_{St} = u_R + m \cdot u_S.$$

Gemäß der Abbildung 47a gilt für die Grenze zwischen der n-ten und der
$(n+1)$ten Amplitudenstufe

$$u_n \cdot (1 + 2 \cdot m) + u_s = u_{n+1} \cdot (1 - 2 \cdot m) - u_s.$$

Mit der Substitution

$$u_n^+ = u_n + \frac{u_s}{2 \cdot m} \quad \text{folgt daraus} \quad \frac{u_{n+1}^+}{u_n^+} = \frac{1 + 2 \cdot m}{1 - 2 \cdot m}.$$

Für n Stufen folgt dann

$$\frac{u_{n+1}^+}{u_1^+} = \left(\frac{1 + 2 \cdot m}{1 - 2 \cdot m} \right)^n.$$

Durch Rücknahme der Substitution und der Festlegung des größten Wertes $u_g =$
u_{n+1} ergibt sich schließlich für die Anzahl der maximal möglichen unterscheidbaren Amplitudenstufen[9]

---

[9] Da es mir nicht gelang, eine Lösung mit der Variations-Rechnung zu erreichen, wählte ich diese
Variante und publizierte sie erstmalig 1959 in [37]. 1962 erfolgte in Stuttgart eine Dissertation
von ERICH PFEIFFER zum Thema „Über die Kanalkapazität von Magnetbandsystemen". Durch
Zufall erhielt ich sie jedoch erst 1964. Meine Arbeit war zitiert. Bei der exakten Rechnung wurde
auch die gleiche Formel gewonnen. Doch bald entdeckte ich mehrere (absichtliche?) Rechen-
fehler, das Ergebnis ermöglichten. Auf meinem Einspruch bei der Fakultät bekam ich nur vom

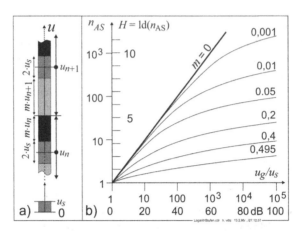

Abbildung 47: Zur Berechnung der Entropie bei unterschiedlich breiten Amplitudenstufen als Folge von störendem Modulationsgrad m bei einer Amplitudenmodulation.

$$n_{AS} = \frac{2 \cdot \log \dfrac{2 \cdot m \cdot \dfrac{u_g}{u_s} + 1}{2 \cdot m + 1}}{\log \dfrac{1 + 2 \cdot m}{1 - 2 \cdot m}} + 1 \approx \frac{\ln \left(2 \cdot m \cdot \dfrac{u_g}{u_k} + 1 \right) - \ln \left(1 + 2 \cdot m \right)}{2 \cdot m} + 1 \cdot$$

Das Ergebnis ist in der Abbildung 47b für unterschiedliches Modulationsrauschen *m* und ausgewählte Störabstände u_g/u_s graphisch dargestellt. Es ist erstaunlich, wie schnell die Stufenzahl und damit die Entropie durch störende Amplitudenmodulation (Modulationsrauschen) kleiner werden.

Bei einem typisch klassisch, kontinuierlichen Magnetbandkanal der Studiotechnik betragen der Störabstand 60 dB und der typische Modulationsgrad etwa 5 %. Daraus ergeben sich dann etwa 100 logarithmisch verteilte Amplitudenstufen. Das stimmt (zufällig!?) recht gut mit den Eigenschaften unseres Gehörs überein. Bei seiner höchsten Empfindlichkeit um 1000 Hz können wir etwa 350 Lautstärkestufen mit einer Dynamik von 120 dB (1:1 000 000) unterscheiden. Sie sind gemäß dem WEBER-FECHNER-Gesetz ebenfalls annähernd logarithmisch angeordnet. Bei einem „klassischen" technischen Kanal ohne störende Amplitudenmodulation (*m* = 0) sind dagegen bei 60 dB Störabstand rund 1 000 Amplitu-

---

Autor etwa die folgende Antwort: Das interessiert mich überhaupt nicht. Ich habe jetzt hier in den USA einen guten Job und das genügt mir. Damals waren Aberkennungen der Doktor-Titel noch nicht üblich.

denstufen vorhanden. Für unser Gehör sind sie dann größtenteils viel zu dicht angeordnet [38], [39].

5.6 Kanalkapazität

Information gelangt vom Sender über den Kanal zum Empfänger. Dabei gibt es verschiedene Störungen, wie thermodynamisches und Quanten-Rauschen. Sie können beim Sender, im Kanal und auch am Eingang des Empfängers auftreten. Bei diskreten Signalen können einzelne Zeichen verfälscht werden, was sich als Fehlerrate ausdrücken lässt. Alle diese und weitere Einflüsse werden in der Informationstheorie zu einer einzigen Störquelle umgerechnet und dann so zusammengefasst, dass sie nur auf den Kanal einwirken. Dann wird die Entropie getrennt mit den zuvor beschriebenen Methoden für den Ausgang der Quelle und den Ausgang des Kanals berechnet. Aus ihrem Verhältnis beziehungsweise ihrer Differenz ergibt sich eine weitere wichtige Kenngröße der Informationstheorie, die Kanalkapazität. Sie berücksichtigt die Bandbreite, Phasenbeziehungen und Einschwingvorgänge sowie die zusammengefassten Eigenschaften der Störquelle, mit ihrer Statistik, ihrem Störabstand und den Zeichenvertauschungen. SHANNON hat hierzu die folgende Betrachtung angestellt.

Er geht von einem Signal der Dauer T mit der Bandbreite B aus. Entsprechend dem Sampling-Theorem kann es vollständig durch $n = 2 \cdot B \cdot T$ Proben beschrieben werden. Für sie wird ein n-dimensionaler Hyper-Raum eingeführt, in dem dieses Signal durch den Vektor zu einem entsprechenden Endpunkt gekennzeichnet ist. Wenn für die Störungen dieselbe Bandbreite vorliegt, – was immer technisch realisierbar ist – so sind sie in ähnlicher Weise durch einen Vektor beschreibbar. Da sich die Störungen und das Signal additiv überlagern, geht der zusätzliche Störvektor vom Endpunkt des Signalvektors aus und beschreibt ebenfalls eine n-dimensionale Hyperkugel. Sie erfasst die Unsicherheit des Signals. Dies zeigt schematisch die Abbildung 48.

Für einen fehlerfreien Empfang können nur Signalvektoren benutzt werden, deren Störkugeln sich nicht durchdringen, sondern höchstens berühren. Ähnlich den unterscheidbaren Amplituden lassen sich so unterscheidbare Signale erklären. Hierzu sind Aussagen über die Länge der Vektoren (Radien) notwendig. Mit einer Konstanten a sind sie durch die Nutzleistung P_N bzw. Störleistung P_S bestimmt:

$$r_N = a \cdot \sqrt{P_N} \quad \text{und} \quad r_S = a \cdot \sqrt{P_S} \, .$$

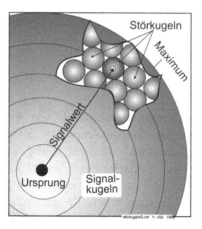

Abbildung 48: Vereinfachte 2-dimensionale Darstellung eines Signalvektors mit den Störkugeln im Hyperraum.

Das Eingangssignal am Empfänger ergibt sich aus der Addition beider Radien zu

$$r_E = r_N + r_S \, .$$

Mit der Gamma-Funktion[10] Γ und π gilt für das Volumen einer n-dimensionalen Hyperkugel

$$V = \frac{r^n \cdot \pi^{n/2}}{\Gamma(1 + n/2)} \, .$$

Nun ist das Verhältnis aus dem Eingangsvolumen V_E mit dem Radius r_E und dem Störvolumen V_S mit dem Radius r_S zu bestimmen. Es entspricht der Anzahl der maximal möglichen unterscheidbaren Signalfolgen der Länge T:

$$M \le \frac{V_E}{V_S} = \left(1 + \frac{P_N}{P_S}\right)^{B \cdot T} \, .$$

Bei einer Gleichverteilung (signalunabhängige Störungen) entspricht die Informationsmenge dem Logarithmus ld(M). Die Kanalkapazität ist als Informationsmenge je Zeiteinheit definiert

---

[10] Für ganzzahlig positive Argumente x gilt $\Gamma(x) = x!$

$$C \leq \frac{\mathrm{ld}(M)}{T} = B \cdot \mathrm{ld}\left(1 + \frac{P_N}{P_S}\right).$$

Für die daraus ableitbaren, maximal möglichen Amplitudenstufen gilt

$$n_{AS} = \sqrt{\frac{P_N + P_S}{P_S}}.$$

Einige Kanäle, wie der Magnetbandkanal, besitzen auch einen erheblichen statistischen Zeitfehler, den relativen Gleichlauffehler G. Er wirkt sich so aus, als ob die Kanalkapazität entsprechend reduziert wird. Das kann durch eine verringerte Bandbreite erfasst werden [38]

$$B_{red} = B \cdot (1 - G).$$

Weiter können die eventuell ungleichmäßig verteilten Amplitudenstufen einbezogen werden

$$C = 2 \cdot B \cdot (1 - G) \cdot \mathrm{ld}(n_{AS}).$$

Zu weiteren umfangreichen und meist aufwendigen Betrachtungen, unter anderem zu Stör- und Signalstatistik sowie Frequenzstufen sei auf die einschlägige Literatur, zum Beispiel in [3] verwiesen.

5.6.1 Austauschbare Größen

Die Informationsmenge I ergibt sich aus Bandbreite B, Störabstand P_N/P_S und Übertragungsdauer $T_Ü$ zu

$$I = T_Ü \cdot B \cdot \mathrm{ld}\left(1 + \frac{P_n}{P_s}\right).$$

Durch Modulationen, Codierungen, Dynamikregelungen usw. können die drei Parameter gegenseitig verändert und damit dem Kanal und den Anwendungen angepasst werden. Dabei entstehen leider fast immer Verluste. Liegen mehrere unterschiedliche digitale Signale vor, so können sie als Multiplex ineinander verschachtelt werden. Beides ist in der Abbildung 49 dargestellt.

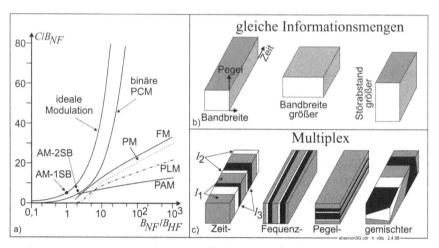

Abbildung 49: a) Austausch von Kanalkapazität und Bandbreite durch Modulationen; b) Austausch von Bandbreite, Übertragungszeit und Störabstand durch Modulationen und Codierungen; c) Verschiedene Multiplexverfahren, die unterschiedliche digitale Signalquellen ineinander verschachteln.

5.6.2 Energie je Bit

Mittels der Kanalkapazität kann die für ein Bit notwendige Minimal-Energie berechnet werden. Dazu wird etwas vereinfachend angenommen, dass die Störleistung allein durch das thermische Rauschen bestimmt ist

$$P_S = k \cdot B \cdot T.$$

Darin sind B die Bandbreite; T die absolute Temperatur und k die BOLTZMANN-Konstante mit $1{,}381 \cdot 10^{-23}$ J/K. Weiter soll die Nutzleistung das z-Fache der Störleitung betragen $P_N = z \cdot P_S$. Für das Verhältnis von Nutzleitung zur Kanalkapazität C ergibt sich dann

$$\frac{P_N}{C} = k \cdot T \cdot \frac{z}{\operatorname{ld}(1+z)} \text{ gemessen in } \frac{\mathrm{J}}{\mathrm{Bit}} \text{ bzw. in } \frac{\mathrm{W}}{\mathrm{Bit/s}}.$$

Der Term $z/(\ln(1+z))$ kann in eine Reihe entwickelt werden:

$$\frac{z}{\ln(1+z)} = \frac{1}{1 - \dfrac{z}{2} + \dfrac{z^2}{3} - \dfrac{z^3}{4} \pm \cdots}.$$

Daraus ergeben sich die beiden Grenzen

$$1 \leq \frac{z}{\ln(1+z)} \rightarrow 1 \text{ für } z \rightarrow 0.$$

Für den Grenzfall $z \rightarrow 0$ folgt die Relation

$$\frac{E}{Bit} \geq k \cdot T \cdot \ln(2) \text{ in Joule/Bit.}$$

Diese Energie ist extrem klein. Es gilt $k \cdot \ln(2) \approx 10^{-23}$ J/K $\approx 7 \cdot 10^{-5}$ eV/K (Elektronenvolt). Daraus folgen für eine Temperatur $300\,\text{K} \approx 27°\text{C}$ etwa $3 \cdot 10^{-21}$ J/Bit $\approx$ 25 meV/Bit. Bei tiefen Temperaturen reichen sogar noch deutlich geringere Werte aus.

Genau genommen gilt der so berechnete Wert für eine extrem kleine, gegen Null konvergierende Signalenergie ($z \rightarrow 0$). Hiermit ist aber keine praktikable Übertragung möglich. Sie würde zumindest unendlich lange dauern. Deshalb muss in der Technik ein Störabstand $z > 1$ benutzt werden. Hierfür ist dann mehr Energie je Bit erforderlich. Die entsprechenden Faktoren zeigt die Abbildung 50. Für eine Fehlerwahrscheinlichkeit von 10^{-5}, die eine gute Fehlerkorrektur ermöglicht, sind etwa 12 dB und damit die zehnfache Energie erforderlich. Dennoch bleibt die erforderliche Energie so klein, dass sie in allen heutigen und wohl auch fast allen künftigen Fällen vernachlässigbar ist. Das führt zur später behandelten Ressourcen-Freiheit der Information.

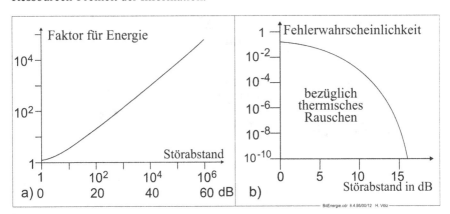

Abbildung 50: a) Zunahme der je Energie/Bit mit dem erforderlichen Störabstand; b) Fehlerwahrscheinlichkeit als Funktion des Störabstandes bei thermischem Rauschen.

5.6.3   Die Elementarzelle

Soll Information übertragen oder gespeichert werden, so sind Ergänzungen zur Minimalgröße der Energie je Bit erforderlich. Unter anderem ist zusätzlich gefragt, welche Zeit je Bit für das Übertragen, Aufzeichnen und Wiedergeben beziehungsweise welches Volumen oder welche Masse je Bit erforderlich sind. Dabei bleibt natürlich die oben berechnete Energie je Bit weiterhin wichtig. Die umfangreichen Zusammenhänge zeigt die Abbildung 51.

Die Speicherzelle für ein Bit ist durch ihr Volumen und ihre Masse gekennzeichnet. In ihr müssen sich die beiden Bit-Zustände durch einen Energiebetrag unterscheiden, der seine hinreichende Stabilität garantiert. In jedem Material ist jedoch ohne Zerstörung nur eine maximale Energie-Dichte zulässig. Nach umfangreichen Untersuchungen wurde in [64] gezeigt, dass die Gültigkeit der klassischen Physik bei etwa 0,5 J/cm^3 endet. Selbst die besten Isolatoren erleiden dann einen Durchschlag. Es wird auch kein Magnetmaterial mit einem größeren Energieprodukt erwartet. Das ist umso erstaunlicher, weil ansonsten die Energie-

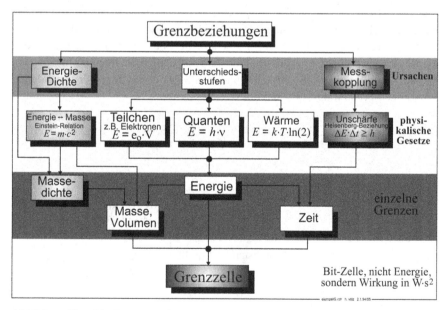

Abbildung 51: Die Zusammenhänge der Minimal-Energie je Bit. Besonders wichtige Kennwerte betreffen die Energiedichte und die kleinstmögliche Grenzzelle in Bit je Volumen (Speicherdichte), je Masse und je Zeit (Verzögerung und Geschwindigkeit).

Tabelle 11: Beispiele für vorhandene oder zulässige Energiedichten.

Material/Anwendung	J/cm³
Reliktstrahlung im Weltall	10^{-24}
photographischer Film	10^{-9}
Magnetband	10^{-4}
klassische Physik	0,5
Chemische Brennstoffe	10^2
Akkumulatoren	10^3
Sprengstoffe	10^4
Kernbrennstoffe	10^9

dichte in einem sehr weiten Bereich variiert. Die rein theoretische Obergrenze folgt aus der Massedichte (kg/cm³) des Materials und der Einstein-Relation ($E = mc^2$). Aber auch für eine praktikable Nutzung wurde ein um mehrere Zehnerpotenzen niedrigerer Wert abgeschätzt. Einige Beispiele für Energiedichten zeigt die Tabelle 11. Neben einem kompakten Material kommen für die Speicherzelle auch einzelne Teilchen oder Quanten in Betracht.

Unter anderem führt die Wärme-Energie zu einer Grenze für die Dauer t der Stabilität des jeweiligen Speicherzustands. Hier gilt mit dem Energie-Unterschied ΔE (Energiedichte des Materials) die ARRHENIUS-Beziehung

$$t = t_0 \cdot e^{\frac{\Delta E}{k \cdot T}} \ .$$

Darin bedeutet t_0 eine typische Zeitkonstante; für Elektronenbahnen gilt $\approx 3 \cdot 10^{-15}$ s und für Gitterschwingungen $\approx 10^{-4}$ s. Weiter ist k die BOLTZMANN-Konstante und T die absolute Temperatur.

Beim Aufzeichnungsvorgang muss die Speicherzelle in den gewünschten Speicherzustand gebracht werden. Dazu muss die notwendige Energie so konzentriert werden, dass sie nur die eine angewählte Speicherzelle verändert. Hier wirken sich technologische Grenzen aus. Die maximale Konzentration ist aus heutiger Kenntnis mit Lichtbündelung möglich. Durch sehr kurzwellige Strahlung kann sie nahezu beliebig weit gesteigert werden.

Der Wiedergabevorgang ist ein Messprozess. Er muss feststellen, in welchem Zustand sich die ausgewählte Speicherzelle befindet. Theoretisch setzt hier die HEISENBERG-Beziehung die Grenze. Doch in der Praxis wirken sich viel stärker technologische Grenzen aus. Das sind unter anderem die Schaltzeiten des Materials und der notwendigen Verstärker. Für den Störabstand des Wiedergabe-

oder Übertragungssignals ist die nutzbare Energie entscheidend. Beim Speicher kann sie maximal der gespeicherten Energiedichte entsprechen. Dann ist aber zerstörende Wiedergabe erforderlich. Außerdem ist auch die Konzentration der Wiedergabewandlers wichtig. Auch hier liefert die optische Konzentration das bestmögliche Ergebnis. Jedoch darf dabei die angewendete Energiekonzentration maximal die Energie im Material annehmen. Hierzu werden minimal ein einzelnes Photon mit der Frequenz ν beziehungsweise der Wellenlänge λ benutzt. Mit der PLANCK-Konstante h und der Lichtgeschwindigkeit c gilt dann für seine Energie

$$E = h \cdot \nu = \frac{h \cdot c}{\lambda}.$$

Die Energiedichte im Brennvolumen $V \approx \lambda^3$ beträgt daher

$$w = \frac{E}{V} = \frac{h \cdot c}{\lambda^4}.$$

Sie darf noch nicht den Speicherzustand mit der Energiedichte w ändern. Für die kürzeste Wellenlänge folgt daraus

$$\lambda = \sqrt[4]{\frac{h \cdot c}{w}}.$$

Aus der klassischen Grenze $w \approx 0.5$ J/cm^3 (siehe oben) folgt so eine Wellenlänge $\lambda \approx 25$ nm, also fernes ultraviolettes Licht. Die Grenzspeicherdichte beträgt damit 10^{22} Bit/m^3. Sie liegt weit über den heute erreichten Grenzen bei etwa 10^{16} Bit/m^3.

Aus den vorangegangenen Betrachtungen folgt generell für die Grenzen der erreichbaren Speicherdichten (theoretisch Werte in Klammern).

Aufzeichnung (∞)
> Speicherzustand (klassisch $\approx 10^{26}$ Bit/m^3)
> Wiedergabe ($\leq 10^{22}$ Bit/m^3)

Es sei noch darauf hingewiesen, dass die Grenzzelle das Produkt aus Speicherdichte und Zeit enthält. Das bedeutet, dass eine höhere Volumenspeicherdichte einen langsameren Speicher und umgekehrt bewirkt. Mehr Details enthält unter anderem [65] ab Seite 17.

5.7 Weitere Entropien

Die SHANNON-Entropie[11] wurde in den 1980er Jahren auf fast allen Gebieten ausprobiert. Dabei wurden oft wichtige Vorraussetzungen nicht beachtet. Zuweilen wurde sogar nur die Gleichverteilung benutzt. So kam es zu ungewöhnlichen Widersprüchen, und es gab die (falsche) Auffassung, dass eine allgemeingültige Formel noch zu suchen sei. Als Folge entstanden viele Formeln. Jedoch nur wenige erlangten für die Information eine gewisse Bedeutung.

Die α-Entropie stammt von A. RENYI. Sie enthält den zusätzlichen, frei wählbaren Parameter α [44]

$$H_\alpha = \frac{1}{1-\alpha} \cdot \operatorname{ld}\left(\sum_{i=1}^{n} p_i^\alpha\right).$$

Ihre typischen Funktions-Verläufe zeigt die Abbildung 52. Für $\alpha = 1$ geht sie in die Shannon-Entropie über.

Die zweite bedeutsame Entropie entstand in der Psychologie. Als BONGARD-WEIß-Entropie verwendet sie die subjektiven Wahrscheinlichkeiten q_i als Bewertungsfaktor (siehe Abbildung 38 und Abschnitt 5.1)

$$H_{BW} = -\sum_{i=1}^{n} q_i \cdot \operatorname{ld}(p_i).$$

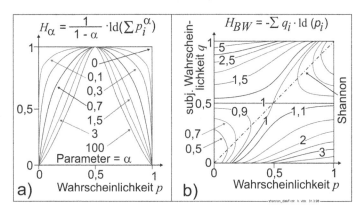

Abbildung 52: Funktionsverläufe von der α-Entropie (a) und der BONGARD-WEIß-Entropie (b)

---

[11] Auf die älteste und völlig anders geartete BOLTZMANN-Entropie wird im Abschnitt 8.3 eingegangen.

5.7.1   Deterministische Entropie

Mehrfach wurde auch versucht, die statistische Entropie auf feste Strukturen und Signale zu übertragen. Erfolgreich gelang das W. HILBERG mit der deterministischen Entropie. Er nannte sie auch funktionale Komplexität [40]. Es sei eine Bit-Folge 01101001 gegeben. Sie wird Bit-weise in übereinander liegenden Kästchen angeordnet. Diese werden über eine binäre Schalterhierarchie verbunden, die statistisch umgeschaltet wird (Abbildung 53).

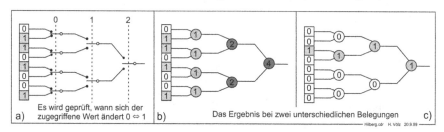

a) Es wird geprüft, wann sich der zugegriffene Wert ändert 0 ⇔ 1   b)   Das Ergebnis bei zwei unterschiedlichen Belegungen   c)

Hilberg.cdr H. Völz 20.9.99

Abbildung 53: Statistische Schalter-Hierarchie für die deterministische Entropie (a) und ihre Anwendung auf zwei feste Strukturen. Weitere Erklärungen im Text.

Der jeweils eingeschaltete Weg führt am Ausgang zu einer 1 oder 0. Bleibt bei einer Schalterbetätigung der Ausgangswert erhalten, so bekommt der jeweilige Knoten den logischen Wert 1, sonst 0. So wird die Statistik von der Signalquelle auf die Schalterstellungen übertragen. Bei verschiedenen 8-Bit-Ketten sind so Werte von 0 bis $2 \cdot ld(8)$ Bit möglich. Generell lassen sich so auch Werte für binäre Bauelemente bestimmen (Tabelle 12).

Tabelle 12: Werte der deterministischen Entropie für einige Bauelemente.

Bauelement	Deterministische Entropie
AND	1
n-faches XOR	$2^n - 1$
n-stufiger Decoder	2^n
RS-Flipflop	1.97
Master-Slave-Flipflop	3.31
Speicher mit m-Wort, n Adressen	$m \cdot 2^n$
n-Bit/Addition	$n \cdot 2^n$
n-Bit/Multiplikation	$n \cdot (2^n - 1)$

1987 konnte HILBERG zweierlei zeigen: Deterministische und statistische Entropie konvergieren für Bit-Ketten mit $n \to \infty$ gegen einen gemeinsamen Wert. Die Ergebnisse stehen im Einklang mit übergeordneten mathematischen Arbeiten von CHATAIN.

5.7.2 Bidirektionale Entropie

Die klassische SHANNON-Theorie betrachtet nur den einseitig gerichteten Informationsfluss vom Sender zum Empfänger. H. MARKO gelang es, die Theorie auf den bidirektionalen Fall zu erweitern [41]. E. NEUBERGER erweiterte dieses Modell auf die Kommunikation zwischen vielen Partnern [42].

Bei diesen echten Kommunikationen sind für jeden Teilnehmer mehrere Informationsflüsse zu unterscheiden: Die von einem Partner ausgehende Gesamt-Information, die davon beim Partner verlustfrei ankommende Trans-Information und als Unterschied die Verlust-Information, die durch Störinformationen bewirkt wird. Als weitere Größe wird der Kopplungsfaktor k eingeführt.

Mit dieser Methode untersuchte W. MAYER das Verhalten von zwei Totenkopfaffen im Zoo [43]. Er wählte dafür ein 5-Zeichen-Repertoire aus: Nebeneinandersitzen; Weggehen, Imponieren, Bedrängen und Sonstiges. Festgehalten wurden 217 Beobachtungen von jeweils 15 Minuten Dauer. Im Mittel ergab sich eine Gesamt-Entropie von etwa 1,1 Bit/Zeichen (Abbildung 54).

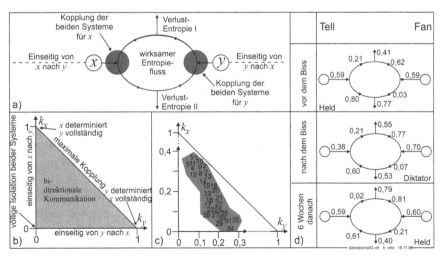

Abbildung 54:   a) Modell für bidirektionale Information. b) bis d) Anwendung auf Affen-Kommunikation im Zoo.

Besonders aufschlussreich ist ein Dominanzwechsel zwischen den beiden Affen *Tell* und *Fan* durch einen Biss. Hierzu gehören die Beobachtungszahlen 1 bis 35. In seiner Abbildung sind leider nicht alle eingetragen. Zunächst ist *Tell* das dominante Tier. Er ist der „Held" und hat im Wesentlichen das „Sagen" (0,80 : 0,62). Er verfügt über die größere Gesamt-Entropie und nimmt wesentlich mehr Trans-Information (0,21 : 0,03) auf. Dann biss *Fan* den *Tell* und wurde dadurch zum „Diktator". Kurz danach bestimmt er, wie *Tell* sich zu verhalten hat (0,70:0,38). Etwa sechs Wochen später hat *Fan* die dominante Position eingenommen. Auffällig ist noch, dass ein Diktator mehr Information aufnimmt, als er abgibt!

5.8 Auffälligkeit

Auf Gebieten außerhalb der Nachrichtentechnik gibt es heute recht viele Anwendungen der Informationstheorie. Hier folgt nur eine sehr kleine Auswahl zur Ästhetik und Kunst. Etwas umfangreicher behandelt das die Broschüre [45]. Besonders breit angewendet wird die um 1960 von HELMAR FRANK gefundene Auffälligkeit. Sie ergibt sich aus einer genaueren Betrachtung aus der SHANNON-Entropie von Abschnitt 5.1:

$$H = -\sum_{i=1}^{n} p_i \cdot \mathrm{ld}\left(p_i\right).$$

Die Abbildung 55 enthält hierzu drei ausgewählte Auswertungen; b) gilt für $i = 2$ Zeichen. Der Verlauf in Abhängigkeit von der Wahrscheinlichkeit ist völlig symmetrisch. Das Maximum mit $H = 1$ Bit/Zeichen liegt bei der Gleichverteilung mit $p_1 = p_2 = 0,5$. Für $i = 3$ Zeichen ist eine Darstellung mit dem Triogramm (c) möglich. Auch hier tritt wieder ein symmetrischer Verlauf auf und das Maximum tritt bei der Gleichverteilung mit $p_1 = p_2 = p_3 = 1/3$ auf. Völlig anders verhält sich der unter dem Summenzeichen stehende interne Term: $h = -p \cdot \mathrm{ld}(p)$. Er besitzt einen deutlich unsymmetrischen Verlauf mit dem Maximum für $p = 1/e \approx 0,368 \approx 37\%$ und etwa 0,53 Bit/Zeichen.

Mit mehreren Experimenten untersuchte deshalb H. FRANK diesen Verlauf. Dabei erhielt er ein überraschendes Ergebnis: Bei mehreren Zeichen ist für uns jenes mit einer Wahrscheinlichkeit von $p \approx 37\%$ besonders auffällig. Hierzu publizierte er unter anderem das Ergebnis der Abbildung 56b [29] und [45]. Schüler hatten dabei eine Fläche unter Benutzung von 7 Farben vollständig so

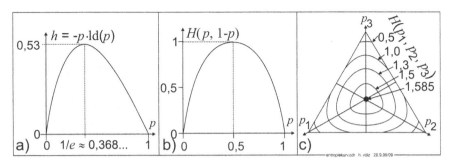

Abbildung 55: Drei Auswertungen zur Entropieformel: a) für den internen Term $-p \cdot \mathrm{ld}(p)$; b) für zwei Zeichen mit p_1 und $p_2 = 1 - p_1$ sowie c) für drei Zeichen mit $p_1 + p_2 + p_3 = 1$.

auszufüllen, dass eine Farbe betont hervortritt. Seine Interpretation als Belegung der informationstheoretischen Auffälligkeit rief eine deutliche Kritik mehrerer Ästhetiker und Kunstwissenschaftler hervor. Als Gegenbeweis führten sie eine alte Arbeit von FECHNER gemäß Abbildung 56c an. Er meinte damit den Goldenen Schnitt erneut belegt zu haben, der schon den alten Pythagoräern über das Fünfeck bekannt war und erst im Mittelalter den Namen erhalten hatte [46]. Ihr Seiten-Diagonal-Verhältnis beträgt $b/a = (\sqrt{5} - 1)/2 \approx 0,618$. Daraus folgt ein Wert von $1 - b/a \approx 38,2$ %. Er liegt der Auffälligkeit mit ≈ 37 % so nahe, dass beide subjektiv kaum zu unterschieden sind. Das wird auch dadurch bestätigt, dass für den Goldenen Schnitt häufig die Näherung von $2 : 3$, also $1 - {}^2/_3 \approx 33$ % gewählt wird.

Doch FRANK fand viele weitere Belege für die Auffälligkeit. So erscheint uns die „Iphigenie" von ANSELM FEUERBACH mit etwa 37 % Weiß-Anteil als weißes Bild, was sicher auch bezüglich Reinheit und Unschuld beabsichtigt war. Ähnliches gilt für die „Blauen Pferde" von FRANZ MARC. Auch für Texte – die gewiss nicht mit geometrischen Abmessungen zusammenhängen können – fand er Beispiele, unter anderem bei EDGAR ALLEN POE. In den beiden folgenden Zeilen kommt bei 24 Vokalen das betonte „e" achtmal, also grob mit 33 % vor:

Hear the sl**e**dg**e**s with the b**e**lls, silver b**e**lls!
What a world of m**e**rrim**e**nt their m**e**lody foret**e**lls!

Für Musik belegte er den Zusammenhang mit den Synkopen. Sie kommen im Jazz so häufig vor, dass sie kaum Beachtung finden. Jedoch im 3. Satz des 5. Brandenburgischen Konzerts von J. S. BACH sind sie bei 310 Takten mit 124 (≈ 40 %) besonders auffällig.

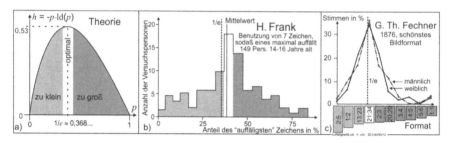

Abbildung 56: Drei Darstellungen zur Auffälligkeit. a) weist darauf hin, dass sowohl Werte mit etwa $p > 0{,}4$ als auch mit $p < 0{,}3$ weniger auffällig sind als jene mit $p \approx 1/e$. b) FRANK beauftragte Schüler eine Fläche mit 7 Farben (als Zeichen) vollständig so auszufüllen, dass eine Farbe deutlich betont ist. Das Ergebnis rief bei Ästhetikern beachtliche Kritik hervor. Als Gegenargument wurde dabei eine alte Auswertung von FECHNER herangezogen (c). Der hatte die Schönheit von Bild-Formaten bezüglich ihres Breiten-Höhen-Verhältnisses bestimmen lassen. Dabei stellte er fest, dass dafür recht gut das Maß des altbekannten Goldenen Schnitts gilt.

Noch seltsamer ist eine Anwendung auf die Verkaufstrategie von Kaufhäusern[12]. FRANK und MOLES saßen eines Abends um 1973 mit dem Leiter eines großen Berliner Kaufhauses beim Bier zusammen und diskutierten dabei auch über die Auffälligkeit. Dabei entstand die Idee, diesen Fakt auf die Preispolitik anzuwenden. Zum nächsten Quartal wurden etwa für ein Drittel der Produkte die Preise extrem knapp und für die anderen sicherheitshalber höher festgelegt. Bereits nach einem Monat war der Umsatz dadurch deutlich gestiegen. Eine repräsentative Befragung ergab: Das Kaufhaus sei besonders preisgünstig. Heute wird dies offensichtlich für „Schnäppchen" genutzt.

Auch ich stellte hierzu Experimente an. In einem 1985 von mir durchgeführten Seminar am Institut für Städtebau und Architektur der Bauakademie, ging ich von der Annahme aus, wie ein Kind ein Haus kennzeichnet: Es ist ein Dach über dem Kopf und besitzt Türen und Fenster. In den experimentellen Untersuchungen wurde dann bestätigt, dass die auf Fotografien sichtbaren Flächenanteile genau im Sinne der Auffälligkeit so etwas wie die „Schönheit" eines Hauses bestimmen. Doch wegen der politischen Brisanz dieser Aussage (Hochhäuser usw.) durften die Ergebnisse erst reichlich zwei Jahre später erscheinen

---

[12] Diese Geschichte erzählte mir HELMAR FRANK 1967 auf einer Tagung in Kiel. Als ich ihn in den 1980er Jahren für eine Publikation um zusätzliche Angaben bat, erzählte er mir viele weitere Details, konnte sich aber leider nicht mehr an die Namen des Berliners Kaufhauses und dessen Geschäftsführer genau erinnern.

[47], [48]. Natürlich gab es hierzu und zu weiteren, ähnlichen Untersuchungen erneut umfangreiche Kritik. Doch nach langem Schriftwechsel teilte mir schließlich ein Psychologe[13] mit, dass so etwas doch eigentlich ganz logisch aus dem WEBER-FECHNER-Gesetz ableitbar wäre. Nach diesem Gesetz besteht für unsere Sinne zwischen der physischen Reizintensität und der subjektiven Wahrnehmung ein logarithmischer Zusammenhang. Daher folgerte ich, die Auffälligkeit gilt im Gegensatz zum Goldenen Schnitt nicht nur für Bildliches, sondern für alle Sinne. Während die Auffälligkeit mathematisch hergeleitet ist, beruht der Goldene Schnitt auf einer Nährungs-Konstruktion mit Zirkel und Lineal.

Schließlich sei noch auf andere (künstlerische) Anwendungen der Informationstheorie hingewiesen. Sie betreffen zum Beispiel die Literaturanalyse bezüglich Autor und Zeit von Änderungen sowie den Lesbarkeitsindex. Noch interessanter sind konstruktive Verfahren, wie die Generierung von Gedichten und Musik. Sehr erstaunlich ist dabei, dass solche Methoden bereits wesentlich früher intuitiv und ohne Informationstheorie erfolgten. Es sei hier nur das musikalische Würfelspiel KV 294d von MOZART genannt.

5.9 Vierte Zusammenfassung

Das ursprüngliche Ziel der SHANNON-Information (kurz S-Information) ist die Nachrichten- und Speichertechnik. Ihre statistisch festgelegte Entropie und Kanalkapazität bestimmen dabei die theoretisch möglichen Grenzen. Entscheidend für alle Berechnungen ist die Wahrscheinlichkeit (Häufigkeiten) von Signalen. Generell ist es dabei notwendig, von den Inhalten der Zeichen und Symbole abzusehen. Für die Entropie-Formel existiert leider keine gut verständliche Herleitung. Daher wird sie hier mittelbar über ein Kartenspiel eingeführt. Die SHANNON-Theorie liefert entscheidende Grundlagen für Fehlererkennung und -korrektor sowie Komprimierung und Kryptografie. Wichtig sind weiter Konstruktionsvorschriften für die Codierungen und dazugehörenden Code-Bäume. Das wurde hier aber des Umfangs wegen hier nicht behandelt.

Die zunächst für diskrete Zeichen festgelegten Betrachtungen sind auf kontinuierliche Signale erweiterbar. An die Stelle der Häufigkeit tritt dann die Häufigkeitsverteilung. Das erfordert aber zunächst eine Erklärung der Begriffe analog, kontinuierlich, digital und diskret. Bei jedem Übergang von kontinuierlich

---

[13] Leider finde ich den Schriftwechsel hierzu zurzeit nicht. Deshalb kann ich auch nicht den Namen nennen. Dennoch gilt ihm auch hier mein besonderer Dank.

nach diskret entstehen Unschärfen, und bei der Übertragung und Speicherung treten durch Störungen Fehler-Raten auf. Für sie bestehen inhaltliche Zusammenhänge zu den Antinomien und Paradoxien der Z-Information. Rein theoretisch ermöglicht das Sampling-Theorem eine fehlerfreie Rücknahme zu kontinuierlichen Signalen. Da dies aber (bisher) nicht für die Amplituden-Quantisierung möglich ist, besitzt die übliche Digitalisierung beachtliches Sampling-Rauschen. Hier bietet eine neue Kontinuierliche Digitaltechnik beachtliche Vorteile.

Mittels der Kanalkapazität kann die minimal je Bit notwendige Energie bestimmt werden.

Von den vielen nicht nachrichtentechnischen Anwendungen ist die Auffälligkeit besonders nützlich.

Abschließend folgt hier noch ein kurzer Überblick zum geschichtlichen Ablauf.

1924   KÜPFMÜLLER betreibt experimentelle Arbeiten zur Systemtheorie.

1928   HARTLEY formuliert den logarithmischen Zusammenhang zwischen der Anzahl von Signalen und der zugehörigen Information.

1930   BIRKHOFF bestimmt als erster ein ästhetisches Maß.

1933   KOTELNIKOW formuliert als erster Grundlagen für ein Abtasttheorem.

1940   24.3. ist das Eingangsdatum der SHANNON-Arbeit im JIRE.

1946   GABOR führt als kleinste physiologisch unterscheidbare Signaleinheit das Logon ein.

1948   WIENER führt den Begriff der Information ein.

1948   TUKEY benennt die kleinste Nachrichteneinheit der Datenverarbeitung „Bit" (binary digit).

1954   CARNAP-Entropie.

1960   FRANK benennt die Auffälligkeit.

1962   RENYI definiert die α-Entropie.

1963   BONGARD-WEIß-Entropie.

1965   MARKO entwickelt eine Theorie für bidirektionale Information.

1987   HILBERG erschafft eine deterministische Informations-Theorie.

6 Quanten-Information

6.1 Abgrenzung und Einordnung

Für die folgenden Betrachtungen ist es nützlich, drei große Bereiche der realen Welt – Kosmos, Lebensraum und Mikrowelten – zu unterscheiden. Im Lebensraum ist für uns das Meiste anschaulich und vertraut. Vieles können wir ohne technische Hilfsmittel mit unseren Sinnen unmittelbar wahrnehmen und es mit unseren Handlungen beeinflussen. Das entspricht dem oberen, unmittelbaren Weg in der Abbildung 13. Die entsprechenden Kenntnisse werden hier vor allem durch Erfahrung gewonnen. Sie nutzen dem Leben, Erleben und Überleben. In diesem Bereich ist alles veränderlich und vergänglich. Dennoch gibt es Regeln und Gesetze, die eine weitgehend allgemeingültige Beschreibung, meist sogar mit einer gewissen Vorausschau, ermöglichen.

Vieles, das wesentlich größer ist, insbesondere der Kosmos, bleibt, auch wenn wir es sehen können, für unsere direkten Handlungen unerreichbar. Hier herrschen oft deutlich andere Gesetze. Im Gegensatz zu unserem Lebensraum erscheint uns der Sternenhimmel ewig beständig und unveränderlich. Die Sonne, der Mond und die Planeten bewegen sich auf ewig festgelegten Bahnen. Vielleicht entstand dadurch in der Frühzeit der Menschheit der Begriff des Göttlichen. Dennoch befürchteten zum Beispiel die alten Ägypter, wegen der täglichen Lebenserfahrungen, dass die Sonne am kommenden Tag nicht wiederkehren könnte.

Wie schwer der Übergang vom anschaulichen Erleben zum betont theoretischen heliozentrischen Weltsystem war, bekamen KOPERNIKUS und noch mehr GALILEI zu spüren (siehe S. 157). Aber bereits viel früher und ohne kirchlichen Hintergrund bereiteten der große Unterschied von Lebensraum und Kosmos gedankliche Schwierigkeiten. Es war äußerst schwer zu begreifen, dass Bewegung primär unveränderlich beständig ist und erst durch Verluste, wie Reibung, in Ruhe übergeht. So gelang es, die ewigen Gesetze des Himmels zu erklären. Umgekehrt wurden dazu extrem unanschauliche Gebilde wie Schwarze Löcher notwendig. Auch die absolute Konstanz der Lichtgeschwindigkeit und die daraus folgende allgemeine Relativitätstheorie mit ihren „seltsamen" Auswirkungen sind anschaulich nicht zu begreifen. Erwähnt seien nur das Zwillingsparadoxon, die Rotverschiebung von Spektrallinien bei sich entfernenden Galaxien, die Lichtablenkung an großen Massen und die Relativität der Zeit einschließlich einer fehlenden Gleichzeitigkeit. Auch wenn diese Effekte experimentell nachgewiesen sind, werden sie – ähnlich wie in unserem täglichen Leben – nicht durch unmittelbare Erfahrungen erlebt. Wir müssen die Fakten schlicht glauben. Doch der große Vorteil der Wissenschaft besteht darin, dass viele Zusammenhänge und Gesetze in sehr viel „einfacheren" Formeln enthalten sind und mit entsprechenden Auslegungen experimentell nachgewiesen werden.

Aus dieser Sicht ist es leicht zu verstehen, dass auch für die Mikrowelten – ähnlich wie für den Kosmos – eigenständige Zusammenhänge und Gesetze existieren. Während wir uns im Laufe der Geschichte beim Kosmos daran weitgehend gewöhnt haben, scheint es eigenartigerweise vielen Autoren immer wieder erforderlich, die Unanschaulichkeit der Quantenphysik besonders zu betonen.

Bereits die alten Griechen unterschieden diskret und kontinuierlich (siehe Abschnitt 5.3). Obwohl immer und überall abzählbare Objekte vorkommen, benutzte die Klassische Physik nur kontinuierliche Gleichungen und konnte bis 1900 damit „alles" beschreiben. Letztlich ist das auch eine wesentliche Ursache für BOLTZMANNs Freitod 1906. Zur Ableitung seiner Entropie-Formel (siehe Abschnitt 8.3) hatte er Atome vorausgesetzt und für ihre Verteilung eine Statistik ausgearbeitet. Das empörte viele Physiker, denn diskrete Atome waren noch nicht experimentell beobachtet worden und daher auch nicht als Grundlage einer Hypothese, geschweige denn einer Theorie vertretbar. Dennoch ist seine Theorie auch heute noch voll gültig und eine wesentliche Grundlage der Thermodynamik. Hierzu stellte M. PLANCK später fest [69]:

> „Eine neue wissenschaftliche Wahrheit pflegt sich nicht in der Weise durchzusetzen, daß ihre Gegner überzeugt werden und sich als belehrt erklären, sondern vielmehr dadurch, daß ihre Gegner allmählich aussterben und daß die heranwachsende Generation von vornherein mit der Wahrheit vertraut gemacht ist."

So blieben die streng kontinuierlichen Gleichungen weiterhin Grundlage der Physik. Erst das Strahlungsspektrum des Schwarzen Körpers[1] zwang M. PLANCK,

---

[1] Der Schwarze Körper ist in der Physik ein gut isolierter, aufheizbarer, meist kugelförmiger Hohlkörper mit einer recht kleinen Öffnung. Im Innern ist er sehr schwarz gefärbt. Daher wird bei ihm alles Licht, das durch die Öffnung eindringt, total absorbiert. Die Öffnung erscheint dadurch noch wesentlich schwärzer als schwarzer Samt. Wird der Körper aufgeheizt, so strahlt die Öffnung Wärme und Licht entsprechend der jeweiligen Temperatur zur kühleren Umgebung ab. Das Kontinuierliche lässt sich dabei nicht mit einer klassisch kontinuierlichen Gleichung berechnen.

Tabelle 13: Herleitung von elementaren Länge-, Zeit- und Masse-Einheiten aus Natur-konstanten.

Größe	PLANCK	BOHR, SCHRÖDINGER, DIRAC
Länge	$\sqrt{h \cdot f \cdot c^3} \approx 4{,}051 \cdot 10^{-35}\,\mathrm{m}$	$\dfrac{h}{m_e \cdot c} \approx 2{,}43 \cdot 10^{-12}\,\mathrm{m}$
Zeit	$\sqrt{h \cdot f \cdot c^5} \approx 1{,}35 \cdot 10^{-43}\,\mathrm{s}$	$\sqrt{\dfrac{h}{m_e \cdot c^2}} \approx 8{,}09 \cdot 10^{-21}\,\mathrm{s}$
Masse	$\sqrt{\dfrac{h \cdot c}{f}} \approx 5{,}46 \cdot 10^{-8}\,\mathrm{kg}$	$m_e \approx 9{,}11 \cdot 10^{-31}\,\mathrm{kg}$

wie er es selbst ausdrückte, zu einem Akt der Verzweiflung. Für seine Gleichung musste er die diskrete Energie-Quantelung $E = h{\cdot}v$, also das (Licht-)Quant ein-führen. EINSTEIN nannte es später Photon. Damit begann die Quantenphysik.

Heute wird meist angenommen, dass alle physikalischen Größen aus kleinsten diskreten Einheiten bestehen. Sie wurden mehrfach aus Konstanten der Physik abgeleitet. Die wohl erste und heute bevorzugte Variante geht auf A. ED-DINGTON zurück. Sie wurde auch von M. PLANCK unterstützt und trägt heute seinen Namen. Eine andere Variante stammt von N. BOHR, E. SCHRÖDINGER und P. DIRAC. Dabei werden meist benutzt:

PLANCK'sches Wirkungsquantum	h	$6{,}62607554 \cdot 10^{-34}\,\mathrm{J{\cdot}s}$
Lichtgeschwindigkeit (im Vakuum)	c	$2{,}99792457 \cdot 10^{8}\,\mathrm{m{\cdot}s^{-1}}$
Gravitationskonstante	f	$6{,}6725985 \cdot 10^{-5}\,\mathrm{N{\cdot}m^2{\cdot}g^{-2}}$
Ruhmasse des Elektrons	m_e	$9{,}10938975 \cdot 10^{-28}\,\mathrm{g}$

Daraus lassen sich die wahrscheinlich kleinstmöglichen Einheiten für die Länge, Zeit und Masse gemäß der Tabelle 13 herleiten.

Es ist (noch) nicht sicher, ob es eine spezielle Quanten-Information (Q-Information) gibt. Dennoch existiert hierauf spezialisierte Literatur, wie etwa das Buch von H. LYRE „Die Quantentheorie der Information" von 1998 [49]. Ein anderer Ansatz geht auf C. WEIZSÄCKER zurück. Er führte ein völlig hypothetisches Ur ein. Aus den von ihm vermuteten 10^{120} Ur sollte sich dann die Raumzeit einschließlich der Quantentheorie ableiten lassen. Eine ergänzende Interpretation dazu stammt von WERNER HELD 2001 [50]. Doch diese und auch die meisten anderen Bezüge sind recht unbefriedigend. Teilweise wäre es auch möglich, viele Zusammenhänge der Quantentheorie im Sinne einer Z-Information als Abbildung der Welt zu betrachten. Doch das bringt keine zusätzlichen oder gar speziellen Erkenntnisse zur Information, denn das gilt ja auch für alle anderen Theorien. Einfache Einführungen in die Quantenphysik sind [51] und [52].

Die Quantentheorie zählt heute zu den am besten bestätigten physikalischen Theorien. Insbesondere ist sie die Grundlage vieler technischer Anwendungen, vor allem in der Informationstechnik. Unter anderem beruhen Transistor, LED und Laser sowie der Magnetismus auf ihr. Mit den ersten experimentellen Anwendungen in der Nachrichtentechnik ab Mitte der 1990er Jahre ergaben sich dann aber schnell Bezüge zur Information. Für eine eigenständige Q-Information können die wichtigen Anwendungen bezüglich der Quanten-Kryptographie, des Quanten-Computers und die Kenngröße QuBit eine wichtige Grundlage bilden. Das QuBit wird zuweilen auch als qbit, QBit oder Qbit bezeichnet. Bei der jetzigen schnellen technischen Entwicklung sind künftig gewiss noch weitere wertvolle Ergebnisse zu erwarten. Dadurch dürfte sich dann auch wahrscheinlich ein realer Inhalt für die Q-Information herausbilden. Dieses Kapitel bringt entsprechend dem aktuellen Stand daher nur versuchsweise und absichtlich sehr kurz deutlich erkennbare Bezüge zwischen Quantentheorie und Information.

6.2 Spektren und Atome

Eine Glühlampe erzeugt ein kontinuierliches Spektrum, das dem des Schwarzen Körpers sehr ähnlich ist (Abbildung 57a). Wird dagegen ein Gas wie Wasserstoff oder Helium elektrisch angeregt, so treten nur einzelne, genau definierte (Emissions-) Spektrallinien auf. Ihre Lage hängt eindeutig von den im Gas vorhandenen Elementen ab (Abbildung 57b). Auf dieser Grundlage führten 1859 KIRCHHOFF und BUNSEN die Spektralanalyse ein. Sie ermöglichte es, die im Gas enthaltenen Elemente ohne chemische Analyse zu bestimmen. So entstanden umfangreiche Spektral-Atlanten.

Durchdringt dagegen ein Licht mit einem kontinuierlichen Spektrum eine Gaswolke, so fehlen im Spektrum genau jene Linien, die das angeregte Gas erzeugt (Abbildung 57c). Diese Absorptionslinien beobachtete 1816 erstmalig FRAUENHOFER beim Sonnenspektrum. Mit ihnen wurde es möglich, die im Kosmos vorkommenden chemischen Elemente zu bestimmen. Eigentlich war es

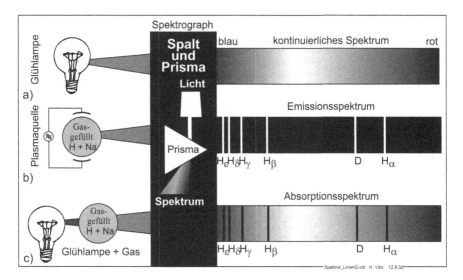

Abbildung 57: a) Eine Glühlampe erzeugt ein kontinuierliches Spektrum, das der Strahlung eines Schwarzen Körpers ähnelt. b) Ein elektrisch angeregtes Gas emittiert dagegen nur einzelne, genau festliegende Spektrallinien. c) Durchdringt Licht mit kontinuierlichem Spektrum ein (kaltes) Gas, so entstehen an den gleichen Stellen die schwarzen Absorptionslinien.

sicher, dass hierfür nur Eigenschaften der Atome[2] und Moleküle in Betracht kamen. Doch welche, blieb zunächst unklar. Auch dies war ein Grund dafür, dass nacheinander mehrere Atom-Modelle entstanden.

Bereits um 1800 war es aufgefallen, dass sich chemische Verbindungen immer aus ganzzahligen Bestandteilen der Elemente zusammensetzen. Dieser Fakt ist Grundlage der Stöchiometrie[3]. Deshalb führte 1803 J. DALTON die Atome ein. Doch die Physiker akzeptierten sie lange Zeit nicht (vergleiche PLANCK-Aussage im Abschnitt 6.1). Erst 1890 wurde das Elektron und 1914 das Proton als Wasserstoffkern nachgewiesen. Auf dieser Grundlage entwickelte J. THOMSON das Atommodell des Rosinen-Kuchens. Er besteht aus dem Materie-Teig des Protons, in dem die negativen Elektronen eingebettet sind.

---

[2] Den Begriff Atom prägte um 440 v. Chr. DEMOKRIT für kleinste unteilbare Teile der Materie gemäß dem Griechischen *a-* = nicht und *témnein* = schneiden; *átomos* = ungeschnitten, unteilbar. Der Begriff Molekül entstand um 1800. Es leitet sich vom Lateinischen *moles* = Last, Masse und Mühen ab.

[3] Von Griechisch *stoicheia* = Grundstoff und *metrein* = messen.

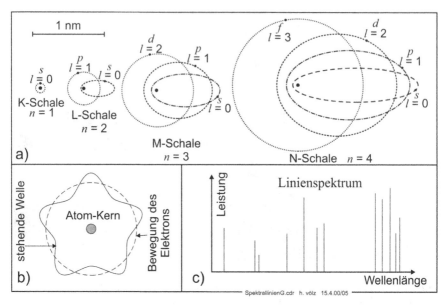

Abbildung 58: Erklärungen zum Atom-Modell. a) Die verschiedenen Kreis- und Ellipsen-Bahnen für die ersten vier Schalen. b) Eine Elektronen-Bahn als stehende Materie-Welle. c) Ein typisches Linienspektrum.

Mittels der Streuung von α-Strahlen bestimmte 1911 RUTHERFORD den Durchmesser des Protons zu nur 10^{-14} m. Folglich müssen um ihn die Elektronen im Abstand von etwa 10^{-10} m rotieren. Die Zentrifugalkraft hebt dabei ihre Anziehungskraft zum Proton auf. So entstand das Planeten-Modell des nun „zerlegbaren" Atoms. 1913 postuliert N. BOHR, dass für die Elektronen nur bestimmte diskrete Werte, nämlich die erlaubten Bahnradien, zulässig sind. Beim Übergang zu einer niedrigeren Bahn erfolgt die Abstrahlung einer Spektrallinie. Um zu einer höheren Bahn zu gelangen, muss dem Elektron Energie zugeführt werden. Später werden als feinere Differenzierung noch Ellipsen-Bahnen eingeführt. Insgesamt entstehen so die Bahn-Schemata der Abbildung 58a. Bei einem Stoff oder Gas werden jedoch immer gleichzeitig viele Atome angeregt. Für die einzelnen Atome können so gleichzeitig alle Bahnübergänge auftreten. So ergibt sich ein Linienspektrum (Abbildung 58c).

Als Verallgemeinerung entwickelte 1922 BOHR hierzu das Korrespondenzprinzip, das später auch Komplementaritäts-Prinzip oder die Kopenhagener Deutung der Quantentheorie genannt wird. Es ermöglicht intuitive Übergänge zwischen der klassischen und quantentheoretischen Betrachtung immer dann, wenn für beide Fälle große Quantenzahlen angenommen werden. Teilweise können so Quanten-Gesetze erraten werden. Zum Beispiel gehören im klassischen Fall bei Schwingungen zur Grundwelle die Oberwellen. Quantentheoretisch folgen dagegen durch die Auswahlregeln der Atomzustände die stabilen Bahnen, und jede Bahn bedeutet einen Energiezustand des Atoms.

1923 schreibt DE-BROGLIE seine Dissertation „Recherches sur la théorie des Quanta". Darin führt er Materie-Wellen für bewegte Massen ein. In Bezug auf $E = m \cdot c^2$ folgt die DE-BROGLIE-Wellenlänge λ. Gemäß seinem Komplementaritäts-Prinzip folgerte BOHR daraus, dass die einzelnen Elektronen-Bahnen stehende Materie-Wellen sind (Abbildung 58b). Dabei muss die Bahnlänge einem ganzzahligen Vielfachen k der Wellenlänge λ entsprechen. Mit der Elektronen-Masse m_e, der Frequenz v und der PLANCK-Konstante h gilt deshalb für den Radius r

$$2 \cdot \pi \cdot r = k \cdot \lambda = k \cdot \frac{h}{m_e \cdot v}.$$

So lässt sich nun auch erklären, warum die ständig bewegten Elektronen keine elektromagnetische Strahlung erzeugen, sondern diese nur bei den Übergängen zu den niederen Bahnen entsteht.

6.3 Die drei Quanten-Theorien

Um 1923 war damit ein „verständlicher" Bezug zwischen den Elektronen-Bahnen und Spektrallinien hergestellt. Jedoch eine theoretische Berechnung der Spektrallinien stand noch aus. Hierzu musste erst eine neuartige Quantentheorie entstehen. Dabei entstanden nacheinander sogar drei Varianten: 1925 die Matrizenschreibweise von HEISENBERG, 1926 die Wellengleichung von SCHRÖDINGER und 1958 die abstrakte Schreibweise von DIRAC. Ihre Äquivalenz wurde im Nachhinein bewiesen.

6.3.1   Die Matrizen-Mechanik

HEISENBERG litt im Frühjahr immer stark unter Heuschnupfen. Im Mai 1925 beurlaubte ihn daher BORN nach Helgoland. Dort rechnete er mit den Zahlen der Spektren. Seine daraus gewonnenen formalen Ergebnisse stimmen sehr gut mit den experimentellen Werten überein. Bei der Rückkehr erkennt BORN sofort, dass HEISENBERG dabei ohne Kenntnis die lange in der Mathematik bekannte

Matrizen-Rechnung benutzt hatte. Für zwei Matrizen a und b gilt in ihr nicht das übliche kommutative Gesetz $a \cdot b = b \cdot a$, sondern $a \times b - b \times a = \Delta x$. Aus dem Impuls p, dem Ort q, dem PLANCK'schem Wirkungsquantum h und der Einheitsmatrix I folgt dann

$$p \cdot q - q \cdot p = (h/2 \cdot \pi \cdot i) \cdot I.$$

Diese Formel steht auf dem Grabstein von M. BORN in Göttingen. Gemeinsam bauen dann BORN, HEISENBERG und JORDAN die Matrizenmechanik aus. Ihr Ergebnis erscheint 1926 in der „Zeitschrift für Physik". Schließlich errechnet PAULI mit ihr exakt das vollständige Wasserstoffspektrum.

1926 leitete HEISENBERG als Verallgemeinerung „seine" Unschärfe-Relation ab und publizierte sie, allerdings ohne BORN davon in Kenntnis zu setzen oder ihn zu zitieren. Für die Zeitunsicherheit Δt, die Energie-Unbestimmtheit ΔE und h gilt dann $\Delta t \cdot \Delta E = h/2$ bzw. $\Delta x \cdot \Delta p \geq h/2$ (eigentlich müsste $\hbar = h/2\pi$ benutzt werden) [4].

Heute hat die Matrizen-Mechanik kaum noch Bedeutung. Deshalb wird hier nicht weiter auf sie eingegangen.

6.3.2   Die Wellen-Gleichung von SCHRÖDINGER

Im November 1925 hielt SCHRÖDINGER in Zürich ein Seminar zu DE-BROGLIEs Arbeit ab. Nachher fragte der Leiter des Instituts P. DEBYE: *„Sie sprechen über Wellen, aber wo ist die Wellengleichung, die beschreibt, wie sich die Wellen im Raum fortpflanzen?"* Daraufhin schuf sie SCHRÖDINGER als Weiterentwicklung der klassischen Wellengleichung. Hierzu soll er auch Hinweise von A. EINSTEIN erhalten haben. Die Ableitung kann unter anderem über den Energieerhaltungssatz und die Unschärfe-Relation erfolgen. Für die Formel muss eine neue ortsabhängige, komplexe Wellenfunktion ψ eingeführt werden. Eine einfache Schreibweise erfordert den Nabla-Operator

$$\nabla = \frac{\partial}{\partial x} i + \frac{\partial}{\partial y} j + \frac{\partial}{\partial z} k = \frac{\partial}{\partial r}.$$

---

[4]   Es ist also historisch falsch, die Matrizen-Mechanik nur HEISENBERG zuzuordnen. Insbesondere werden BORN als Lehrer von HEISENBERG und OPPENHEIMER (Vater der Atembombe) und weitere wichtige Ergebnisse nicht genügend gewürdigt. Vielleicht auch, weil die Autoren von den Nazis vertrieben wurden. N. WIENER sagte einmal dazu, BORN ist „der bescheidenste Gelehrte, den ich kenne."

Mit der Gesamtenergie W, der potentiellen Energie U, der Masse m und der PLANCK-Konstanten h gilt dann

$$\nabla \psi = (W - U) \cdot \psi \cdot \frac{2 \cdot m}{h^2} .$$

Zunächst existierten beide Quantentheorien völlig getrennt und lieferten jeweils hervorragende Voraussagen. So entsteht ein erneuter Streit darüber, ob die Welt kontinuierlich (SCHRÖDINGER) oder diskret (HEISENBERG) sei. 1926 konnte SCHRÖDINGER beweisen, dass beide mathematisch vollkommen äquivalent sind. Die Rechnungen mit der SCHRÖDINGER-Variante sind jedoch einfacher und so setzte sich die Wellengleichung durch.

Zunächst war die Bedeutung der Wellenfunktion ψ unklar. 1927 interpretiert sie M. BORN als Aufenthalts-Wahrscheinlichkeit W eines Quantenobjekts im Volumen V

$$dW = |\psi|^2 \cdot dV .$$

Sie beschreibt daher nicht den Zustand eines Quantenobjekts, sondern gibt die Wahrscheinlichkeit dafür an, es bei einer Messung anzutreffen[5]. So wird unser Alltag zur wahrscheinlichsten aller Welten. Außerdem lassen sich unter anderem auch der Doppelspalteffekt für Teilchen und die Supraleitung erklären. Das gilt weiter für den Tunneleffekt, den 1926 F. HUND postuliert hatte. Hiermit konnte dann 1928 G. GAMOW die Radioaktivität, insbesondere den α-Zerfall interpretieren.

Jedes Quanten-Objekt besitzt natürlich eine dreidimensionale Wahrscheinlichkeits-Verteilung. Die Abbildung 59a zeigt zunächst einige Beispiele für die gemittelte Dichte-Verteilung über den Radius r (Abstand vom Kern) von verschiedenen Bahnen. Wird die Dichteverteilung räumlich betrachtet, so ergeben sich die Orbitale[6]. Sie entsprechen gemäß dem Komplementaritäts-Prinzip den umlaufenden Elektronen. Ihre Gestalt kann sehr unterschiedlich sein. Sie ist aber nahezu unabhängig von der Schale (Hauptquantenzahl), denn alle Kreisbahnen beziehungsweise alle ähnlich exzentrischen Bahnen erzeugen jeweils ein ähnliches Orbital. Besitzt ein Atom mehrere Elektronen, dann überlappen und

---

[5] Es gibt neuere, umstrittene Versuche, die sich QBismus nennen. Sie interpretieren die Wahrscheinlichkeit – insbesondere den Wellenkollaps – und damit das entsprechende Messergebnis als rein subjektive Wahrscheinlichkeit [53].

[6] Von lateinisch *orbis* = Umlauf.

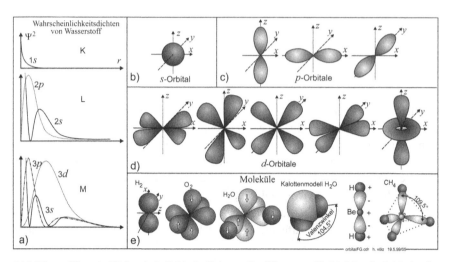

Abbildung 59: a) Wahrscheinlichkeitsdichten für Wasserstoff, b) bis e) Orbitale für einige Atome und Moleküle.

durchdringen sich die einzelnen Teil-Orbitale. Hierzu zeigen die Abbildungen 59 b bis e einige Beispiele für verschiedene Atome und Moleküle.

Mathematisch gilt hierfür das Überlappungs-Integral S der Wellenfunktionen Ψ_i im Volumenelement dV

$$ S = \int \psi_1 \cdot \psi_2 \cdot \ldots \cdot \psi_i \cdot dV $$

Kugelförmige Orbitale sind gut mittels einer *Windmühle* zu veranschaulichen. Bei schneller Drehung sind nicht die Flügel, sondern nur eine unterschiedlich dicht belegte Scheibe zu erkennen. Die Helligkeiten im Abstand vom Drehpunkt entsprechen der Breite der Flügel. Im klassischen Modell bewegen sich die Elektronen um den Atomkern und erscheinen ähnlich „verschmiert". Die Grenze unserer zeitlichen Auflösung kann dabei mit der Unschärfe-Relation verglichen werden. Für nicht kugelsymmetrische Orbitale muss eine winkelabhängige Drehgeschwindigkeit angenommen werden. Das stimmt mit den Ellipsenbahnen überein, bei denen sich die Elektronen in Kernnähe schneller bewegen. Mehrfache Ausbeulungen der Orbitale können durch unterschiedliche Flügel der Windmühle veranschaulicht werden.

6.3.3   Die DIRAC-Schreibweise

1958 schuf P. DIRAC eine abstrakte Schreibweise für die Quantenphysik. Sie gilt sowohl für die Matrix-Schreibweise von HEISENBERG als auch für die Wellengleichung von SCHRÖDINGER. Dabei wird ein komplexer Wert $\xi = a + b \cdot i$ mit $i = \sqrt{-1}$ benutzt. Für die Zeile der Matrix wird $\langle \xi |$ (gesprochen *bra*) und für die Spalte $| \xi \rangle$ (gesprochen *ket*) eingeführt. Besonders übersichtlich ist diese Schreibweise für die einfachsten quantenphysikalischen Systeme mit nur zwei orthogonalen Zuständen. Einige Beispiele listet die Tabelle 14 auf.

Ein gegenüber allen Einwirkungen von der Außenwelt abgeschirmtes Quantensystem möge die zwei Lösungen (Zustände) A und B der SCHRÖDINGER-Gleichung besitzen. Allgemein gilt dann

$$\Psi = c_1 \cdot |A\rangle + c_2 \cdot |B\rangle.$$

Darin sind c_1 und c_2 beliebige, frei verfügbare Konstanten mit der Bedingung $c_1{}^2 + c_2{}^2 = 1$. Für diese Formel schuf F. BLOCH ein anschauliches Kugelbild. Auf deren Oberfläche mit $r = \langle A|B \rangle$ befinden sich die unendlich vielen möglichen und überlagerten Zustände. Dieser komplexe Zustand heißt Superposition. Am oberen „Nordpol" liegt der eine Zustand A, am unteren „Südpol" der andere B. Der quanten-mechanische Betrag der Matrix beträgt $\langle \xi | \xi \rangle$ (gesprochen *bra-ket*[7]) und damit ist dann $\langle A|B \rangle$ das Skalar-Produkt.

Bei einer makroskopischen Messung wird aber immer nur ein einzelner zufällig ausgewählter Wert erhalten. Das Messsystem muss dabei die Energie des Quantensystems ins Makroskopische verstärken. Dabei wird die Superposition

Tabelle 14: Beispiele für Quanten-Systeme mit nur zwei Grundzuständen. *) Dies ist eine Vereinfachung, denn eigentlich existieren bei einem atomaren System sehr viele Zustände.

Abstraktes (binäres) System	Elektronenspin	Photon-Polarisation	Atomares System*)
$|0\rangle$	up = $|\uparrow\rangle$	horizontal $|\leftrightarrow\rangle$	Grundzustand
$|1\rangle$	down = $|\downarrow\rangle$	vertikal $|\updownarrow\rangle$	angeregter Zustand
Standardbeschreibung	STERN-GERLACH-Versuch	Polarisator	Energieterme

---

[7]   Englisch *braket* = Klammer.

des Quantensystems zerstört. Diese Auflösung der Superposition kann auch durch externe energetische Einwirkung erfolgen. In beiden Fällen ist dann eine Dekohärenz (Aufhebung der Superposition) eingetreten. Teilweise ähnelt dieser Vorgang einer klassischen, zerstörenden Wiedergabe, wie sie etwa bei einem dRAM auftritt. Dabei treten aber deterministische – und nicht wie hier zufällige – Messwerte auf. Quantentheoretisch ist daher die Dekohärenz auch eine Auswirkung der HEISENBERG-Unschärferelation.

6.4 Das QuBit

Für die ausgewählten binären Quantenzustände gemäß dem vorherigen Unterabschnitt hat 1995 BENJAMIN W. SCHUMACHER[8] den Begriff des **Quanten-Bit** mit der Kurzbezeichnung QuBit geprägt. Es könnte für die Quanten-Information ähnlich grundlegend werden, wie das Bit für die SHANNON-Information. Analog zu den klassischen Bit-Zuständen $\{0, 1\}$ wird für das QuBit von zwei orthogonalen Zuständen (vergleiche Tabelle 14) ausgegangen

$$\{c_1|0\rangle + c_2|1\rangle\}.$$

Im Gegensatz zum klassischen Bit besitzt es gleichzeitig alle kontinuierlichen Werte auf der Kreisoberfläche mit dem Radius $r = 1$. Durch eine Messung wird davon nur ein einziger reeller Wert x mit c_{1m} und c_{2m} zufällig angenommen

$$x = c_{1m}0 + c_{2m}1.$$

Er liegt im abgeschlossenen Intervall $[-1, 1]$. Infolge dieser Unbestimmtheit treten für die ursprünglichen, vor der Messung vorhandenen Quanten-Zustände gegenüber dem klassischen Bit einige wesentliche Abweichungen ein. Da c_1 und c_2 vor der Messung nicht bekannt sind, lassen sie sich nicht klonen, also kopieren. Es gibt kein Backup und eine Fehlerkorrektur dürfte sehr schwierig sein.

6.4.1   Das Modell Traumaskop

Diese Unanschaulichkeit der Superpositon lässt sich mit einem Modell, das dem Komplementaritäts-Prinzip folgt, verdeutlichen. Hierzu wählte ich 2005 das Traumaskop [23] ab Seite 546. Es ist ein Vorläufer des Films und wird zuweilen

---

[8]   Physical Review A, 51 (4); 1995, S. 2738 - 2747

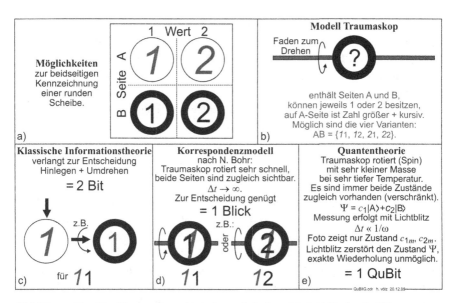

Abbildung 60: Das Traumaskop als stark vereinfachtes Modell für das QuBit.

noch als Kinderspielzeug benutzt. Gemäß der Abbildung 60b befindet sich in der Mitte eines langen Fadens eine runde Pappscheibe. Auf ihrer Vorder- und Rückseite sind zwei Bewegungsphasen eines Vorganges als Bilder aufgebracht. Mittels eines Finger-Zwirbelns mit dem Faden wird eine Rotation erzeugt. Dann kann das Auge die beiden Bilder nicht mehr richtig trennen. Stattdessen wird eine Bewegung vorgetäuscht.

Für das QuBit kann die Vorder- und Rückseite durch unterschiedliche Schrift-Fonts, -Farben und -Größen zufällig mit 0 oder 1, mit oder ohne schwarzem Rand belegt werden (Abbildung 60a). Zusammen auf beiden Seiten der Scheibe sind so die vier Belegungen 11, 12, 21 oder 22 möglich. Für die Entscheidung, welche Belegungen gerade vorhanden sind, muss die ruhende Scheibe nacheinander von beiden Seiten betrachtet werden. Entsprechend der SHANNON-Entropie sind daher für die jeweilige Belegung 2 Bit erforderlich (Abbildung 60c).

Bei schneller Rotation überlagern sich wieder beide Seiten. Es sind so beide Belegungen, wenn auch etwas unscharf, mit einem Blick erkennbar. Doch das sichtbare Bild besteht eigentlich aus vielen Schräglagen bis zum dünnen Strich. Es entspricht so den unendlich vielen möglichen Zuständen des QuBit (Abbildung 60d).

Nun wird angenommen, das Traumaskop rotiere extrem schnell, befinde sich im Dunkeln und sei atomar klein. Dann nimmt ein Fotoapparat mit einem kurzzeitigen Lichtblitz das Bild einer zufälligen Lage auf und zerstört dabei infolge seiner Energie gleichzeitig die vorhandene Belegung. Uminterpretiert entspricht das einer realen Messung (Abbildung 60e). So betrachtet ist das Traumaskop eine Interpretation gemäß dem Komplementaritäts-Prinzip. Zur Belegung der Scheibe gehört die Funktion Ψ. Die Rotation der Scheibe entspricht dabei der Bewegung der Elektronen um den Atomkern.

6.4.2   Systeme als QuBit

Die Anwendung von QuBit betrifft eigentlich nicht – wie beim klassischen Bit – vor allem die Speicherung. Inzwischen gibt es aber mehrere Anwendungen, wie Datenübertragung, Kryptographie und Quantencomputer (siehe unten). Für sie sind mehrere QuBit-Realisierungen vorgeschlagen und erprobt worden und neue kommen ständig hinzu. 1997 wurden *JOSEPHSON-Kontakte* von SHNIRMAN und anderen vorgeschlagen. 1998 wollten D. LOSS und D. DIVINCENZO *Quantenpunkte* (quantum dots, Quanten-Fallen) verwenden. Mit einem Rasterkraftmikroskop werden dazu in einem Halbleiterkristall atomweise Fehlstellen von wenigen nm^3 Größe eingebaut. Da sie aber immer etwas mit dem umgebenden Kristallgitter verkoppelt sind, tritt als Folge eine relativ kurze Dekohärenzzeit auf. *Ionenfallen* wurden von T. HÄNSCH und A. SCHAWLOW für freie Atome und von WINELAND und DEHMELT für Ionen untersucht. Sie verlangen ein sehr gutes Vakuum, das nur mit mehrstufiger Kühlung bis zu wenigen nK zu erreichen ist. 1987 entwarf J. ALIBARD *Magneto-optische Fallen* (MOT, magneto optical trap). Die ersten baute wenig später S. CHU. Bereits 1924 sagten A. EINSTEIN und S. BOSE die *BOSE-EINSTEIN-Kondensate* (BEK, BEC) vorher. Realisiert wurden sie aber erst 1995 bei wenigen µK mit Rubidium-Atomen von W. KETTERLE. Heute werden sie oft als Weiterentwicklung der Ionenfalle betrachtet. Die Nutzung des *Kernspins* erfolgt durch die kernmagnetische Resonanz (NMR, nuclear magnetic resonance). Dies ergibt das bisher einzige QuBit-System, das auch bei Zimmertemperatur funktioniert. Allerdings sind dabei für ein QuBit sehr viele Moleküle ($\approx 10^{18}$) notwendig, was eine sehr geringe Speicherdichte bedeutet. Weitere Details enthalten [17], S. 684 ff., neuere Ergänzungen [52] und [55].

6.4.3   Dekohärenz- und Schaltzeit

QuBit sind nur solange beständig, wie der äußere Einfluss vernachlässigbar bleibt. Eine Dekohärenz entsteht hauptsächlich durch externe Störungen wie kosmische und radioaktive Strahlung, Photonen-Emission und spontaner Atom-Zerfall. Selbst minimales thermisches Rauschen stört. Deshalb sind extrem tiefe Temperaturen – mK bis nK – notwendig. Sie können nur mit komplizierter, mehrstufiger Kühlung, einschließlich Laser-Kühlung, erreicht werden. Die typischen Dekohärenzzeiten t_D hängen erheblich vom jeweils verwendeten Quanten-System ab. Grob gilt, je größer die Masse und das Volumen, desto kürzer ist die Dekohärenzzeit. Die Superposition zweier Zustände mit 1 g Masse und 1 cm Durchmesser ist bereits nach ca. 10^{-23} s zerstört. Bisher wurden die besten Werte beim gut „abgeschirmten" Kernspin erreicht. Für einige Anwendungen, insbesondere bei Quanten-Computern ist auch die Schaltzeit t_G der QuBit wichtig. Das Verhältnis t_G / t_D gibt bei Quantencomputern die maximal mögliche Anzahl der Operationen an. Typisch sind die Werte der Tabelle 15.

Tabelle 15: Dekohärenzzeiten t_D, Schaltzeiten t_G und deren Verhältnis t_G / t_D für dre QuBit-System. Die Werte hängen aber stark von der Temperatur ab.

System	t_D	t_G	Verhältnis
Ionenfallen	10^{-4} s	10^{-17} s	10^{13}
Kernspin	10 s	10^{-6} s	10^{7}
Quantenpunkte	10^{-6} s	10^{-9} s	10^{3}

6.4.4   Verschränkung und Nichtlokalität

QuBit, allgemeiner quantenphysikalische Teilchen, lassen sich fest zu einer Gesamtheit verkoppeln. Sie besitzen dann nur noch gemeinsame Eigenschaften. Hierfür hat 1935 SCHRÖDINGER den Begriff Verschränkung eingeführt. In zwei verschränkten Teilchen steckt dann mehr Information als in derem einfachen mathematischen Produkt.

Passiert zum Beispiel ein Photon einen Kristall, so können zwei verschränkte Photonen von jeweils halber Energie entstehen. Jedes Photon besitzt dabei seine eigene unbekannte Superposition. Ihre beiden Polarisationen stehen jedoch grundsätzlich senkrecht aufeinander.

Die beiden Photonen können sich in unterschiedliche Richtungen bewegen. Durch die Messung eines Photons wird dessen Superposition aufgehoben (Dekohärenz) und eine zufällige Auswahl davon als Ergebnis mit einer bestimmten

Polarisationsrichtung erhalten. Infolge der Verschränkung ist dann aber automatisch und sofort die dazu senkrechte Polarisation des anderen Photons festgelegt. Die inzwischen eingetretene Entfernung beider Photonen hat darauf keinen Einfluss. Diese Verkopplung muss sich daher mit unendlicher Geschwindigkeit fortpflanzen. Das bezeichneten A. EINSTEIN, B. PODOLSKY und A. ROSEN als spukhafte Fernwirkung. Heute ist die Bezeichnung EPR-Paradoxon üblich. Sie wollten an diesen Fakt nicht glauben und folgerten, dass die Quantenmechanik im Gegensatz zur klassischen Physik nicht-lokal oder unvollständig sein muss. Es könnten noch verborgene Parameter existieren. Zur Überprüfung entwarfen sie 1935 das EPR-Experiment. 1964 konnte J. BELL mittels seiner Ungleichung die Nicht-Lokalität beweisen.

Die Komplementarität gemäß der Kopenhagener Deutung und die HEISENBERG-Relation gelten unabhängig von der Nicht-Lokalität. Daher sind insbesondere für Quantsysteme die Werte aller Observablen (abhängige Messgrößen) niemals gleichzeitig definiert. Ein Beispiel ist das Elektron. Als Partikel kommt es an einem Ort vor und gleichzeitig existiert es als Welle in einem großen Raum. Wird es als Teilchen registriert, so geschieht das an einem genau definierten Ort. Ohne Verzögerung muss dabei die Welle im gesamten Raum verschwinden. Das wird als Kollaps seiner Wellenfunktion bezeichnet.

6.5 Technische Anwendungen

Seit geraumer Zeit gibt es viele technische Anwendungen der Quantenphysik. Vor allem ist sie die entscheidende Grundlage der gesamten Halbleiter-Elektronik. Wegen ihres Umfanges und der meist allgemein bekannten Anwendungen bei der Nachrichtentechnik und den Computern sei hier auf eine weitere Behandlung verzichtet. Kurz behandelt werden aber die drei ausgewählten Gebiete: Maser/Laser (als W-Information) sowie Anwendungen des QuBit bei der Informations-Übertragung und den Quanten-Computern.

6.5.1   Maser und Laser

Laser und Maser (Light/Microwave Amplification by Stimulated Emission Radiation) setzen die 1916 von A. EINSTEIN vorausgesagte stimulierte Emission voraus. Experimentell wurde sie 1928 erstmalig von R. LADENBURG und

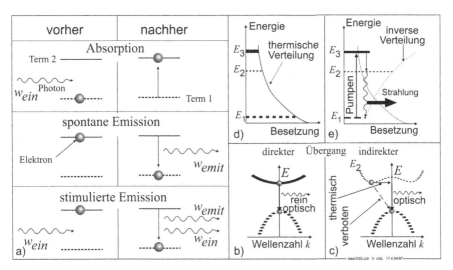

Abbildung 61: Zur Erklärung des Lasers und des Masers. a) Die drei Mechanismen der Lichtabsorption sowie spontane und stimulierte Emission. b) Direkter Übergang zwischen zwei Termen. Er erfolgt sehr schnell. c) Ein indirekter Übergang tritt stark verzögert erst dann ein, wenn das obere Elektron zusätzlich die richtige thermische Energie erhält. d) Normale, thermisch bedingte Belegung bei drei Termen. e) Eine inverse Belegung tritt dann ein, wenn von E_2 nur ein indirekter Übergang wegführt.

H. KOPPERMANN nachgewiesen. Die Abbildung 61a zeigt das Prinzip mit den beiden anderen optischen Vorgängen zwischen zwei Termen[9]. Bei der Absorption befindet sich das Elektron auf dem unteren Term mit der geringeren Energie. Ein Photon passender Energie hebt das Elektron auf den höheren Term (vergleiche Abbildung 58) und existiert danach nicht mehr. Auf dem höheren ist das Elektron in den meisten Fällen nicht stabil. Mittels der spontanen Emission (mittlere Zeile) fällt es schnell wieder auf die tiefere Bahn und erzeugt dabei ein Photon. Die stimulierte Emission zeigt die untere Zeile. Hierbei werden quasi Absorption und spontane Emission verknüpft. Auf der höheren Bahn befindet sich bereits ein Elektron wenn ein passendes Photon ankommt. Durch einen Resonanz-Effekt wird es von dem ankommenden Elektron heruntergerissen und erzeugt so ein zusätzliches Photon. Aus dem einen eintreffenden Photon sind so zwei Photonen geworden. Das bedeutet eine Licht-Verstärkung im Sinne eines

---

[9]   Ein (Energie-)Term entspricht der Energie der jeweiligen Elektronen-Bahn, Zustand des Atoms.

Potentiators gemäß Abschnitt 2.2. Der Vorgang kann also gut bei der W-Information eingeordnet werden.

Für einen Laser muss dieser einmalige Vorgang gut wiederholbar gestaltet werden. Zunächst müssen hierzu direkte und indirekte Strahlungs-Übergänge unterschieden werden. In den Abbildungen 61 b) und c) entspricht die Wellenzahl k der Ortsabhängigkeit der Terme bezüglich der Atome im Kristallgitter. Beim direkten Übergang (b) ist der Term-Abstand bei den Atomen minimal. Das ermöglicht die spontane (sofortige) Emission, wobei das Photon abgestrahlt wird. Beim indirekten Übergang (c) ist das wegen Schräglage des minimalen Abstandes verboten. Erst wenn zufällig eine passende thermische Energie es zur Mitte bewegt, kann es anschließend senkrecht herabfallen. Daher erfolgt die Abstrahlung des Photons stark verzögert. Dieser Effekt ist als Nachleuchten einiger Stoffe unmittelbar erkennbar.

Für den Laser wird ein 3-Terme-System benötigt. Besitzen alle Terme einen direkten Übergang, so stellt sich die thermische (MAXWELL-)Verteilung für die Belegung der Terme mit Elektronen ein (d). Besitzt E_2 jedoch einen indirekten Übergang, so sammeln sich dort immer deutlich mehr Elektronen. Dies kann noch durch eine externe Energiezufuhr gesteigert werden, die viele Elektronen von E_1 nach E_3 hebt. Sie fallen von dort sofort nach E_2. Dort müssen sie warten, bis zufällig die richtige thermische Energie ihr Herabfallen nach E_1 ermöglicht. So stellt sich die inverse Verteilung ein (e). Dieser Effekt wird Pumpen genannt. Das Herabfallen kann auch durch ein passendes Photon bewirkt werden. So ist Lichtverstärkung möglich.

Um einen Laser zu realisieren, ist ein Laser-Material mit den speziellen 3-Term-Eigenschaften notwendig. Den zusätzlich notwendigen technischen Aufbau zeigt die Abbildung 62a. Das Material wird durch zwei Spiegel begrenzt. In diesem Interferometer (optischer Resonator) kann sich eine stehende Lichtwelle mit Vielfachem der Wellenlänge von der Laser-Frequenz ausbilden. Die Pump-Energie bestrahlt das Laser-Material und erzeugt so in ihm die inverse Elektronen-Verteilung. Trifft dann ein Lichtstrahl der passenden Frequenz ein, so fallen Elektronen von E_2 nach E_1 herab. Sie erzeugen die stehende Welle im Laser-Material und bewirken, dass nahezu alle Elektronen von E_2 herabfallen. Ein Teil der so erzeugten Photonen tritt über den teildurchlässigen Spiegel als verstärkter Lichtstahl heraus. Durch fortwährendes Pumpen wiederholt sich dieses Geschehen ständig.

Der Laser entspricht daher genau dem Verstärker von Abbildung 62b und kann so dem Geschehen von Abbildung 6, also dem Potentiator, und damit der W-Information zugeordnet werden.

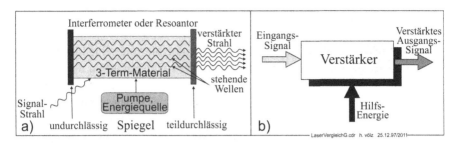

Abbildung 62: a) Prinzipieller Aufbau eines Lasers, b) Vergleich mit einem elektronischen Verstärker.

Besonders häufig werden heute Laser nicht als Verstärker, sondern als Lichtquelle benutzt. Dann entfällt das Eingangs-Lichtsignal. Der Lichtstrahl des Lasers entsteht dann durch zufällige thermische Rausch-Signale gemäß der Abbildung 61c.

Zunächst wurde der Maser für Mikrowellen 1951 von C TOWNES erfunden. 1954 bauten N. BASSOW UND PROCHOROW einen NH_3-Laser. Der Festkörper-Maser wurde dann 1956 N. BLOEMBERGEN und 1957 D. SCOVIL gebaut. Das Laser-Prinzip beschrieben 1958 A. SCHAWLOW und C. TOWNES in einem Patent. Den ersten Feststoff-Laser mit Rubinkristall und Blitzlampe als Pumpe baute 1960 T. MAIMAN. Er prägte auch den Begriff Laser. 1962 realisierte N. BASSOW den Injektions-Halbleiter-Laser mit GaAs. 1964 erhielten TOWNES, BASSOW und PROCHOROW den Nobelpreis für Physik. Mit dem *CD-Spieler* von 1982 begann dann die technische Großanwendung des Halbleiter-Lasers.

6.5.2 Quanten-Kryptografie

Für eine geschützte Übertragung von Informationen gibt es mehrere Verfahren. Auf unterschiedliche Weise und mit verschiedenen Codierungen verwenden sie geheime Schlüssel. Die Quanten-Kryptographie nutzt (zusätzlich) die Verschränkung von zwei Photonen oder anderen Quanten-Objekten aus. Bei Photonen werden meist die Polarisationen horizontal-vertikal, diagonal oder mit den Winkeln von 22,5° und 67,5° festgelegt. Wenn der Lauscher nicht weiß, in welcher Basis ein QuBit codiert ist, kann er es nicht auslesen. Zusätzlich wird durch jeden Versuch der Zustand zerstört, so dass unbemerktes Lauschen nicht möglich ist. Die Realisierung solcher Verfahren ist jedoch wegen starken Rauschens der Übertragungskanäle, Transmissionsverlusten und Messfehlern recht schwierig. Außerdem erfolgten und erfolgen die Arbeiten zunächst unter strenger Geheimhaltung. Die folgende, unvollständige geschichtliche Aufzählung weist einige bekannt gewordene Erfolge dieser Technik aus.

1969 schlug S. WIESNER die Quantenkryptographie vor. Seine Ideen wurden aber erst 1983 in Sigact News veröffentlicht. 1984 wird daraufhin das Protokoll BB88 zur Schlüsselübertragung von C. BENNETT und G. BRASSARD publiziert. 1989 demonstriert BENNETT mit J. SMOLIN einen Schlüsselaustausch mit polarisierten Photonen über 30 cm. 1993 geben Physiker von IBM und der Universität Montreal die Möglichkeit für Teleportation von Photonen bekannt. 1995 gelingt NICOLAS GISIN der Schlüsselaustausch über 23 km. 1997 demonstriert A. ZEILINGER die erfolgreiche „Teleportation" zweier Photonen, und 1999 gelingt ihm die Übertragung mit verschränkten Photonen über 360 m mit 800 Bits/s und einer Fehlerrate von etwa 3 %. 2004 wird zum ersten Mal eine Geldüberweisung mittels Quantenkryptografie über 1,5 km vorgenommen. Inzwischen sind weitere Verfahren entstanden und einige Strecken kommerziell in Betrieb. Außerdem generieren Quantensysteme als Zufallszahlengeneratoren Schlüssel für klassische Verfahren.

6.5.3   Quanten-Computer

Bereits 1932 beschrieb J. V. NEUMANN in seinem Artikel „Mathematische Grundlagen der Quantenmechanik" erste Ideen für einen Quanten-Computer. Gegenüber der heute üblichen Rechentechnik (vergleiche die Abschnitte 4.2 bis 4.5) erfordert er jedoch deutliche Änderungen. Ähnlich sind aber die drei entscheidenden Anteile:

- **Quanten-Register** benötigen mehrere verschränkte QuBit, die gemeinsam vor äußeren Einflüssen geschützt werden müssen. Bisher sind etwa tausend QuBit realisiert.

- **Quanten-Gatter** verknüpfen auf unterschiedliche Weise die Daten der QuBit, einschließlich ihrer Superpositionen zu neuen QuBit. Daher müssen sie andere Eigenschaften als die klassischen Register – wie AND, OR und NOT – besitzen. Dabei gibt es Varianten mit 1, 2 oder 3 Eingängen. Zurzeit sind etwa zwanzig Gatter-Typen bekannt, darunter das HADAMARD-Gatter und Controlled-NOT (CNOT). Weitere Details enthält [56].

- **Angepasste Algorithmen.** Am bekanntesten ist der SHOR-Algorithmus zur extrem schnellen Primzahlzerlegung. Durch ihn könnten die heute üblichen Kryptografie-Verfahren mit der Verschlüsselung über die Primzahlzerlegung unsicher werden.

Ein wesentlicher Vorteil der Quanten-Computer besteht darin, dass infolge der Superposition bei den QuBit und Gattern alle möglichen Rechenergebnisse gleichzeitig (parallel) vorhanden sind. Dadurch können die Quanten-Computer sehr viel schneller als die klassischen Rechner sein. So könnten Probleme, die heute nur mit Großrechnern bei langer Rechenzeit zu lösen sind, auf weitaus kleineren Geräten recht schnell gewonnen werden. Ein Beispiel ist der oben genannte SHOR-Algorithmus. Generell ist aber zu beachten, dass auch für die Quanten-Computer die Grenzen der Rechentechnik (Kompexitätsklasse NP) gemäß dem Abschnitt 4.6 gelten. Keinen Geschwindigkeitsvorteil bieten Quantencomputer bei der realen Datenverarbeitung, beispielsweise der Videokompression oder für 3D-Spiele.

Beim Betrieb eines Quantencomputers sind mehrere Bedingungen einzuhalten. Erstens sind die QuBit durch die Eigenschaften atomarer Teilchen bestimmt. Sie müssen also mit extrem kleinen Abmessungen hergestellt werden. Zweitens muss das ganze System gut von der Umgebung und dessen Einwirkungen isoliert werden. Von seltenen Ausnahmen abgesehen, bedeutet das extrem tiefe Temperaturen (Unterabschnitt 6.4.2). Drittens sind jedem einzelnen QuBit mit behutsamem Eingriff von außen die Anfangswerte zuzuordnen. Dann müssen die QuBit verschränkt werden. Schließlich ist der Algorithmus zu starten. Nach der Rechnung sind die Ergebnisse makroskopisch auszulösen. Dabei werden die Superpositionen zerstört.

Die Entwicklung der Quanten-Computer schreitet zurzeit schnell voran. Deshalb werden hier nur wenige Beispiele genannt. 1994 entwickelte P. SHOR seinen Algorithmus und benutzte ihn zur Primzahlzerlegung von 15. Für die QuBit nutzten 1997 D. CORY, N. GERSCHENFELD und I. CHUANG die Kernspins der Atome. Komplexe Moleküle bildeten dann ein Quanten-Register. 1999 wurde ein 5-QuBit-Computer mit dem Molekül BOC-13C_2-15N-2D_2- Glycerin-Fluorid realisiert. 2001 wurde mit dem Perfluorobutadien-Eisen-Komplex $C_{11}H_5F_5O_2Fe$ die Zahl 15 in ihre Faktoren zerlegt. 2005 gelang es R. BLATT erstmals, ein QuByte zu erzeugen. Die Verschränkung aller acht QuBit wurde durch 650 000 Messungen nachgewiesen und dauerte 10 Stunden. 2011 wurden an der Universität Innsbruck 14 QuBit als verschränkte Kette von Ca-Ionen verknüpft. 2012 wurde damit an der University of Bristol die Zerlegung der Zahl 21 in ihre Primfaktoren 3 und 7 erreicht.

6.6 Fünfte Zusammenfassung

Ob es eine eigenständige Q-Information gibt, ist nicht gesichert. Viele Gebiete der Quantentheorie – wie Mikroelektronik und Laser – können der W-Information zugeordnet werden und bieten daher für die Informations-Qualität kaum etwas Neues. Nach dem bisherigen Stand können jedoch die QuBit und vor allem die zu ihnen gehörende Superposition und Verschränkung die neue Informations-Qualität formen. Ihre Anwendungen betreffen zurzeit vor allem die Quanten-Kryptografie und den Quanten-Computer.

Bezüglich der Statistik bestehen deutliche Unterschiede zur klassischen Physik. Bei der MAXWELL- und BOLTZMANN-Statistik sind die deterministischen Gesetze der Ausgangspunkt und daraus werden dann Durchschnittswerte für ihre Kenngrößen (wie den Druck) und ihre Gesetze abgeleitet. Bei der Quantentheorie wird dagegen von Durchschnittswerten (Funktion ψ) ausgegangen. Die Aufsummierung der Einzelwerte führt zu makroskopischen, deterministischen Zusammenhängen.

Unsere Umgangssprache betrifft hauptsächlich unsere täglichen Erfahrungen und daraus abgeleitete Erkenntnisse. Die Relativitätstheorie gilt für wesentlich größere Abmessungen und Objekte, die Quantentheorie im Mikrobereich. Hierdurch treten in diesen Bereichen zum Teil Erscheinungen und Gesetze auf, die unserer Erfahrung und Intuition widersprechen und daher unanschaulich bis unverstehbar sind.

7 Umgang mit Information

In den Kapiteln 1 bis 6 sind hauptsächlich die Besonderheiten der verschiedenen Informationsarten hervorgehoben. Doch für die weiteren Betrachtungen sind nun ihre allgemeingültigen Eigenschaften in Bezug auf Kapitel 1 herauszuarbeiten. Erst dann kann darüber nachgedacht werden, wie wir optimal mit Information umgehen müssten. Obwohl wir nun schon ein halbes Jahrhundert die Information benutzen, und obwohl wir nach allgemeiner Auffassung in einer Informationsgesellschaft leben, gibt es hier noch viele beachtliche Defizite. Es muss eine optimale Informationskultur entstehen. Das ist bereits deshalb notwendig, weil, wie es STEINBUCH schon 1972 etwa ausdrückte [6], dass Information der unbedingt notwendige Kitt ist, der unsere Kultur und Zivilisation zusammenhält.

7.1 Allgemeine Definition von Information

Infolge ihres hohen Abstraktionsgrades kann Information, ähnlich wie Stoff und Energie im Kapitel 1, nur über eine Aufzählung definiert werden. Aus den vorangegangenen Betrachtungen folgen ihre wichtigsten Eigenschaften, die teilweise später noch präzisiert werden.

■ Information benutzt stets *Zeichen*, die immer im Sinne eines Informats interpretiert werden müssen. Lediglich für die quantitativen (betont technischen) Betrachtungen der S-Information genügen weitgehend statistische Analysen.

■ Die Zeichen sind dabei *stofflich-energetisch* festgelegt. Hiermit wirken sie als Input auf ein Empfangssystem ein. Dabei rufen sie das Informat hervor, das sowohl im System als auch in dessen Umgebung als Wirkung (W-Information) auftritt.

■ Häufig kann diese Wirkung als stofflich-energetischer *Output* wiederum als Zeichen angesehen werden. So wird dann eine Kommunikation mit anderen Systemen ermöglicht.

■ Information – sowohl dessen Träger als auch Informat – geschieht immer *in der Zeit*. Diese Prozesshaftigkeit ist lange vor SHANNON unter anderem in der Physiologie und Psychologie bekannt. Die entsprechende Verknüpfung betraf dabei Information und Verhalten und dazu es gab viele fachliche Aussagen, ja selbst Bücher, zum Beispiel von F. KLIX [56].

- **Gespeicherte** Information ist **nur potentielle Information.** Erst durch einen Wiedergabe- oder Rezeptionsvorgang mittels eines Systems wird aus ihr die eigentliche Information gewonnen. Gespeicherte Information ist daher nur ein spezieller Informationsträger, der ein passendes System für die Wiedergabe verlangt.

- In ihrer gespeicherten (potentiellen) Form ist Information *leicht zu kopieren* und *zu vervielfältigen.*

- Information kann (heute) im Prinzip *nicht verloren gehen.* Liegt sie erst einmal gespeichert vor, so erfolgen fast immer viele Kopien, die dann mehrfach an verschiedenen Orten abgelegt und interpretiert werden.

- Wirklich *neue Information* ist extrem schwer zu erzeugen. Das verlangt Kreativität und Phantasie und betrifft vorrangig Kunst und Wissenschaft. Hierzu gehören unter anderem die Fähigkeit zur Abstraktion, Verallgemeinerung und der Umgang mit Formeln und Axiom-Systemen.

- Information ist im Prinzip *ressourcenfrei.* Einmal ist die für ein Bit notwendige Träger-Energie extrem klein. Außerdem kann fast jede Information durch Kompression und mittels komplexer Systeme prinzipiell bis auf ein Bit potentieller Information reduziert werden.

- Wegen der notwendigen „Interpretation" besitzt Information (an sich, also ihr Träger) *keinen* (echten) *Wahrheitswert.*

Auf MANFRED BONITZ gehen zwei spezielle, zusätzliche Informationseigenschaften zurück, die er durch systematische Analysen fand. Er untersuchte, wie Wissenschaftler mit „ihrer" Information umgehen [60]. Sein Holographie-Prinzip[1] besagt, dass sich Wissenschaftler immer so verhalten, dass ihre neuen Ergebnisse möglichst überall hin gelangen. Umgekehrt holen sie sich die für sie interessanten Ergebnisse aus allen nur irgendwie erreichbaren Quellen. Hinzu kommt sein Geschwindigkeits-Prinzip. Danach verbreiten und holen sich die Wissenschaftler die für sie relevanten Informationen immer mit der technisch höchstmöglichen Geschwindigkeit, also den neuesten (technischen) Methoden. Viele Fakten und Erfahrungen zeigen jedoch, dass beide Prinzipien in der Ten-

---

[1]   Im Namen ist „graphie" unglücklich gewählt, denn es wird nicht „geschrieben", sondern verbreitet, gesucht und herangeholt.

denz für alle „Informationen" gelten. Insbesondere der Journalismus und die Massenmedien zeigen das überdeutlich. Selbst der Einzelne strebt meist danach, seine neuen Erkenntnisse umfangreich weiterzugeben. Ferner suchen viele Menschen mit hohem Aufwand nach dem, was sie interessiert. Das Internet liefert hierfür die überzeugendsten Beispiele. Klatsch und Gerüchte sind eine Folge dieser typisch menschlichen Eigenschaft. Natürlich gibt es auch Gegentendenzen wie Geheimhaltung, bewusste Auslassungen, Falschinformation usw. (siehe unten).

7.1.1 Informationsschwelle

Der Begriff wurde von mir 1990 im Zusammenhang mit der so genannten Wende eingeführt [58], [59]. Er geht von der These aus, dass eine neu gewonnene Information im Prinzip nicht mehr verloren gehen kann. Das belegen viele Beispiele aus der Menschheitsgeschichte. Kaum jemals haben weder Verbote oder Bücherverbrennungen noch Folterungen unerwünschte Information vernichten können. Selbst durch Töten von Menschen ist sie meist nicht zu beseitigen gewesen. Eher wird sie dadurch interessanter und erlangt eher größere Aufmerksamkeit. Zwei typische Beispiele sind der Tod von SOKRATES (477–399 v. Chr.) und die erfolglosen Versuche der Kirche das heliozentrische Weltsystem als sündhaft zu erklären. Jeder Index von Büchern hat sich immer nur für eine gewisse Zeit aufrechterhalten lassen. Im Zweiten Weltkrieg wurden die Sendungen des Londoner Rundfunks trotz angedrohter und durchgeführter Todesstrafen beachtlich viel gehört.

Sobald dann das Speichern von Information recht einfach wird, erfolgt es überall und immerzu. Ein relativ frühes Beispiel hierzu geschah 1963. In der Zeitung „National Enquirer" erscheint ein Photo des zusammengenähten LEE OSWALD, der als mutmaßlicher Mörder von JOHN F. KENNEDY galt. Die gesamte Auflage wurde verbrannt, zuvor jedoch ein Exemplar „gestohlen". Es ist heute im Besitz des belgischen Sammlers GEORGE BLOMMAERT. Die breitere Zugänglichkeit von Information bewirkte auch, dass der USA-Präsident R. NIXON am 9.8.1974 wegen der Watergate-Affäre von 1972 zurücktreten musste.

Die Ende des 20. Jahrhunderts einsetzende massenhafte elektronische Vervielfältigung ermöglichte dann immer mehr Menschen den Zugriff auf „offiziell" unerwünschte Informationen. Das bewirkte unter anderem eine Demokratisierung der Gesellschaft. Die Reden des iranischen Schiitenführers AYATOLLAH CHOMEINI wurden illegal über Tonbandkassetten verbreitet. Die Wende in der DDR wurde im beachtlichen Umfang mit Disketten (der Kirche) unterstützt.

Jetzt ist das Internet fast überall verfügbar. Im beachtlichen Umfang fördert es den Arabischen Frühling.

Insgesamt kann gefolgert werden, dass in absehbarer Frist keine Zensur mehr möglich sein wird. Um nämlich unerwünschte Information garantiert zu vernichten, müsste die gesamte Menschheit ausgerottet werden. Doch selbst dann könnten eventuelle Außerirdische die Information finden und sie interpretieren und zwar ganz ähnlich wie es die Archäologen und Kriminalisten durchführen.

Leider ermöglicht diese Entwicklung aber auch negative Auswirkungen. Dabei sind Nachlässigkeiten, missverständliche Darstellungen und schlecht Recherchiertes noch die geringsten Mängel. Weitaus schwerwiegender sind schon beabsichtigte Auslassungen, aus Zusammenhang gelöste Fakten sowie Unsinniges, Erdachtes, Überinformation, Falschdarstellungen oder Gelogenes zum Zweck der Verleumdung und Hetze. Besonders folgenschwer waren falsche Kriegsbegründungen machthungriger, größenwahnsinniger Herrscher. Nicht selten werden mögliche oder gar richtige Gegenhinweise einfach als Verschwörungstheorie oder Verrat verleumderisch abgekanzelt.

7.1.2   Wahrheit

Wahrheit kann in vielen Varianten auftreten. Sie betrifft vor allem Wissen, Glauben und Kunst. Grammatikalisch kann sie mittels Substantiv, Attribut, oder Prädikat ausgedrückt werden. Das typische Substantiv ist Wahrheit. Es gibt aber auch Wahrhaftigkeit oder gar Wahrsagen. Der Gebrauch des Adjektivs erfolgt bei: wahres Ereignis, Leben oder Kunstwerk. Dabei wird vorausgesetzt, dass es ein Ideal für das betroffene Substantiv gibt, dem es zumindest nahe kommt. Es wird dann auch gut, echt, real oder wirklich genannt. Die prädikative Variante wird durch Urteile, Aussagen oder Sätze festgestellt.

Inhaltlich gibt es mehrere Varianten: eine notwendige Wahrheit liegt dann vor, wenn das Gegenteil, die Kontradiktion, nicht falsch, sondern unmöglich ist. Das tritt unter anderem in der Geometrie auf. Absolute Wahrheit verlangt ein endgültiges unveränderliches Wissen über die gesamte Wirklichkeit. Das gilt heute als unerfüllbar. Relative Wahrheit betrifft ein Wissen über Teile der Wirklichkeit. Mit der fortschreitenden Erkenntnis wächst sie an. Ob sie dabei gegen die absolute Wahrheit strebt, ist jedoch nicht sicher. Objektive Wahrheit betrifft Behauptungen über Inhalte der Wirklichkeit, die nicht vom Wollen und Wünschen eines erkennenden Subjekts abhängen. Ewige Wahrheit sollen einige metaphysische und religiöse Schriften besitzen. Ihre Aussagen dürfen dann nicht

angezweifelt werden. Als weitere Möglichkeiten seien nur die syntaktische, se-
mantische und pragmatische Wahrheit genannt.

Es gibt auch verschiedenen Wahrheitstheorien. Auf sie braucht hier nicht
eingegangen zu werden. Mit dem Wahrheitsbegriff hängt auch die wohlbegrün-
dete Meinung zusammen. Solche Aussagen sind nicht notwendig, denn ihr Gegenteil ist möglich. Für Personen und Feststellungen ist auch die Glaubwürdig-
keit wichtig. Weitere Details zur Wahrheit enthält zum Beispiel [8] ab Seite 71
und 161.

Viele dieser Aussagen lassen sich ähnlich, aber teilweise unterschiedlich,
auf die fünf Varianten der Information übertragen (siehe auch Abschnitt 3.8)

Bei der W-Information interessiert vor allem der Übergang vom Informationsträger zum Informat. Dabei können Rückschlüsse auf das wahre (gültige)
System gezogen werden. Bei mehreren Systemen kann der Vergleich – durch
einen externen Beobachter – auch die Informate betreffen. Bei hoch komplexen
Systemen können solche Vergleiche sehr schwierig sein. Daher gibt es ein brei-
tes Spektrum von wahr über vermutlich, wahrscheinlich, möglich, unwahrscheinlich, irrelevant bis falsch.

Der allgemeine Wahrheits-Vergleich wird noch deutlicher, wenn ein Sender
mit einer bestimmten Absicht auf ein Empfangssystem einwirkt. Das ist in der
Abbildung 9 oben mittels der Unterschiede vom „zu Bewirkenden" (Absicht),
dem Bewirkenden (Auslösenden) und dem schließlich Bewirkten (Erreichten)
gut zu erkennen. Im Abschnitt 2.4 wurde hierzu die Wechselwirkung mittels der
Schallplattenaufnahme von BEETHOVENs V. Sinfonie demonstriert.

Aber auch die umgekehrte Richtung des Vergleichs ist möglich. Der Empfänger schätzt dann zum Beispiel (subjektiv) ein, wie glaubwürdig die Aussagen
des Senders beziehungsweise der Informations-Quelle sind. Sie kann als korrekt,
zuverlässig, vertrauenswürdig, unsicher bis zu absichtlich falsch informierend
(Lügen) eingestuft werden. Diese Einschätzung wird in der Zukunft immer wichtiger werden. Sie muss über den Kontext der Information, durch breite Unterstützung vieler und neuer Methoden erheblich verbessert werden. Zuweilen benutzen Sender (absichtlich) eine Überfülle von Information dazu, um Sachverhalte
zu verstecken oder zu verschleiern. Ferner sind destruktive, schädigende Informationen, auch wenn sie wahr sind, besonders zu beachten. Extreme Beispiele
betreffen Viren, Anleitungen zum Bombenbau sowie die Herstellung und den
Vertrieb von Giften. Auch sie werden künftig immer weniger zu verhindern oder
gar völlig zu unterbinden sein (siehe Informationsschwelle). Daher müssen gegen sie unbedingt zusätzliche und neue Methoden gefunden und eingeführt werden. Neben gesetzlichen Festlegungen mit „erfolgreichen" Bestrafungen sind vor

allem breit wirksame moralische Gegenmaßnahmen wichtig. Vielleicht könnte
eine (unabhängige) Instanz nützlich sein, welche zumindest alle Nutzer schnell
warnt. Auch eine verstärkte Zivilcourage Einzelner ist erforderlich (E. Snoden).
Ferner sind wirksame und deutlich sichtbare (Vorbild-) Haltungen von einfluss-
reichen Personen, wie Politiker und Journalisten gefordert.

Die Z-Information ermöglicht einem ähnlichen Wahrheitsvergleich wie
beim Wissen. Es wird die Aussage der Zeichen auf Übereinstimmung mit der
Realität geprüft. Hierbei zeigt sich sowohl die Bedeutung als auch die Schwie-
rigkeit neuer Theorien. Schon PLATON wies darauf mit seinem Höhlengleichnis
hin. (Abschnitt 3.1). Andererseits opferte PYTHAGORAS der Sage nach für seinen
Dreiecks-Satz hundert Ochsen. Es mutet gerade harmlos an, wenn diese Aussage
zuweilen so ergänzt wird: seitdem zittern alle Ochsen, wenn eine neue Wahrheit
entdeckt wird! Denn neue Wahrheiten sind zuweilen sehr unerwünscht. Auf den
dadurch ausgelösten Freitod von BOLTZMANN ist im Abschnitt 6.1 eingegangen.
Dies wird noch später durch Aussagen zum heliozentrischen Weltbild ergänzt.

Es ist oft äußerst kompliziert Wahrheit festzustellen. Seit den 16. Jh. Entstanden hierfür drei unterschiedliche Theorien. Zunächst vertiefte F. BACON die
Verifikation[59]. Nach ihr muss die neue Hypothese erst wiederholt durch die Praxis bestätigt werden. Bald wurde es aber deutlich, dass eine wissenschaftliche
Theorie weder aus der Erfahrung logisch ableitbar noch durch Erfahrung verifi-
zierbar ist. 1934 zeigte dann K. POPPER [70], dass unser gesamtes Wissen aus
Hypothesen besteht, deren Wahrheit nie sicher ist. Es besteht nämlich vorwiegend aus All-Sätzen, die immer und überall gelten sollen. Das ist aber mit endlich vielen Beobachtungen nicht zu gewährleisten. Daher führte er neben der
Bewährung und strengen Prüfung die Falsifikation[59] ein. Hierbei würde ein Ge-
genbeispiel genügen, um die entsprechenden Inhalte als ungültig zu erklären. Die
übliche Praxis zeigt jedoch, dass derartige Hypothesen dennoch weiter benutzt
werden. 1962 führte dann T. KUHN [71] den Paradigma-Begriff[2] ein. Er wies
darauf hin, dass es in der jeweils aktuellen Wissenschaft vorherrschenden Hypothesen und Theorien gibt. Ihnen folgt – von Außenseitern abgesehen – die Wis-
senschaftsgemeinde so lange, bis sich widersprechenden Aussagen so stark an-
sammeln, dass eine Änderung, ein Paradigma-Wechsel als wissenschaftliche
Revolution, erzwungen wird. doch der Weg hierhin ist lang. Ein Beleg ist die
Feststellung von PLANCK im Abschnitt 6.1.

---

[2]   Verifikation: Lateinisch *veritas* Wahrheit.
      Falsifikation Lateinische *falsus* unbegründet, grundlos, irrig, falsch.
      Paradigma: Griechische *paradigma* Beispiel, Vorbild, Verweis, Beweis, Urbild, Modell, Muster
      oder mustergültiges Beispiel.

Besonders aufschlussreich ist die langsame Durchsetzung des heliozentrischen Weltsystems. Nach Ansätzen aus der Antike entwickelt es zunächst rein theoretisch N. KOPERNIKUS In seinem Werk „De revolutionibus orbium coelestium". Die katholische Kirche setze es auf den Index. Doch GALILEI konnte es später mittels Beobachtung durch sein Fernrohr beweisen. Damit geriet er ernsthaft in Konflikt mit der Kirche. Ein deutliches Zeigen der möglichen Folterwerkzeuge der Inquisition bewegte ihn am 22. Juni 1633 zum öffentlichen Widerruf seiner Lehre. Dennoch erhielt er ein streng bewachtes Experimentierverbot. B. BRECHT lässt ihn dazu am Ende der 14. Szene in seinem „Leben des Galilei" (Uraufführung am 9.9.43 im Schauspielhaus Zürich) sagen:

> „Hätte ich widerstanden, hätten die Naturwissenschaftler etwas wie den hippokratischen Eid der Ärzte entwickeln können, das Gelöbnis, ihr Wissen einzig zum Wohle der Menschheit anzuwenden!"

Diese Erkenntnis ist ihm bestimmt nicht leicht gefallen. Das belegt Brecht im Gespräch zwischen Galilei und seinem Schüler Andrea in der 13. Szene:

> Andrea: „Unglücklich das Land, das keine Helden hat." Galilei: „Nein. Unglücklich das Land, das Helden nötig hat."

Unter diesen Gesichtspunkten ist es eigentlich erstaunlich, dass ein erheblicher Anteil der USA-Bevölkerung immer noch mehr der Schöpfungslegende der Bibel als den Evolutionsgesetzen von DARWIN glaubt – und noch mehr, dass das in einigen Staaten sogar als Pflicht für die Schulausbildung festgeschrieben ist.

Bei der V-Information betrifft die Wahrheit hauptsächlich die Möglichkeiten und Grenzen der Mathematik. Fehler der Algorithmen, Rundungsfehler und logische Widersprüche können hier die Wahrheit begrenzen. Bei der S-Information sind es hauptsächlich die Störungen und die durch sie verursachten Fehler. Aussagen zur Q-Information stehen wohl noch aus.

7.2 Informationskultur[3]

Begriff und Inhalt von Information sind vorhanden und werden vielfältig benutzt. Häufig sind sie nützlich und oft sogar notwendig. Doch auch schädigender Missbrauch geschieht. Sehr wahrscheinlich leben wir (bereits) im Informationszeitalter. Doch wie gehen wir mit der Information um? Offensichtlich sind Aus-

---

[3] In diesem Abschnitt versuche ich, mir wichtige Fakten, Zusammenhänge, Fragen und Möglichkeiten sowie deren zu erwartende Folgen thesenhaft aus gewiss individueller Sicht darzustellen.

sagen zu einer „richtigen" und zukunftsträchtigen Informationskultur dringend erforderlich. Ihre Festlegungen und Empfehlungen müssen dabei vielfältige gesetzliche und technische Festlegungen, Gebote und Verbote enthalten sowie viele Gebiete berücksichtigen. Die entsprechenden Inhalte müssen möglichst schnell entwickelt, begründet und dann bestmöglich eingehalten werden. Dabei muss aber eine beachtliche Toleranz gegenüber unterschiedlichen „Kulturen" erhalten bleiben. Bereits in der (nahen) Zukunft könnten solche „Übereinkünfte" für den Bestand und Fortschritt der Menschheit dringend erforderlich sein.

Im weitaus engeren Rahmen gibt es seit 1788 ein historisches, zweibändiges Standardwerk von A. KNIGGE: „Über den Umgang mit Menschen". Entgegen einigen Trivialisierungen enthält es vielfältige Empfehlungen für einen kulturvollen zwischenmenschlichen Umgang. Für den Umgang mit Information kann der „Knigge" natürlich nur Anhaltspunkte bereitstellen. Wichtige Schwerpunkte könnten dabei sein: Was muss wann, wo und wie (sicher) gespeichert werden? Ist eine Geheimhaltung von Information überhaupt sinnvoll oder gar erforderlich? Wie ist das Urheberrecht neu zu gestalten? Wie ist eine angemessene Privatsphäre zu sichern?

7.2.1   Urheberrecht

Menschen sollen und müssen menschenwürdig leben. Ihre elementaren Bedürfnisse sind Ernährung, Kleidung und Unterkunft. Im Gegensatz zur Information sind sie aber in ihren materiellen und ökonomischen Ressourcen begrenzt. Dennoch wären die Bedürfnisse weltweit „ausreichend" zu befriedigen. Doch die Ansprüche sind individuell sehr unterschiedlich und zum Teil auch gewaltig übertrieben. Leider erfolgt daher teilweise eine beträchtliche Verschwendung und Vernichtung von Lebensmitteln. Auch das (verschwenderische) Prestigedenken einiger – statt Bescheidenheit – verschlingt unnötig viel. Hinzu kommen die Auswirkungen von nur teilweise vermeidbaren Katastrophen und von niemals notwendigen Kriegen. Bezüglich dieser und weiterer negativer Fakten muss und wird Information im Sinne der Informationsschwelle (hoffentlich) Änderungen erzwingen. Hierzu ist die Aussage von STEINBUCH aus dem Jahre 1972 zu wiederholen (siehe oben), nach der die Information der unbedingt notwendige Kitt ist, der unsere Kultur und Zivilisation zusammenhält [6]. Doch sie ist nicht nur deshalb ein wichtiges Bedürfnis der Menschen. Zurzeit bestehen aber auch hier (noch) beträchtliche Mängel gegenüber einem wünschenswerten Idealzustand. Das wird besonders deutlich an der Kommerzialisierung und Monopolisierung von Kultur- und Bildungsinformation. Für den Fortschritt der Menschheit müssen sie jedoch für Jedermann kostenfrei und leicht zugänglich zur Verfügung stehen. Nur so ist eine gute Ausbildung aller möglich, nur so können die kulturellen Güter der Menschheit von allen effektiv genutzt und weiterentwickelt werden und nur so ist allen ein erfülltes kulturvolles Leben möglich. Doch wer mit diesen Informationen Geld verdient, der muss davon beachtliche Abgaben leisten.

Eine wesentliche Killer-Phrase lautet: Wovon sollen die Künstler und Wissenschaftler dann leben? So entstanden das Patent- und später das Urheberrecht. Doch inzwischen sind dazu Institutionen entstanden, die einen beachtlichen Teil der erzielten Einnahmen selbst benötigen. Noch schädlicher ist es, dass Konzerne die Neuerungen betont für ihren Gewinn missbrauchen. So gehen die Personen, die Neues schaffen – von sehr wenigen Ausnahmen abgesehen – nahezu leer aus. Auch deshalb ist eine Änderung der aktuellen Festlegungen dringend erforderlich. In der Wissenschaft ist es daher zum Teil schon üblich, neue Ergebnisse kostenlos ins Internet zu stellen. Beispiele sind Open Educational Resources (OER) für die Ausbildung und Open Access für Hochschulen. So werden zumindest Prioritäten zur Anerkennung der Leistungen gesichert. Hier erfolgt aber – wenn auch nicht immer ideal – eine Finanzierung der Forschung aus dem Staatshaushalt, also über Steuereinnahmen, und Sponsoren stellen weitere Mittel bereit.

Viel zu wenig bekannt ist, dass heute bereits der dritte Machtkampf der Verwertungsgesellschaften stattfindet. Nachdem die Verbreitung der Schallplatte auch über Sendungen des Rundfunks beträchtlich zugenommen hatte, ließen sie 1932/1935 die Schallplattenschränke der Rundfunkanstalten versiegeln. Erst später durfte der Rundfunk jährlich 25.000 Platten senden, musste dafür aber 300.000 Reichsmark zahlen. Für alle weiteren 5.000 Platten waren je 60.000 Reichsmark fällig. Mit der Einführung der Heimtonmagnetbandgeräte entstand ab 1952 der zweite Machtkampf, der schließlich unter anderem zu Abgaben pro Compact-Cassette führte. Den dritten erleben wir jetzt durch die neuen Möglichkeiten des Kopierens und Herunterladens von Dateien (zum Beispiel mp3 und Videos) aus dem Internet. Trotz dieser Abgaben hat im Durchschnitt ein Schaffender oft mehr Abgaben als Einnahmen. Im Interesse der Allgemeinheit sind daher dringend neue Lösungen notwendig. Brauchbare Lösungen dürften jedoch schwer zu finden und noch schwieriger zu realisieren sein. Zusätzlich müsste eine umfangreiche, gerecht abgestufte öffentliche (auch moralische) Anerkennung der individuellen Leistungen notwendig sein. Bei den heute vorwiegend kollektiven Leistungen in der Wissenschaft wird das aber leider zusätzlich immer schwieriger.

7.2.2   Geheimhaltung

Ob es überhaupt Geheimhaltung geben muss, kann ernsthaft bezweifelt werden. Denn sie wird fast nur dazu benutzt, um schädliche oder nachteilige Information zu verschleiern oder Extra-Vorteile zu erreichen. Mächtige wollen so ihre schändlichen Pläne unsichtbar machen. Verbrecher hoffen so ihre Schandtaten zu vertuschen. Konzerne wollen so aus ihrem (berechtigten?) Know-how allein den größtmöglichen Gewinn erzielen. Teilweise versuchen ähnliches Erfinder, Kulturschaffende und Entdecker. Schwache und Ängstliche bemühen sich ihre (berechtigte) Privatsphäre zu sichern und vor allem keine Angriffsmöglichkeiten sichtbar werden zu lassen. Schließlich dienen Lügen auch nur der Geheimhaltung. Auch (absichtliches) Vergessen und Verschweigen gehören dazu. Es gibt also eine große Breite des Schlechten, das mit Geheimhaltung geschützt werden soll.

Geheimdienste und Spionage zu verurteilen betrifft leider nur eine Wirkung. Die eigentliche Ursache sind nämlich immer die Geheimhaltungen[4]. Gäbe es sie nicht, würde es auch keine Geheimdienste geben, die ihre Erkenntnisse wiederum geheim halten und so zur endlosen Kette von Geheimhaltungen führen. Ohne Geheimhaltung würden riesige Mittel frei, die dann unter anderem für Kultur und Bildung nutzbar wären. Zu alledem betrifft Geheimhaltung wohl nur Negatives. Wie eine Satire mutet daher die Aufwertung der „guten" Spione und der entsprechenden Einrichtungen an.

Die zuweilen getroffene Aussage, künftig wäre – wegen fortschreitender Informationstechnik – keine Geheimhaltung mehr möglich, ist trügerisch. Je größere Verbrechen möglich werden, desto mehr werden die „Verbrecher" auch zum Verstecken ausgegeben. Gewiss die Informationsschwelle wird immer mehr aufdecken. Doch der ständig aufwändiger werdende Wettlauf zwischen Geheimhaltung und deren Aufdeckung lässt sich nur dann verhindern, wenn die Ursache selbst, die Geheimhaltung, bekämpft wird. Dabei ist aber zu beachten, dass es ein Riesenspektrum der Geheimhaltung gibt, vom Völkermord über Kriegsverbrechen bis zum kleinsten Vergehen im Privaten. Erstaunlich ist es, dass teilweise der Schutz der Privatsphäre – wie es viele jüngeren Menschen zum Beispiel auf Facebook freiwillig demonstrieren – bereits freier gehandhabt. Einige

---

[4]   Hier das Sprichwort: Der Bauer schlägt den Sack, wenn er den störrischen Esel meint! Anmerkung: den Esel (die Geheimhaltung) braucht er ja noch für sich selbst. Daher schägt er den Sack (die Geheimdienste). Zu dieser Problematik ist nach Manuskriptabschluss viel Neues hinzugekommen. Es wurde am 2.6.2014 in der Humboldt-Universität Bereich Medienwissenschaften vorgetragen. Die dazu gehörenden Folien sind von horstvoelz.de/pdfHU/ herunterladbar.

beschreiben alles was sie tun mit voller Absicht und nennen es „postprivacy", ein Leben nachdem Ende der Privatsphäre. Insgesamt müssen Strafen nicht nur gemäß den Folgen der Verbrechen, sondern auch gut abgestuft bereits für die Geheimhaltung gemäß den möglichen Folgen eingeführt werden. Kaum betroffen sollte davon das Berufsgeheimnis der Ärzte sein. Vielleicht trifft das auch auf das der Anwälte zu. Hier ist dann aber eine strenge Zeitbegrenzung erforderlich. Das heutige Verfluchen der Geheimdienste ist somit kein brauchbares Mittel, vielmehr ist bereits gegen Geheimhaltung vorzugehen (siehe Fußnote 4, S. 160).

In diesem Zusammenhang ist einiges zu den Computerfreaks zu ergänzen. Hier muss deutlich zwischen Hacker und Cracker unterschieden werden. Hacker decken nur Schwächen, Fehler und Untaten auf. Sie sollten daher stets als Helden – das gilt nicht nur für E. SNODEN – anerkannt werden. Für solche Aktivitäten sollten sogar finanzielle Mittel und Belohnungen bereitgestellt werden. In diesem Sinne ist der Chaos Computer Club (CCC) ist eine äußerst lobenswerte Einrichtung. Auch die CD über Steuersünder gehören teilweise zu den Hackern. Doch wenn das so betrieben wird, dass damit vor allem Geld verdient wird, muss es zumindest teilweise verurteilt werden. Das andere Extrem bilden die Cracker. Sie betreiben bevorzugt destruktive oder gar zerstörerische Aktivitäten, unter anderem mit Viren. Ihr Handeln ist entsprechend zu bestrafen.

In seltenen Fällen wird auch künftig eine geringfügige aber streng zeitlich begrenzte Geheimhaltung erforderlich sein. Gewiss war es während des letzten Weltkriegs sinnvoll, die Arbeiten zur Entschlüsselung der Enigma im Blechtley Park sehr geheim zu halten. Aber musste danach CHURCHILL alles Wissen und alle Technik um den Rechner Colossus total vernichten und dann auch noch bis 1975 geheim halten lassen? Auch die Akten zum Mord an KENNEDY und der Flug von HEß nach England (1941) werden immer noch geheim gehalten. In diesem Kontext weist unter anderem NEIRYNCK [61] deutlich auf damit zusammenhängende politische Ungerechtigkeiten hin (paraphrasiert): W. BRAUN, der die V2-Entwicklung im Hitlerkrieg zu verantworten hatte, erhielt mit seinen Gefährten problemlos die amerikanische Staatsangehörigkeit und konnte so weiterarbeiten, als ob nichts geschehen sei. Um gewissermaßen diese Verherrlichung des Kriegsverbrechens zu kompensieren, wurde der so genannte Geistesgestörte HEß in Nürnberg feierlich verurteilt und in Spandau prunkvoll mehrere Jahrzehnte lang gefangen gehalten. Erst jetzt wird immer mehr bekannt, wie viel bei der Wiedervereinigung mit einigen Gütern und Bürgern der DDR ungerechtfertigt geschah.

7.2.3   Informationen in der Zukunft

Im Prinzip kann heute alles, was auf der Welt elektronisch geschieht, vollständig gespeichert werden. Bit-Preis und Speicherkapazität treten dabei kaum noch begrenzend in Erscheinung. Seit Beginn der Informationstechnik nahm nämlich die verfügbare Speicherkapazität um mehr als 15 Zehnerpotenzen zu, und sie wächst ständig weiter (Abbildung 63). Außerdem zeigt der Bit-Preis eine ähnliche, aber fallende Entwicklung (Abbildung 64).

Bereits heute ist daher die gespeicherte Informations-Menge so groß, dass kaum noch eine sinnvolle und effektive Suche möglich ist. Darunter leiden unter anderem die stur sammelnden Geheimdienste und teilweise auch private Hobby-Sammler, insbesondere bei Videos. Als Ballast kommen noch störende bis schädliche Doppelungen hinzu. Daher ist schon heute eine umfassende Strategie notwendig, die entscheiden lässt, was, wie und wie lange künftig gespeichert werden sollte. Dazu sind auch Redundanz und Relevanz von Information neu zu definieren. Betroffen sind unter anderem Inhalte der Daten, Sachbezüge, Archivierungszeit sowie Datensicherheit und -schutz (auch Privatsphäre).

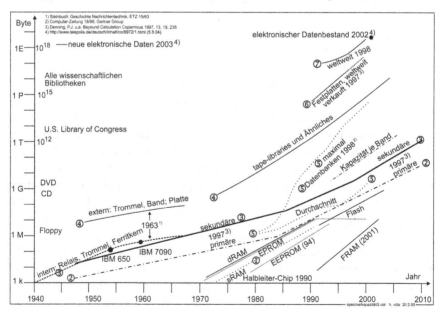

Abbildung 63: Geschichtliche Entwicklung der Speicherkapazität. Detaillierte Ergänzungen enthält [54] ab Seite 18.

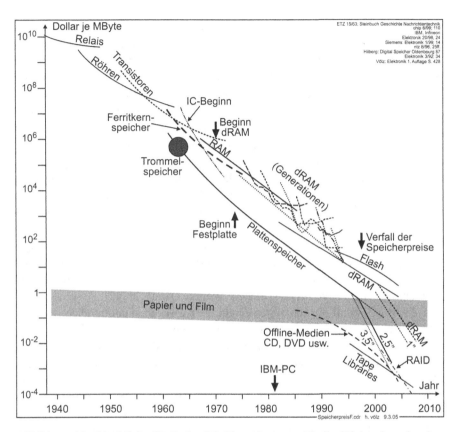

Abbildung 64: Verfall der Bit-Preise. Die Umrechnung auf Dollar/Bit beruht auf groben Abschätzungen zum heutigen Wert. Besonders auffällig bleibt aber der betont steilere Abfall ab 1995. Ab hier steht für die meisten Anwendungen erstmalig ausreichende Speicherkapazität zur Verfügung [54], Seite 28.

Für Datenschutz und -sicherheit sind dringend Universalformate und spezielle Bezugs-Hardware notwendig. Ökonomische Grenzen betreffen vor allem den Aufwand für die Pflege der Daten und die Suche nach Relevantem. Neu überdacht werden muss dabei auch der Umgang mit Daten aus Kultur und Bildung (siehe Unterabschnitt 7.2.1).

Im Folgenden wird versucht, hierfür Schwerpunkte herauszuarbeiten. Wahrscheinlich müssen die Aussagen nach drei Gesichtspunkten mit untergeordneten Kategorien unterschieden werden. Erstens betreffen sie Datenschutz und -sicherheit, zweitens inhaltliche und zeitliche Begrenzungen und drittens Speicherkapazität und Zugriffsgeschwindigkeit im Spektrum von individuellen Nutzerdaten bis hin zu Welt-Archiven mit zusätzlicher Unterteilung nach Anwendungsbereichen und schließlich Bezugs-Hardware erforderlich. Der gefürchtete „digitale Verlust" macht es teilweise bereits heute schwierig oder gar unmöglich, veraltete Dateiformate und Datenträger zu lesen. Hier sind daher dringend weltweite Normungen notwendig. Erste, aber noch wenig befriedigende Formate sind RTF und PDF. Vielleicht können auch Formeln als Rekonstruktions-Formate eingeführt werden. Zusätzliche „Sonderlösungen" – aus welchen Gründen auch immer, natürlich auch zur Geheimhaltung – müssen geächtet werden. Im Gegensatz zu leider häufigen Feststellungen werden Datenverluste nur selten von zu geringer Zuverlässigkeit der Speicher verursacht. Es ist eher der Umgang mit den Speichern. Sie treten hauptsächlich durch menschliches Versagen, Diebstahl und bösartiges Zerstören ein. Hierzu sind unter anderen bei der Firma Ontrack umfangreiche statistische Auswertungen zu finden. Hinzu kommt eine beabsichtigte „negative", weil dann verkaufsfördernde Werbung. Werden zum Beispiel Flash-Speicher im Kühlschrank oder gar Gefrierfach gelagert, so ist der Datenbestand über tausend Jahre zuverlässig gesichert. Weitere Details in [62].

Für die Zukunft dürften allgemeingültige Aussagen kaum möglich sein. Bezüglich verschiedener Untergebiete wäre beispielhaft zu klären: Wie sind Informationen vor Zerstörung, Verlust, Katastrophen und ähnlichem zu schützen? Wie ist der Zugriff – Rechte für Speichern und Löschen, kaum Einschränkungen für Lesen – zu regeln? Wie ist mit Urheberrechten – wie Vergütungen, Ehrungen, Zitate und Plagiaten – umzugehen? Ein Missbrauch von Information als Machtmittel muss strikt unterbunden werden. Wie können Dateien mit schädlichen, destruktiven oder unmoralischen Inhalten möglichst gut (gesetzlich, moralisch) unwirksam gemacht werden? Jede wirklich notwendige Geheimhaltung (Verschlüsselung) ist extrem streng zeitlich zu begrenzen.

Inhaltliche Begrenzungen für die Speicherkapazität sind bezüglich der Nutzer möglich. Jeder Einzelne benötigt nur begrenzt viele wissenschaftliche, didaktische, kulturelle und gesetzliche Informationen. Deutlich umfangreichere Daten sind für die Menschheit, Zivilisation und Technik erforderlich. Für die Kultur und Geschichte müssen unter anderem Originale der Kunst, zum Menschenbild und zu den Religionen sicher erhalten werden. Grundsätzlich ließen sich die Datenmengen deutlich dadurch reduzieren, dass ein oder wenige Welt-Archive mit leistungsfähigem und freiem Zugriff geschaffen würden.

Tabelle 16: Versuch einer Einteilung der Speicherung von Informationen nach einigen Eigenschaften.

Bezug	Betreff	Umgang für die Speicherung
Historisch	Originale	Dauerhaft aufheben
Kulturell, künstlerisch	Menschliche Werte	Auswahl von Originalen aufheben und allgemein verfügbar machen
Utilitär, technisch, wissenschaftlich	Wissen, Fakten, Gesetze, Methoden	Ständig aktualisieren
Didaktisch	Darstellungsform, gut lehrbar	Besseres ersetzt Älteres
Geheimhaltung	Fakten, Geschehen	Falls überhaupt notwendig, mit genau begründeter zeitlicher Begrenzung
Destruktiv, zerstörerisch	Wissen, Methoden	Neben Verbot und Strafen auch moralische Verurteilungen schaffen

Spezialisierte Reduzierungen ergeben sich für einzelne Kategorien. Bei Lehrbüchern, Lexika und Publikationen genügt fast immer ein eingeschränkter, aktuell zu haltender Anteil, eventuell unter Berücksichtigung guter didaktischer Gestaltung. Für Museen, Archive und teilweise Bibliotheken reichen meist typische Originale in geringer Anzahl. Rundfunk, Fernsehen und Presse müssen wichtige Zeitdokumente und Eigenproduktionen aufheben. Historiker verlangen fast nur die fixierten Originale. Leider werden sie von ihnen aber immer wieder neu interpretiert. Die Archäologie muss zusätzlich kulturhistorische Inhalte als „Welterbe" sichern. Vereinfacht gilt so etwa die Tabelle 16.

Deutlich schwieriger als Mittel zur Optimierung der Speicherkapazität sind Maßnahmen für die Zugriffszeit. Denn hier dürfte es auch langfristig technische Engpässe geben. Sie müssen unter anderem durch hierarchische Strukturen gelöst werden. Erste Ansätze existieren bereits in der Industrie unter verschiedenen Namen: Hierarchisches Speicher-Management, High-end Storage Management (HSM), Information-Lifecycle-Management (ILM), Direct Attached Storage (DAS), Hierarchical One Volume Manager (OVM-H) und Storage Area Network (SAN). Sie gehen von Modellen aus, die unterschiedliche Parameter berücksichtigen. Unter anderem sind das Speicherkosten, Datenmenge, Notwendigkeit und Wichtigkeit für den Betriebsablauf, Änderungsgeschwindigkeit, Gültigkeitsdauer, Vertraulichkeit, Geheimhaltung, Zugriffshäufigkeit, Zugriffszeit, Datenrate, zulässige Wartezeit, Archivierungspflicht und Betriebsgeschichte [54], Seite 28 und 460. Bei der notwenigen Verallgemeinerung (insbesondere in großen Archiven) dürfen sie aber nicht dazu genutzt werden, die Freizügigkeit der Zugriffe für Einzelne oder Gruppen einzuschränken; das gilt insbesondere für den freien Zugriff auf Informationen für Bildung und Kultur. Wichtig dürfte auch eine Einhaltung der jeweils zulässigen Wartezeiten sein.

8 Zur Thermodynamik

Eigentlich gehört dieses Kapitel nicht in dieses Buch, denn seine Beziehung zur Information ist nicht sonderlich wichtig. Lediglich mit der Z-Information – als Beschreibung von Weltgeschehen – besteht ein gewisser Zusammenhang. Doch leider wird der thermodynamische Entropie-Begriff von beachtlich vielen Soziologen und Geisteswissenschaftlern – die dann sehr wenig von Mathematik verstehen – in sehr enge Beziehung zur SHANNON-Entropie-Begriff gesetzt[1]. Unter anderem wird zuweilen sogar behauptet, dass die Summe aus beiden konstant sei. Weiter verleitet das negative Vorzeichen bei der SHANNON-Entropie zur falschen Benutzung von Neg-Entropie. In einigen Fällen ist dieser Begriff – aber richtig, nämlich thermodynamisch benutzt – durchaus sinnvoll (siehe unten).

8.1 Thermodynamik und CARNOT-Kreisprozess

Ab Mitte des 16. Jh. war die Dampfmaschine gut bekannt. Mit ihr begann die industrielle Revolution. Wie groß der technische Fortschritt war, ist schon daran zu erkennen, dass die Leistung in Pferdestärken (PS) gemessen wurde. Jeder gute Ingenieur konnte damals eine Dampfmaschine bauen und einsetzen. Dabei wurde längere Zeit Wärme als Stoff betrachtet. Doch bereits 1738 hatte D. BERNOULLI sie als ungeordnete Bewegung der Moleküle erkannt. Völlig unklar war aber, wie viel von der Wärme als mechanische Energie nutzbar werden konnte. Hierfür definierte 1824 CARNOT den idealen Kreisprozess (siehe unten). 1843 formulierte J. MAYER den Energie-Erhaltungssatz. Wenig später folgten J. JOULE und H. HELMHOLTZ. Das führte zum 1. Hauptsatz der Thermodynamik und 1851 formulierte KELVIN den 2. Hauptsatz. Damit waren die wesentlichen Grundlagen der Thermodynamik vorhanden.

---

[1] Ich nenne hier absichtlich keine Namen. Dann wäre nämlich eine umfangreiche Sonderbehandlung der Probleme erforderlich. Stattdessen bringe ich hier nur eine sehr verkürzte Einführung in die Thermodynamik und zeige dabei die grundlegenden Unterschiede auf. Im Prinzip kann ja jeder einen Entropie-Begriff verwenden, wie er will. Dazu müsste er ihn dann aber definieren und nicht subjektiv zu den festgelegten Inhalten von SHANNON- und thermodynamischer Entropie in falsche Beziehungen bringen. Schließlich gibt es ja auch weitere, dann aber gut definierte Entropiebegriffe [63].

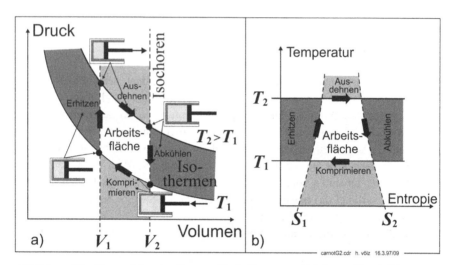

Abbildung 65: Kennzeichen des CARNOT-Kreis-Prozesses. a) Volumen-Druck-Diagramm. b) Umrechnung in ein Temperatur-Entropie-Diagramm.

CARNOT nahm zwei ideale Wärmequellen mit den konstanten Temperaturen $T_v > T_u$ (Verbrennungs- und Umwelttemperatur) an. Weiter gibt es ein sehr gut isoliertes Zylindergefäß mit einem verschiebbaren Kolben zur mechanischen Energie-Ankopplung. Das verfügbare Volumen des Kolbens ist zwischen V_1 und V_2 änderbar. Das Zylindergefäß wird wahlweise mit den Temperaturen T_v oder T_u gekoppelt.

Bei konstanter Temperatur und Volumenänderung werden die hyperbelförmigen Isothermen durchlaufen (Gas-Gesetze). Die geradlinigen Isochoren entstehen – wenn das Volumen konstant gehalten wird – beim Abkühlen bzw. Erhitzen. Entlang den großen Pfeilen (in Abbildung 65a) entsteht so der Kreisprozess. Er begrenzt die Arbeitsfläche. Ihre Größe entspricht der aus der Wärmeenergie ΔQ erzeugten mechanischen Energie ΔW. So ergibt sich der Wirkungsgrad des idealen Kreisprozesses zu.

$$\eta = \frac{\Delta Q}{\Delta W} \le \frac{T_v - T_u}{T_v}.$$

Damit er möglichst groß wird, muss die Verbrennungstemperatur T_v möglichst hoch und T_u möglichst klein sein.

Jede reale Dampfmaschine – allgemein Wärmekraftmaschine – hat Verluste, wie nicht ideale Wärme-Isolierung und -übertragung, Reibung bei Bewegung des Kolbens und Wirbelbildung bei seiner zu schnellen Bewegung. Daher ist ihr Wirkungsgrad stets kleiner. Durch Messung des erreichten Wirkungsgrades im Vergleich zum idealen sind mögliche Verbesserungen zu erkennen. Auf der Grundlage dieser Theorie entwickelte R. DIESEL seinen deutlich besseren Verbrennungsmotor, für den er 1892 das Patent erhielt.

Die Abbildung 65b betrifft die thermodynamische Entropie, die auch BOLTZMANN-Entropie genannt wird. Sie ist im folgenden Abschnitt behandelt.

8.2 Die Hauptsätze der Thermodynamik

Meist werden nur 3 oder gar 2 Hauptsätze der Thermodynamik behandelt. Doch es gibt auch einen nullten Hauptsatz. Er ist eine Voraussetzung für die anderen und betrifft das Streben zum Gleichgewicht, das sich immer nach hinreichend langer Zeit einstellt. In einem geschlossenen System gleichen sich dadurch alle Temperaturdifferenzen aus, und makroskopische Größen, wie Druck, Temperatur und Volumen ändern sich dann nicht mehr.

Der 1. Hauptsatz betrifft die Energieerhaltung. Energie kann in eine andere Form – wie thermisch, elektrisch, mechanisch und chemisch – umgewandelt werden, bleibt dabei aber immer erhalten. Für die Gesamtenergie eines Systems aus N Teilchen gilt $U = {}^3/_2 \cdot N \cdot k \cdot T$. Darin bedeuten k die BOLTZMANN-Konstante und T die absolute Temperatur. Bei einer Änderung – ähnlich dem CARNOT-Prozess – müssen die mechanische Energie (Arbeit) A und Wärme-Menge Q unterschieden werden. Für die Änderung der inneren Energie folgt dann $\Delta U = A + Q$. Während eine mechanische Energie immer vollständig in Wärme umwandelbar ist, gilt das Umgekehrte nicht. Daraus leitet sich unter anderem der Zeitpfeil im Abschnitt 1.5 und der Abbildung 5 ab. Allgemein folgt daraus, dass es kein Perpetuum mobile[2] 1. Art geben kann, das dauernd Energie erzeugt, ohne sie der Umgebung zu entziehen.

Mit dem 2. Hauptsatz wird 1854 von CLAUSIUS – also weit vor SHANNON und WIENER – die CLAUSIUS-Entropie als $\Delta S = \Delta Q/T$ eingeführt. 1865 erklärt er hierzu [67], Seite 184:

„Sucht man für S (die Entropie) einen bezeichnenden Namen, so könnte man, ähnlich wie von der Größe U (der inneren Energie) gesagt ist, sie sey der Wärme- und Werk-

---

[2] Von lateinisch: das sich ständig Bewegende. Zuvor bereits bei Musikstücken gebräuchlich, unter anderem bei N. PAGANINI und C. M. WEBER. Besonders bekannt ist die Schnellpolka unter diesem Namen von J. STRAUß, Sohn.

inhalt des Körpers, von der Größe S sagen, sie sey der Verwandlungsinhalt des Körpers. Da ich es aber für besser halte, die Namen derartiger für die Wissenschaft wichtiger Größen aus den alten Sprachen zu entnehmen, damit sie unverändert in allen neuen Sprachen angewandt werden können, so schlage ich vor, die Größe S nach dem griechischen Worte »tropae«, die Verwandlung, die Entropie des Körpers zu nennen. Das Wort Entropie habe ich absichtlich dem Wort Energie möglichst ähnlich gebildet, denn die beiden Größen, welche durch diese Worte benannt werden sollen, sind ihren physikalischen Bedeutungen nach einander so nahe verwandt, daß eine gewisse Gleichartigkeit in der Benennung mir zweckmäßig zu seyn scheint."

Die Entropie könnte also auch Verwandlungsinhalt heißen, denn sie betrifft jene Wärme-Energie die mechanisch genutzt werden kann. Wegen der Differenz ΔQ gibt es keinen absoluten Bezugspunkt für die Entropie S. Eine vereinfachte Veranschaulichung von $\Delta S = \Delta Q/T$ kann durch die Stromkosten eines Kühlschranks gegeben werden. Mit seiner Innen-Temperatur T_i ergibt sich dabei in kWh/T_i: je tiefer T_i ist, desto höher sind die Stromkosten. Es gibt noch eine zweite Formel für die thermodynamische Entropie (siehe unten).

Eine weitere wichtige Aussage des 2. Hauptsatzes ist die Unmöglichkeit des Perpetuum mobile 2. Art, das fortlaufend (periodisch) Wärme in mechanische Energie umwandeln kann. Diese Aussage ist zwar nicht beweisbar, aber ihr Inhalt wurde immer wieder beobachtet und bestätigt gefunden.

Der 3. Hauptsatz betrifft den absoluten Nullpunkt $T \to 0$: Er wurde 1848 von KELVIN vorgeschlagen. Die statistischen Zusammenstöße der Moleküle erhöhen die Entropie bis zum Maximum. Dort besitzt das System keine Fähigkeit für eine Anregungsenergie mehr: Weil dort $\Delta S \to 0$ gilt, ist der absolute Nullpunkt experimentell nie erreichbar. Hieraus leitete 1851 KELVIN auch die Zeitrichtung und die Irreversibilität der meisten natürlichen Prozesse ab. Er führte dafür den Begriff des Wärmetods ein.

8.3 Statistische Thermodynamik

Bei der statistischen Thermodynamik ist die ungeordnete Bewegung der Moleküle entscheidend. Hierdurch füllen sie jeden zur Verfügung stehenden Raum möglichst gleichmäßig aus. Ein oft zitiertes Beispiel ist die Abbildung 66. Zunächst sind in einem Gefäß mit Trennwand zwei unterschiedliche Molekülarten untergebracht. Dann wird die Wand entfernt und jede Molekülart füllt den gesamten Raum gleichmäßig aus. Theoretisch ist auch die Umkehrung möglich. Sie ist je-

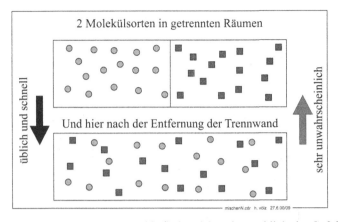

Abbildung 66: Durch eine Trennwand befinden sich rechts und links im Gefäß zwei unterschiedliche Molekülarten. Wird die Wand entfernt, so nimmt jede Art für sich den gesamten Raum ein. Eine sich anschließende räumliche Trennung beider Arten (ohne Trennwand) ist zwar möglich, aber sehr unwahrscheinlich.

doch äußerst unwahrscheinlich, denn dazu müsste die Entropie des gesamten Systems entgegen dem Zeitpfeil sinken.

Ergänzend zu den bekannten statistischen Bewegungen der Moleküle eines Gases bestimmte 1859 MAXWELL ihre Geschwindigkeitsverteilung. Seine Betrachtung erweiterte dann wesentlich 1868 BOLTZMANN. 1872 gelang ihm es schließlich ein statistisches Äquivalent zur CLAUSIUS-Entropie abzuleiten. Mit der Wahrscheinlichkeit W lautet seine Formel für die BOLTZMANN-Entropie

$$S = k \cdot \ln(W).$$

Um Übereinstimmung mit der Variante von CLAUSIUS zu bekommen, sind der natürliche Logarithmus und die Boltzmann-Konstante mit $k \approx 1{,}38065 \cdot 10^{-23}$ Joule/Kelvin erforderlich. Zur Erklärung der Formel müssen die Wahrscheinlichkeiten von Makro- und Mikrozuständen unterschieden werden.

Die Mikro- und Makro-Zustände und deren Wahrscheinlichkeiten lassen sich gut mit Würfeln erklären. Ein einzelner Würfel verfügt über die 6 Zustände der Augenzahlen 1 bis 6. Wenn er nicht gezinkt ist – was hier vorausgesetzt wird –, dann besitzt jeder Mikrozustand die Wahrscheinlichkeit 1/6. Werden nun zwei solche Würfel in einen Knobelbecher getan, dann ist die Summe der beiden Augenzahlen eine Makrowahrscheinlichkeit. Dadurch sind 12 Makrozustände mit den summierten Augenzahlen 2 bis 12 möglich. Ihre Wahrscheinlichkeiten

Tabelle 17: Wahrscheinlichkeit der Augenzahlen als Makro-Zustände für zwei ununterscheidbare Würfel.

Augenzahl	Mögliche Fälle bei einem Wurf	Wahrscheinlichkeit
2	1+1(1×)	1/36 ≈ 2,8 %
3	1+2 (2×)	2/36 ≈ 5,6 %
4	1+3 (2×) 2+2 (1×)	3/36 ≈ 8,3 %
5	1+4 (2×) 2+3 (2×)	4/36 ≈ 11,1 %
6	1+5 (2×) 2+4 (2×) 3+3 (1×)	5/36 ≈ 13,9 %
7	1+6 (2×) 2+5 (2×) 3+4 (2×)	6/36 ≈ 16,7 %
8	2+6 (2×) 3+5 (2×) 4+4 (1×)	3/36 ≈ 8,3 %
9	2+6 (2×) 4+5 (2×)	5/36 ≈ 13,9 %
10	4+6 (2×) 5+5 (1×)	4/36 ≈ 11,1 %
11	5+6 (2×)	2/36 ≈ 5,6 %
12	6+6 (1×)	1/36 ≈ 2,8 %

sind aber unterschiedlich. Die Augenzahl 2 kann nur als 1+1 entstehen und besitzt die Wahrscheinlichkeit $(1/6)^2 = 1/36$ (Produktwahrscheinlichkeit). Für die Augenzahl 4 gibt es drei Möglichkeiten 1+3 beziehungsweise 3+1 und 2+2. So ergibt sich für sie die Wahrscheinlichkeit 3/36 = 1/12. Die Tabelle 17 zeigt alle möglichen Makrozustände.

Auch mit einer Urne lassen sich Mikro- und Makrozustände mit ihren Wahrscheinlichkeiten leicht erklären. Gemäß der Abbildung 67 wird eine Urne mit zwei Fächern benutzt. Das Hineinwerfen einer Kugel erzeugt dann einen Mikrozustand. Mehrere Kugeln gemeinsam bewirken die möglichen Makro-Zustände. Auf die Thermodynamik übertragen ist der Ort (oder Geschwindigkeit) eines Moleküls ein möglicher Mikrozustand. Dann bilden die Möglichkeiten aller im System vorhandenen Moleküle Makrozustände.

Allgemein bestehe nun ein System aus N zusammengefasste Mikroteilchen. Jedes Teilchen kann dann einen der möglichen Mikrozustände z_i annehmen. Aus ihren möglichen Kombinationen ergeben sich verschiedene Makrozustände. Bei gleichen Mikroteilchen mit jeweils zwei Mikrozuständen folgen 2^N Makrozustände als statistisches Gewicht. Jeder der möglichen Makrozustände hat seine eigene Makrowahrscheinlichkeit, beim z-ten Zustand sei sie W_z. Aus der folgt dann die dazugehörende BOLTZMANN-Entropie $S = k \cdot \ln (W_z)$. Werden zwei Systeme mit W_1 und W_2 sowie S_1 und S_2 vereinigt, dann muss gelten

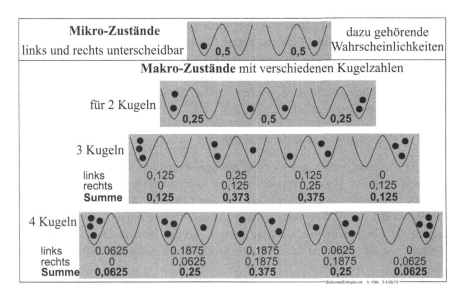

Abbildung 67: Mikro- und Makro-Zustände bei einer Urne mit zwei möglichen Belegungen und die sich dabei ergebenden Wahrscheinlichkeiten.

$$W = W_1 \cdot W_2 \text{ und } S = S_1 + S_2.$$

Das macht ebenfalls den Logarithmus $\ln(W)$ bezüglich der Wahrscheinlichkeiten notwendig. Weil die Wahrscheinlichkeit für wachsendes N sehr schnell extrem klein wird. ist er zusätzlich vorteilhaft.

8.4 Einige Besonderheiten

8.4.1 Falsche Kritik an BOLTZMANN

Die statistische Theorie von BOLTZMANN wurde seinerzeit von den meisten Physikern aus zwei Gründen abgelehnt. Durch J. DALTON hatte sich zwar in der Chemie die Annahme von Atomen für die Stöchiometrie[3] gut bewährt. Jedoch bei den Physikern waren sie noch lange verpönt. Es galt: Haben Sie schon ein-

---

[3] Griechisch *stoicheîa* Grundstoff und *metrie* von Messen. Lehre von der mengenmäßigen Zusammensetzung chemischer Verbindungen und der mathematischen Berechnung chemischer Umsetzungen.

mal ein Atom gesehen? Dieser Widerspruch kam vor allem von E. MACH und
W. OSTWALD. Der zweite Einwand betraf die Ableitung der statistischen Irrever-
sibilität, aus dem 2. Hauptsatz und die reversiblen Mikrozuständen. Das wurden
vor allem von H. POINCARÉ und E. ZERMELO vorgetragen. Das trieb BOLTZ-
MANN schließlich am 5.9.1906 in den Freitod. Siehe hierzu die Aussagen von
M. PLANCK im Abschnitt 6.1.

8.4.2   *BOLTZMANN-* und *SHANNON-Entropie*

Für die Thermodynamik gibt es zwei Entropie-Formeln, die von CLAUSIUS und
die BOLTZMANN. Formal können sie der kontinuierlichen und der digitalen
SHANNON-Entropie gegenübergestellt werden (Tabelle 18). Die Aussagen und
Inhalte sind jedoch völlig verschieden. Bei der Thermodynamik betrifft das Er-
gebnis die gewinnbare mechanische Energie, bei den informations-theoretischen
Formeln ist das Ergebnis dagegen eine physikalisch einheitenfreie Zahl in Bit/
Zeichen.

In den diskreten Fällen ist beiden eine Wahrscheinlichkeit und deren Logarithmus – $\ln(W)$ bzw. $\mathrm{ld}(p_i)$ – gemeinsam. Das könnte eventuell N. WIENER dazu
bewegt haben, SHANNON für H den Begriff Entropie vorzuschlagen. Doch sowohl in beiden Formeln als auch bei den Anwendungen bestehen deutliche Unterschiede. Mit der BOLTZMANN-Entropie wird immer nur jeweils ein einzelner
Makro-Zustand berechnet, bei SHANNON dagegen ein Mittelwert über alle auftretenden Zeichen (Zustände). Diese Unterschiede lassen sich mit der Abbildung
68 vertiefen.

Tabelle 18: Vergleich der der thermodynamischen und informationstheoretischen Entropien.

	Thermodynamik	Informationstheorie
Kontinuierlich	$\Delta S = \Delta Q/T$ (CLAUSIUS)	$H = \mathrm{ld}\dfrac{P_N + P_S}{P_S} = \mathrm{ld}(m)$
Diskret	$S = k\cdot\ln(W)$ (BOLTZMANN)	$H = -\sum\limits_{i=1}^{n} p_i \cdot \mathrm{ld}(p_i)$

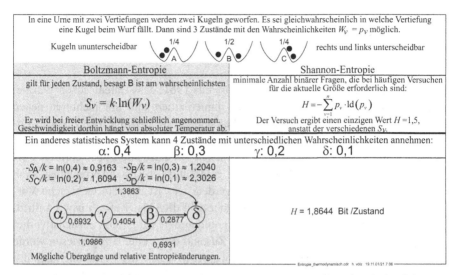

Abbildung 68: Vergleich der thermodynamischen Boltzmann-Entropie mit der diskreten informationstheoretischen Shannon-Entropie.

Überwiegend müssen die Entropien der Thermodynamik und der Informationstheorie als Homonyme[4] angesehen werden. Entsprechend ist daher mit ihnen umzugehen. Es wird wohl kaum jemand einen Bauer (ländlicher Beruf) mit dem Bauer (Vogelkäfig) gleich behandeln.

8.4.3   Neg-Entropie

Die thermodynamische Entropie bewirkt den Zeitpfeil. Wie mittels des Hund-Flöhe-Modells von EHRENFEST im Abschnitt 1.5 und der Abbildung 5 gezeigt wurde, treten aber immer wieder zeitweilige Abweichungen von ihm auf. Dabei nimmt die thermodynamische Entropie ab. Hier ist die Zeitrichtung also negativ. In diesen Zeiträumen kann Neues entstehen (vergleiche Abschnitt 1.4). In diesem Fall ist es vertretbar, von Neg-Entropie zu sprechen. Alle anderen Interpretationen von Neg-Entropie sind missverstanden oder gar falsch. Insbesondere gilt das auch für den Vorschlag von BRILLOUIN, die SHANNON-Entropie als Neg-Entropie zu bezeichnen. Noch deutlicher wird es, wenn sich das „neg" auf das Minuszeichen vor der Summe bezieht. Zuweilen kommt es sogar vor, dass trotz

---

[4]   *Griechisch* homonymía Gleichnamigkeit.

unterschiedlicher Inhalte und Maßeinheiten behauptet wird. dass $S + H =$ konstant gelte.

8.4.4   Landauer-Effekt

Der Physiker R. LANDAUER behauptete bereits 1961, dass Datenlöschen Wärme-Energie freisetzt. Diese Aussage wird immer zitiert und mit mehreren neuen Varianten dargeboten [66]. Auch hierbei sind SHANNON- und BOLTZMANN-Entropie zumindest teilweise vermengt. Zunächst gilt: Bei jedem Aufzeichnen und Löschen muss die Energieschwelle zwischen Bit-Zuständen überschritten werden. Erst wenn der neue (aufgezeichnete/gelöschte) Bit-Zustand erreicht ist, kann ein Teil der Energieschwelle nutzbar werden. Das ist der rein technische Vorgang, der ähnlich auch bei der Wiedergabe von dRAMs (Refresh usw.) auftritt. Dort, wo mit der BOLTZMANN-Entropie argumentiert wird, muss zunächst vorher festgelegt sein, welchen physikalischen Zustand der 1 oder 0 zugewiesen wurde und ob dabei gelöscht oder gespeichert wurde. Mittels einer Codierung kann das unterschiedlich erfolgen. Als Beispiel dazu möge die Abbildung 69 dienen. Die Wahl der Widerstände des Flipflop erzwingt, welcher physikalische Zustand beim Einschalten auftritt. Für die gewählten 8 Flipflop sind 256 Varianten möglich. Ähnliches gilt für gespeichert oder gelöscht sein. Die Zuordnung zur Bedeutung 0/1 muss informationstheoretisch unterschiedlich über die Codierung erfolgen. Daher ist es wenig sinnvoll, Energiewerte nur gemäß einer Bitfolge über die BOLTZMANN-Entropie zu berechnen. Das erlangt nicht einmal theoretisch einen allgemeinen technischen Inhalt. Außerdem sind diese Energien sehr klein gegenüber den Speicherschwellen zwischen beiden Zuständen.

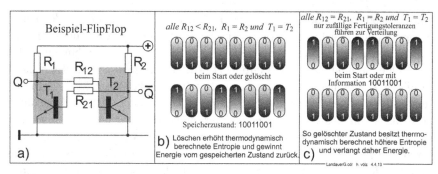

Abbildung 69: Beispiel für den Landauer-Effekt, bei dem angeblich immer nur beim Löschen Energie freigesetzt wird.

8.4.5 Energie/Bit, thermodynamisch abgeleitet

Indirekt (besser formal) lässt sich die für ein Bit minimal notwendige Energie auch aus der BOLTZMANN-Entropie herleiten. Gemäß der Abbildung 70 wird dazu ein Mikrosystem mit zwei gleichwertigen Zuständen herangezogen. Solange der jeweilige aktuelle Zustand (wo die Kugel liegt) nicht bekannt ist, beträgt die BOLTZMANN-Entropie

$$S_u = k \cdot \ln(\tfrac{1}{2}).$$

Ist er danach durch eine Messung bestimmt, so gilt

$$S_b = k \cdot \ln(1) = 0.$$

Die Differenz beider entspricht einem informationstheoretischen Bit und benötigt daher die Energie

$$\Delta E = \Delta Q = \Delta S \cdot T = k \cdot T \cdot \big(\ln(1) - \ln(\tfrac{1}{2}) \big) = k \cdot T \cdot \ln(2).$$

Der Wert stimmt mit der Herleitung aus der Kanalkapazität in Unterabschnitt 5.6.2 überein. Er betrifft aber nicht die Zustände, sondern den für die Messung notwendigen Aufwand – und das ist ein auf Information bezogenes Problem.

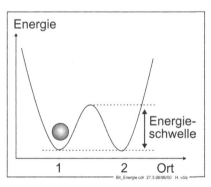

Abbildung 70: Zwei-Term-Modell zur Ableitung der Minimal-Energie je Bit.

9 Zusammenfassung

Ausgangspunkt ist der WIENER-Satz „Information ist Information weder Stoff noch Energie" (Übersetzung H. V.). Durch ihn sind Stoff, Energie und Information als drei Modelle zur Beschreibung von Welt. Zunächst werden dann aber nur Stoff und Energie präzisiert. Eine allgemeine Definition der Information ist leider erst sehr viel später, nämlich im Kapitel 7 möglich. Bezüglich Stoff und Energie wird auf die Evolution der Welt, insbesondere auf den Übergang von Energie (Urknall) zu Stoff (Elementarteilchen bis kosmische Systeme) eingegangen. Im Zusammenhang mit der thermodynamischen Statistik wird eine deutlich überwiegende Zeitrichtung mittels des Hund-Flöhe-Modells von EHRENFEST aufgezeigt. Komplexe Gebilde können dann nur entstehen, wenn dabei eine Raum-Zeit-Oase auftritt. Ergänzend werden dabei typisch kybernetische Systeme und Eigenschaften (Auslöseeffekt) einbezogen. Hieraus leitet sich zwangsläufig ein universelles Verstärkerprinzip ab, dem zum besseren Verständnis der weiteren Betrachtungen der Name Potentiator gegeben wird. Dadurch lassen sich neben den üblichen vielfältigen Verstärker- Varianten auch Auslöseffekte, Enzyme, Katalysatoren und Katastrophen (Schmetterlingseffekt) einbeziehen. Die Verstärkung kann auch „nur" eine Vervielfachung (durch Kopien) sein und/oder iterativ erfolgen. Potentiatoren sind jedoch wesentlich für die gesamte Evolution zu Komplexerem (beginnend beim Urknall). Zum Teil ähnelt sie einer Neg-Entropie (Abschnitt 8.4.3). Dabei müssen nicht unbedingt die Erhaltungssätze gelten. Das entsprechende System muss dazu auch nicht abgeschlossen sein.

Ähnlich wie zuvor bei der Energie werden im Kapitel 2 die Information der Informationsträger und etwas dadurch ihn Bewirktes – das Informat – herauskristallisiert. Am Beispiel der Schallplatte lässt sich gut aufzeigen, dass für ihre künstlerische Wirkung (eben das Informat) immer ein passendes System – hier ein kenntnisreicher Mensch – erforderlich ist. So kann die spezielle *W-Information* (Wirkung) eingeführt werden. Sie ist die erste Erweiterung und Vertiefung der Informationssicht von NORBERT WIENER und betrifft hauptsächlich komplexe Ursache-Wirkungs-Beziehungen mit der Betonung der Wirkung als Informat. Eine wichtige Grundlage ist dabei der oben genannte Potentiator. Im leicht abgewandelten Sinn gehört hierzu auch ein Informationsfeld, zumindest bei der Kommunikation.

Die anders spezialisierte *Z-Information* (Zeichen) wird im Kapitel 3 behandelt. Sie beruht auf Abbildungen der Realität durch (sprachlich und bildliche)

Zeichen sowie deren Zusammenhänge und Gesetze. Dabei werden inhaltliche Aussagen als Wissen über die Realität betont. Sie betrifft unser gesamtes (kollektives) Wissen, einschließlich des zukünftig möglichen. Jedoch sind Wissen und Information nur in einigen Punkten fast synonym. Wissen ist im Wesentlichen in uns statisch gespeichert. Als Verben existieren dazu nur erwerben und vergessen. Da aber die dazugehörenden Zeichen auch zur Welt gehören, können durch Rückbezüglichkeiten leicht Paradoxa und Antinomien entstehen.

Die Zusammenhänge in der Welt lassen sich oft in Mathematik überführen (Mathematiker als Modeschöpfer! Siehe Unterabschnitt 4.7.4). Zuweilen unberechtigt werden dabei logische Wahrheitskriterien (Ja/Nein) verlangt. Für hinreichend komplexe Systeme folgt dann aber unvermeidbar die GOEDEL-Unentscheidbarkeit. Da Mathematik primär mit Zahlen und durch Rechnen operiert, ist eine Codierung für Aussagen zur Realität erforderlich. Axiomsysteme und mathematische Formeln verdichten dabei die Inhalte. Sie sind jedoch für den menschlichen Geist nicht unmittelbar durchschaubar und müssen zunächst mühevoll zu Wissen „ausgewickelt" werden. Abstraktes Denken eröffnet zusätzliche Möglichkeiten.

Die **V-Information** (virtuell) in Kapitel 4 beruht auf die neuen Möglichkeiten der Simulation von Realität mittels Rechner und deren Programme. Sie ermöglichen es, zusätzlich die Realität sehr schnell oder betont langsam nachzuvollziehen und so der menschlichen Geschwindigkeit anzupassen. Es werden dadurch aber auch Realitäten erfassbar, die bezüglich Entfernung, Größe und Gefahr für Menschen nicht direkt erfahrbar sind. Zusätzlich lassen sich auch künstliche (virtuelle) Welten schaffen, die es unter anderem wegen der Naturgesetze in der Realität gar nicht geben kann. Dennoch ist nicht alles Erdenkliche erfassbar. Letztlich müssen immer die Möglichkeiten und Grenzen von Algorithmen im Sinne von Berechenbarkeit eingehalten werden. Neben den Zeitschranken gibt eben auch mathematische Funktionen, die nicht berechenbar sind.

Im Kapitel 5 wird die historische, weil zuerst vorhandene *S-Information* (nach SHANNON) behandelt. Sie liegt heute in gewaltiger Breite und Tiefe und zum Teil in sehr hoher mathematischer Komplexität vor. Es seien nur Telegraph, Telefon, Rundfunk und Fernsehen sowie Komprimierung von Daten, Fehlerkorrektur und Kryptographie genannt. Deshalb können hier nur die wichtigsten grundlegenden Inhalte und einige außertechnische Anwendungen behandelt werden.

Eine Besonderheit der S-Information liegt darin begründet, dass sie (zunächst) von jeglicher Bedeutung der Zeichen absieht und nur ihre Wahrscheinlichkeiten berücksichtigt. Aber gerade dadurch erlangte sie unter anderem für technische Geräte größte Bedeutung. Sie ermöglicht so die Berechnung von technischen Wirkungsgraden bis hin zu komplexen Konstruktionsunterlagen für die Systeme. Das geschieht noch umfangreicher als es bereits viel früher in der Thermodynamik für den Wirkungsgrad wärmetechnischer Maschinen gemäß dem CARNOT-Prozess geschah (Abschnitt 8.1). Die fundamentalen Formeln (Begriffe) der S-Information sind die Shannon-Entropie und -Kanalkapazität. Trotz des Absehens von der Bedeutung der Zeichen, entstanden auch viele außertechnische Anwendungen, unter anderem in Kunst und Literatur, aber auch für Sprache, Kommunikation, Bilder und biologisches Gedächtnis.

Das Kapitel 6 behandelt eine weitere, eventuell selbstständige *Q-Information* (Quantentheorie). In ihr hat bereits das QuBit eine beachtliche Bedeutung erlangt. Zu ihm gehören, wie in der elektronischen Logik, auch neuartige (logische) Gatter. Mit beiden ist ein möglicher Quanten-Computer im Entstehen. Andererseits gibt es aber bereits erste nützliche Anwendungen für die Kryptografie.

Unklar ist zurzeit, ob es noch weitere Informations-Arten gibt bzw. geben kann.

In Kapitel 7 werden zunächst die allgemeinen Aspekte und Eigenschaften aller Informationen zusammengestellt und genauer definiert. Hierbei werden dann die Besonderheiten von W-, Z-, V-, S- und Q-Information noch deutlicher.

Anschließend wird versucht, als Konsequenz der Entwicklungen der Informationstechniken, erste Aussagen zu einer umgehend und unbedingt notwendigen *Informationskultur* zu gewinnen. Sie können auf Grund der heutigen Kenntnisse und gesetzlichen Regelungen leider nur sehr subjektiv ausfallen. Das fordert natürlich teilweise auch den Widerspruch der Leser heraus, deutet aber auf Wünsche bis Notwendigkeiten hin. Hier ist künftig unbedingt umfangreiche Weiterarbeit mit neuen Ideen gefordert. In diesem Sinne können die Aussagen vor allem Anregungen liefern. Bespiele sind dabei die Informationsschwelle, der Schutz von Geheimnissen und der Umgang mit Urheberrechten.

Abschließend wird im Kapitel 8 wegen der CLAUSIUS- und BOLTZMANN-Entropie kurz auf die eigentlich nicht zum Thema gehörende *Thermodynamik* eingegangen. Das ist leider wegen der viel zu häufigen – selbst von Experten – vorgenommenen Vergleiche bis Gleichsetzungen mit der SHANNON-Entropie notwendig. Deshalb werden besonders deutlich die erheblichen Unterschiede herausgearbeitet.

10 Literatur

[1] Wiener, N.: Cybernetics or control and communication in the animal and the machine Hermann, Paris 1948, übersetzt: Regelung und Nachrichtenübertragung in Lebewesen und in der Maschine, Econ – Verlag, Düsseldorf – Wien 1963, dito Econ 1992.

[2] Shannon, C. E.: A mathematical theory of communication. Bell Syst. Techn. J. 27 (Juli 1948) S. 0379-423 und (Oktober 1948) S. 623-656. (Ebenfalls in: University Illonois Press 1949). Teil 2 auch: Communication in the Presence of Noise. Proc. IRE 37 (1949) pp. 10-20. (eingereicht am 24.3.1940[1]). Übersetzt: „Mathematische Grundlagen der Informationstheorie". R. Oldenbourg, München – Wien, 1976.

[3] Völz, H.: Grundlagen der Information. Akademie-Verlag, Berlin 1991.

[4] Hertz, H.: Die Prinzipien der Mechanik, im neuen Zusammenhang dargestellt. Leipzig 1894. Neu in Ostwalds Klassiker der exakten Wissenschaften, Bd. 263. Akademische Verlagsgesellschaft Geest & Portig, Leipzig 1984.

[5] Völz, H.: Handbuch der Speicherung von Information Bd. 1. Grundlagen und Anwendung in Natur, Leben und Gesellschaft. Shaker Verlag, Aachen 2003.

[6] Steinbuch, K.: Mensch und Maschine. In: Nova Acta Leopoldina, Neue Folge Nr. 206 Band 37/1, S. 451 ff. J. A. Barth, Leipzig 1972.

[7] Völz, H.: Information I - Studie zur Vielfalt und Einheit der Information. Akademie Verlag, Berlin 1982.

[8] Völz, H.: Wissen – Erkennen – Information. Allgemeine Grundlagen für Naturwissenschaft, Technik und Medizin. Shaker Verlag, Aachen 2001.

[9] Lang, K.: Wilhelm Furtwängler und seine Entnazifizierung. Shaker Media. Aachen 2012.

[10] Mast, C.; Möller, F. M.; Braun, D.: Lebendiges Nichtgleichgewicht. Physik Journal 12 (2013) H. 10, S. 29 ff.

[11] Völz, H.: Diskussionsbeitrag zur Information und Emotion. In: Philosophische und ethische Probleme der Biowissenschaften. Akademie-Verlag Berlin 1976, S. 269-277.

[12] Drake, F., Sobel, D.: Signale von anderen Welten. Weltbild Verlag, Augsburg 1997.

[13] Dreyfus, H. L.: Was Computer nicht können. athenäum, Frankfurt/M 1989.

---

1   Da die Arbeit erst 1948 erschien, wird zuweilen angenommen, dass 1940 ein Druckfehler ist.

[14]   Völz, H.: Information II, Theorie und Anwendung vor allem in der Biolo-
        gie, Medizin und Semiotik. Akademie-Verlag, Berlin 1983.

[15]   Bormann, S.: Virtuelle Realität – Genese und Evaluation. Addison-Wes-
        ley, Bonn u.a. 1994.

[16]   Levy, St: KL – Künstliches Leben aus dem Computer. Droemer Knaur,
        München 1993.

[17]   Eigen, M. u. Winkler, R.: Das Spiel. Piper. München – Zürich 1983.

[18]   Prusinkiewicz, P. Lindenmayer, A.: The Algorithmic Beauty of Plants,
        Springer-Verlag, Heidelberg 1990.

[19]   Mandelbrot, B. B.: Die fraktale Geometrie der Natur. Birkhäuser, Basel –
        Boston, 1987.

[20]   Völz, H.: Information - Schlüssel zum Verstehen der Welt. download:
        horstvoelz.de/InformationWelt.pdf.

[21]   Barrow, J. D.: Ein Himmel voller Zahlen. Spektrum-Verlag. Heidelberg –
        Berlin – Oxford 1994.

[22]   Völz, H.: Fraktale – Ästhetik – Kunst. Spectrum 19 (1988) 8, S. 16-19.

[23]   Völz, H.: Handbuch der Speicherung von Information Bd. 2 Technik und
        Geschichte vorelektronischer Medien. Shaker Verlag Aachen 2005.

[24]   Weizenbaum, J.: Die Macht der Computer und die Ohnmacht der Ver-
        nunft. Suhrkamp, Frankfurt/M 1977.

[25]   Churchland, P.: Ist die denkende Maschine möglich? Spektrum der Wis-
        senschaft, März 1990 S. 40-54.
        Searle, J. R. u. a.: Ist der menschliche Geist ein Computerprogramm?
        Spektrum der Wissenschaft, März 1990.

[26]   Fano, R. M.: Informationsübertragung. Oldenbourg, München – Wien
        1966. (englisches Original 1961).

[27]   Balfans, D. u. Bergholz, A.: Untersuchungen zum Shannon-Fano- und
        Huffman-Code. Nachrichtentechnik – Elektronik 39 (1989) 6, S. 220-222.

[28]   Völz, H.: Wort- und Sprachspiele. Shaker-Verlag Aachen 2012.

[29]   Frank, H.: Kybernetische Grundlagen der Pädagogik. 2. Aufl. Bd. 1 + 2.
        Agis - Verlag Baden-Baden 1969.

[30]   Piattelli-Palmarini, M.: Die Illusion zu wissen. Was hinter unseren Irr-
        tümern steckt. Rororo science, Reinbek bei Hamburg, 1997.

[31]   Völz, H.: Zum Begriffsbereich von „analog" und „digital". Nachrichten-
        technik-Elektronik 29 (1979) 5, 217-219.

[32]   Völz, H.: Kontinuierliche Digitaltechnik. Shaker-Verlag. Aachen 2008.
        Kurzfassung in: dito: Elektronik 2008, H. 15, S. 38-42; H. 17, S. 44-49;
        H. 19, S. 46-52.

[33]   Peters, J.: Einführung in die allgemeine Informationstheorie, Springer Ver-
        lag, Berlin – Heidelberg – New York 1967.

[34]   horstvoelz.de/pdf HU/FehlerAntinomien.pdf.

[35] Cryan, D.; Shatil, Sh.; Mayblin, B.: Logik – ein Sachkomic. 3. Auflage. TibiaPress-Verlag, Überlingen 2013.

[36] Zemanek, H.: Elementare Informationstheorie. R. Oldenbourg Verlag, München – Wien 1975.

[37] Völz, H.: Abschätzung der Kanalkapazität für die Magnetbandaufzeichnung. Elektronische Rundschau 13 (1959) H. 6, S. 210-212.

[38] Völz, H.: Das Mensch-Technik-System. Expert-Verlag, Renningen – Malmsheim 1999.

[39] Völz, H.: Kanalkapazität des Ohres und optimale Anpassung akustischer Kanäle. In: Probleme und Ergebnisse aus Biophysik und Strahlenbiologie, III, S.136-145. Akademie-Verlag Berlin 1962.

[40] Hilberg, W.: Assoziative Gedächtnisstrukturen – Funktionale Komplexität. R. Oldenburg Verlag, München – Wien 1984,
dito: Ist die Entropie als Informationsmaß schon der Weisheit letzter Schluß? Elektronische Rechenanlagen 26(1984) H. 6, S. 281-289,
dito: Eine deterministische Informationstheorie auf der Basis relevanter logischer Entscheidungen. Institut für Datentechnik, TH Darmstadt. Nr. 67/87 vom 6.7.87,
dito: Die texturale Sprachmaschine als Gegenpol zum Computer. Sprache und Technik, Groß-Bieberau, 1990.

[41] Marko, H.: Die Theorie der bidirektionalen Kommunikation und ihre Anwendung auf die Nachrichtenübermittlung zwischen Menschen. Kybernetik 3 (1966) 3, S. 128-136.

[42] Neuberger, E.: Kommunikation in der Gruppe. R. Oldenbourg-Verlag, München – Wien 1969.

[43] Mayer, W.: Grundverhalten von Totenkopfaffen unter besonderer Berücksichtigung der Kommunikationstheorie. Kybernetik 8 (1970) H. 2, S. 59-69.

[44] Renyi, A.: Tagebuch über die Informationstheorie. Deutscher Verlag der Wissenschaften, Berlin 1982.

[45] Völz, H.: Computer und Kunst. Reihe akzent Nr. 87. 2. Aufl. Urania-Verlag Leipzig Jena – Berlin 1990[2].

[46] Beutelspacher, A.; Petri, B.: Der Goldene Schnitt. BI, Mannheim – Wien – Zürich 1988.

[47] Völz, H.: Entropie und Auffälligkeit. Wissenschaft und Fortschritt 38 (1988) H. 10, S. 272-275.

[48] Völz, H.: Das Maß für Auffälligkeit und die Schönheit des Hauses. GrKG – Human-Kybernetik. 33(1992) H. 2, S. 80-86.

---

[2] Da ich das Copyrightrecht zurückerhalten habe, ist die Broschüre als vollständige PDF-Datei downloadbar: horstvoelz.de/kontakt/ComputerKunst.pdf.

[49] Lyre, H.: Die Quantentheorie der Information. Springer Akademischer Verlag, Berlin 1998.

[50] Held, W.: Quantentheorie der Information. http://www.datadiwan.de/experten/he_002_.htm vom 9.5.2001 (download 25.7.13).

[51] Camejo, S. A.: Skurrile Quantenwelt. Fischer Taschenbuch. Frankfurt a.M. 2007.

[52] McEvoy, J. P.:, Zatate, O.: Quanthentheorie. 2. Auflage. Tibia-Press Überlingen 2013.

[53] Baeyer, H.-Chr. v.: Eine neue Quantentheorie. Spektrum der Wissenschaft. 2013, H.11. S. 46–51.

[54] Völz, H.: Handbuch der Speicherung von Information Bd. 3 Geschichte und Zukunft elektronischer Medien. Shaker Verlag, Aachen 2007.

[55] download: http://horstvoelz.de/PDF sonstige/Quantentheorie.pdf.

[56] de.wikipedia.org/wiki/Quantengatter; dito Liste_der_Quantengatter. download 8.1.14.

[57] Klix, F.: Information und Verhalten. Deutscher Verlag der Wissenschaften, Berlin 1971/1983.

[58] Völz, H.: „Zu einer Informationsschwelle" Vortrag auf dem Kommunikationskongress Kokon '90, Chaos-Computer-Club, Hamburg, Berlin, Haus der jungen Talente, 25.2.90.

[59] Völz, H.: Gedanken zur Verdaulichkeit von Information. In: Informationswissenschaft – (Über-) Leben in der Informationsgesellschaft. Deutsche Gesellschaft für Informationswissenschaft und Informationspraxis e.V. Wiesbaden 2003, S. 15-32.

[60] Bonitz, M.: Zum Stand der Diskussion über Verhaltensprinzipien der wissenschaftlichen Information. Symposiumsband des WIZ, Berlin; 5. Wiss. Symposium des wissenschaftlichen Informationszentrums der AdW der DDR, 12.-14. Okt. 1987, S. 1-7.

[61] Neirynck, J.: Der göttliche Ingenieur. Expert-Verlag, Renningen – Malsheim 1994.

[62] siehe download: horstvoelz.de/pdf HU/archive.pdf.

[63] siehe download: horstvoelz.de/pdf HU/Zur Vielfalt der Entropien.pdf.

[64] Völz, H.: Zum Zusammenhang von Energie- und Speicherdichte bei der Informationsspeicherung. Internat. Elektron. Rundschau 16 (1967) 2, S. 41-44.

[65] Völz, H.: Informationsspeicher, Grundlagen – Funktionen – Geräte. Expert-Verlag, Renningen – Malmsheim 1996.

[66] Bennett, C. H.: Maxwells Dämon. Spektrum der Wissenschaft (1988) 1, S. 49-55,

Del Rio L, Aberg J, Renner R, Dahlsten O & Vedral V: The thermodynamic meaning of negative entropy, Nature (2011) DOI 10.1038/nature10123.

[67] Eigen M., Winkler, R.: Das Spiel. Piper. München – Zürich 1983.

[68] Völz, H.: Information verstehen – Facetten eines neuen Zugangs zur Welt. Vieweg & Sohn, Braunschweig – Wiesbaden, 1994.

[69] Planck, M.: Wissenschaftliche Selbstbiographie, Johann Ambrosius Barth Verlag, Leipzig, 1948, S. 22.

[70] Popper, K., R.: Logik der Forschung (1.Aufl. 1934),10. Aufl.; Mohr, Tübingen 1994.

[71] Kuhn, Th.: Die Struktur wissenschaftlicher Revolutionen. Suhrkamp-Verlag, Frankfurt/M. 1962.

11 Personenverzeichnis

Für einige wenige, im Text genannte Personen – ihre Namen fehlen hier – waren die entsprechenden Daten leider nicht zu finden.

Droz, Henri-Louis Jaquet (1752–1791)
Droz, Pierre Jaquet (1721–1790)

Eco, Umberto (*1932)
Eddington, Stanley (1882–1944)
Ehrenfest, Paul (1880–1933)
Eigen, Manfred (*1927)
Einstein, Albert (1879–1955)
Escher, Maurits Cornelis (1898–1972)

Fano, Robert Mario (1917–2001)
Fechner, Gustav Theodor (1801–1887)
Feigenbaum, Mitchell Jay (*1945)
Feuerbach, Anselm (1829–1880)
Fischer, Ronald, A. (1890–1962)
Frank, Helmar (1933–2013)
Fraunhofer, Joseph von (1787–1826)
Furtwängler, Wilhelm (1886–1954)

Gabor, Dennis (1900–1979)
Galilei, Galileo (1564–1642)
Gamow, George Anthony (1904–1968)
Gibson, William Ford (*1984)
Goethe, Johann Wolfgang von (1749–1832)
Gould, Gordon (1920–2005)
Grimm, Jacob Ludwig Karl (1785–1863)

Hadamard, Jacques Salomon (1865–1963)
Hänsch, Theodor Wolfgang (*1941)
Hartley, Ralph Vinton Lyon (1888–1970)
Harwood, Robert (*1934)
Hausdorff, Felix (1868–1942
Heisenberg, Werner Karl (1901–1976)

Helmholtz, Hermann Ludwig von (1821–1894)
Hertz, Heinrich (1857–1894)
Heß, Rudolf (1884–1966)
Hilberg, Wolfgang (*1932)
Hilbert, David (1862–1943)
Hoffmann, Ernst Theodor Amadeus (1776–1882)
Huffman, David Albert (1925–1999)
Hund, Friedrich (1896–1997)

Jordan, Pascual (1902–1980)
Josephson, Brian David (*1940)
Joule, James (1818–1889)
Julia, Gaston Maurice (1893 –1978)

Karajan, Herbert von (1908–1989)
Kaufmann, Friedrich Theodor (1823–1872)
Kekulé von Stradonitz, Friedrich August (1829–1896)
Kelvin Lord of Largs = Sir William Thomson (1824–1907)
Kennedy, John Fitzgerald (1917–1963)
Ketterle, Wolfgang (*1957)
Kirchhoff, Gustav Robert (1824–1887)
Klaus, Georg (1912–1974)
Klix, Friedhard (1927–2004)
Knigge, Adolf Freiherr von (1752–1796)
Koch, Helge von (1870–1924)
Kolmogorow, Andrei Nikolaje-witsch (1903–1987
Kopernikus, Nikolaus (1473–1543)
Koppermann, Hans (*1895)
Kotelnikow, Vladimir Alexandro-witsch (1908–2005)
Kuhn Thomas Samuel (1922–1996)
Küpfmüller, Karl (1897–1977)

Ladenburg, Rudolf (*1882)

Landauer, Rolf Wilhelm (1927–1999)
Lang, Klaus (1938–2013)
Lanier, Jaron (*1960)
Lem, Stanislaw (1921–2006)
Lewin, Kurt (1890–1947
Lindenmayer, Aristid (1925–1989)
Locke, John (1632 - 1704)
Lorenz, Edward Norton (1917–2008)
Lovelock, James (*1919)

Mach, Ernst (1838 - 1916)
Maiman, Theodore Harold (*1927)
Mandelbrot, Benoit B. (1924–2010)
Marc, Franz (1880–1916)
Margulis Lynn (*1938)
Maxwell, James Clerk (1831–1879)
Mayer, Julius Robert von (1814–1878)
McCarthy, von John (*1927)
Meyrinck, Gustav (1868–1932)
Minsky, Marvin Lee (*1927)
Moles, André Abraham (1920–1992)
Morris, Charles William (1901–1979)
Morse, Samuel Finley Breese (1791–1872)
Musil, Robert (1880–1942)

Napoleon I. (1769–1821)
Neuman, John von (1903–1957)
Nixon, Richard Milhous (1913–1994)
Nyquist, Harry (1889–1976)

Offenbach, Jacques (Jacob) (1819–1880)
Oppenheimer, J. Robert (1904–1967)
Ostwald, Wilhelm Friedrich (1853 - 1932).

Paganini, Nicolò (1782–1840)
Pauli, Wolfgang (1913–1993)
Peirce, Charles Sanders (1839–1914)
Planck, Max Karl Ernst Ludwig (1858–1947
Platon (427–347 v. Chr.)
Podolsky, Boris (1896–1966)
Poe, Edgar Allen (1809–1849)
Poincaré, Henri (1854 - 1912)
Popper, Sir Karl Raimund (1902–1994)
Prochorow, Alexander Michailowitsch (1916–2002)
Pythagoras von Samos (um 570–510 v. Chr.)

Rado, Tibor (1895–1965)
Renyi, Alfred (1921–1970)
Rosen, Nathan (1909 –1995)
Rózsa, Péter (1905–1977)
Rutherford, Ernest (1871–1937)

Saussure, Mongin Ferdinand de (1857–1913)
Schawlow, Arthur Leonard (1921–1999)
Schrödinger, Erwin (1887–1961)
Shannon, Claude Elwood (1916–2001)
Shaw, George Bernhard (1856–1950)
Shelley (Wollstonecraft), Mary, (1797–1851)
Shor, Peter (*1959)
Sierpiński, Wacław Franciszek (1882–1969)
Steinbuch, Karl (1917–2005)
Stephenson, Neal (*1959)
Strauß, Johann (Sohn; 1825–1899)

Thom, René (1923–2002)
Thomson siehe auch Kelvin

12 Sachwortverzeichnis